本书受重庆大学中央高校基本科研业务费项目"人民法院刑事案件繁简分流机制研究"（No. 2019 CDJSK 08 YJ 07）资助

重大法学文库

刑事审判程序分流研究

The Study of Diversion of Criminal Trial Procedures

胡婧 著

中国社会科学出版社

图书在版编目（CIP）数据

刑事审判程序分流研究 / 胡婧著. —北京：中国社会科学出版社，2019.11
（重大法学文库）
ISBN 978-7-5203-5432-5

Ⅰ.①刑… Ⅱ.①胡… Ⅲ.①刑事诉讼-审判-研究-中国 Ⅳ.①D925.218.4

中国版本图书馆 CIP 数据核字（2019）第 245521 号

出 版 人	赵剑英
责任编辑	梁剑琴
责任校对	周　昊
责任印制	郝美娜

出　　　版	中国社会科学出版社
社　　　址	北京鼓楼西大街甲 158 号
邮　　　编	100720
网　　　址	http：//www.csspw.cn
发 行 部	010-84083685
门 市 部	010-84029450
经　　　销	新华书店及其他书店

印　　　刷	北京君升印刷有限公司
装　　　订	廊坊市广阳区广增装订厂
版　　　次	2019 年 11 月第 1 版
印　　　次	2019 年 11 月第 1 次印刷

开　　　本	710×1000　1/16
印　　　张	17.25
插　　　页	2
字　　　数	288 千字
定　　　价	98.00 元

凡购买中国社会科学出版社图书，如有质量问题请与本社营销中心联系调换
电话：010-84083683

出 版 寄 语

　　《重大法学文库》是在重庆大学法学院恢复成立十周年之际隆重面世的，首批于 2012 年 6 月推出了 10 部著作，约请重庆大学出版社编辑发行。2015 年 6 月在追思纪念重庆大学法学院创建七十年时推出了第二批 12 部著作，约请法律出版社编辑发行。本次为第三批，推出了 20 本著作，约请中国社会科学出版社编辑发行。作为改革开放以来重庆大学法学教学及学科建设的亲历者，我应邀结合本丛书一、二批的作序感言，在此寄语表达对第三批丛书出版的祝贺和期许之意。

　　随着本套丛书的逐本翻开，蕴于文字中的法学研究思想花蕾徐徐展现在我们面前。它是近年来重庆大学法学学者治学的心血与奉献的累累成果之一。或许学界的评价会智者见智，但对我们而言，仍是辛勤劳作、潜心探求的学术结晶，依然值得珍视。

　　掩卷回眸，再次审视重大法学学科发展与水平提升的历程，油然而生的依然是"映日荷花别样红"的浓浓感怀。

　　1945 年抗日战争刚胜利之际，当时的国立重庆大学即成立了法学院。新中国成立之后的 1952 年院系调整期间，重庆大学法学院教师服从调配，成为创建西南政法学院的骨干师资力量。其后的 40 余年时间内，重庆大学法学专业和师资几乎为空白。

　　在 1976 年结束"文化大革命"并经过拨乱反正，国家进入了以经济建设为中心的改革开放新时期，我校于 1983 年在经济管理学科中首先开设了"经济法"课程，这成为我校法学学科的新发端。

　　1995 年，经学校筹备申请并获得教育部批准，重庆大学正式开设了经济法学本科专业并开始招生；1998 年教育部新颁布的专业目录将多个部门法学专业统一为"法学"本科专业名称至今。

1999 年我校即申报"环境与资源保护法学"硕士点,并于 2001 年获准设立并招生,这是我校历史上第一个可以培养硕士的法学学科。

值得特别强调的是,在校领导班子正确决策和法学界同仁大力支持下,经过校内法学专业教师们近三年的筹备,重庆大学于 2002 年 6 月 16 日恢复成立了法学院,并提出了立足校情求实开拓的近中期办院目标和发展规划。这为重庆大学法学学科奠定了坚实根基和发展土壤,具有我校法学学科建设的里程碑意义。

2005 年,我校适应国家经济社会发展与生态文明建设的需求,积极申报"环境与资源保护法学"博士学位授权点,成功获得国务院学位委员会批准。为此成就了如下第一:西部十二个省区市中当批次唯一申报成功的法学博士点;西部十二个省区市中第一个环境资源法博士学科;重庆大学博士学科中首次有了法学门类。

正是有以上的学术积淀和基础,随着重庆大学"985 工程"建设的推进,2010 年我校获准设立法学一级学科博士点,除已设立的环境与资源保护法学二级学科外,随即逐步开始在法学理论、宪法与行政法学、刑法学、民商法学、经济法学、国际法学、刑事诉讼法学、知识产权法学、法律史学等二级学科领域持续培养博士研究生。

抚今追昔,近二十年来,重庆大学法学学者心无旁骛地潜心教书育人,脚踏实地地钻研探索、团结互助、艰辛创业的桩桩场景和教学科研的累累硕果,仍然历历在目。它正孕育形成重大法学人的治学精神与求学风气,鼓舞和感召着一代又一代莘莘学子坚定地向前跋涉,去创造更多的闪光业绩。

眺望未来,重庆大学法学学者正在中国全面推进依法治国的时代使命召唤下,投身其中,锐意改革,持续创新,用智慧和汗水谱写努力创建一流法学学科、一流法学院的辉煌乐章,为培养高素质法律法学人才,建设社会主义法治国家继续踏实奋斗和奉献。

随着岁月流逝,本套丛书的幽幽书香会逐渐淡去,但是它承载的重庆大学法学学者的思想结晶会持续发光、完善和拓展开去,化作中国法学前进路上又一轮坚固的铺路石。

陈德敏
2017 年 4 月

"优质高效的司法产品"
必然要求审判程序分流

　　当下人们常常把司法活动比作"司法生产活动"，把司法活动的过程及其结果比作"司法产品"。有关重要文件要求司法机关应当"为人民群众提供优质高效的司法产品"，以满足广大人民群众对于司法活动作为社会公平正义最后一道防线的普遍要求。从这个视角看，刑事审判活动自然也是司法生产活动，刑事审判的过程及其结果当然也是刑事司法的产品。那么，刑事审判活动怎样才能"为人民群众提供优质高效的司法产品"？

　　要回答这一问题，首先要弄清楚什么是"优质高效的司法产品"？说到"优质"显然是指产品的质量。但司法产品的质量不同于物质生产活动产品的质量。后者主要是指作为生产活动结果的产品本身的质量，主要包括产品功能的实现程度、产品的安全性、产品的稳定性、产品的耐用性等。而司法产品的质量不仅表现在司法活动的结果上，而且还表现在司法活动的过程中，它们共同的要求就是司法的公正性。也就是说，司法产品的质量不仅体现在司法活动裁判结果的公正性上，而且还彰显在司法活动过程的公正性上。即使裁判结果是公正的，但如果司法活动过程不公开不透明，不能依法充分保障当事人及其代理人、辩护人的诉讼权利，他们也会对司法活动不满意，不仅对司法活动过程本身不满意，甚至对裁判结果的公正性也会产生怀疑。因此对司法产品的质量应当从司法活动过程和司法裁判结果两个方面进行评价和检验。这是司法产品质量不同于物质产品质量的显著特征。此外，物质产品的消费者是产品质量的直接感受者和权威评价者。司法产品则不同，司法产品的质量如何不仅取决于案件当事人及其他参与人的感受和评价，而且还受到社会公众的评价和影响。这是司法产品质量不同于物质产品质量的又一重要特征。

司法产品及其质量与物质产品及其质量为何会有以上不同特征？根本原因在于物质生产活动过程除了生产者，消费者是不会参与其中的，消费者关注和感受的只是作为生产活动结果的最终产品。而司法活动过程不是单纯只有生产者——司法人员参与其中，而且还必须吸收、保障"消费者"——当事人及其他有关人员参与其中。不仅如此，还必须允许、保障社会公众以不同的身份比如以陪审员身份直接参与其中和以庭审旁听人员间接参与其中。这一切就使得对司法产品及其质量的感受、评价要比物质产品复杂得多。当然其中感受最为深切、影响最为深刻的是司法活动的"消费者"——当事人。由于案件情况的千差万别，利益关系的纷繁复杂，他们对司法产品及其质量——包括对司法过程和司法结果的诉求、感受、评价也会不同，甚至有很大差异。这一切势必要求司法者应当高度重视和适应当事人的诉求。比如有的当事人对检察机关的指控不承认、不接受，强烈要求控方证人、鉴定人、侦查人员出庭，以保障其依法行使质证权，维护自己的合法权益。有的当事人则认罪悔罪，希望案件程序简化、快速，并不要求证人、鉴定人等出庭。司法机关对于这些不同的诉求应当予以尊重和保障。这样不仅司法过程可以得到当事人的肯定，而且司法结果也易于被当事人接受。

至于什么是"高效"的司法产品？当然是指司法活动的效率。不论什么样的案件，当事人不仅重视司法过程和司法结果的公正性，而且也重视司法活动的效率。他们在高度重视司法过程和司法结果的公正性之外，最关注的就是司法效率。他们不仅要求司法公正，而且还要求有效率的司法公正。所谓"迟到的正义不是正义"就是对此种心境的最好诠释。"优质高效"不仅是当事人对司法产品的需求，也是社会公众和国家对司法产品的要求。司法活动需要耗费巨大的司法资源，包括人力、物力、财力等。而这一切说到底来自全社会的纳税人，他们不希望也不同意无条件地耗费司法资源。因此，他们对司法产品的要求当然也是既要"优质"又要"高效"。而作为代表人民意志的国家，一方面要尊重人民的意志，追求优质高效的司法活动及其产品，另一方面面对有限的司法资源与不断增长的司法需求之间的突出矛盾，也不能不追求优质高效的司法活动及其产品。

当我们了解了"优质高效的司法产品"的含义及其缘由所在之后，

就不难理解和回答如何提供优质高效的司法产品的问题了。这就是要对审判程序进行分流。也就是适应案件的不同情况,特别是适应案件当事人的不同诉求,建立多元审判程序,将不同案件分流纳入不同审判程序之中进行审判。案件事实和当事人对审判程序的公正程度要求高的,就应当最大限度地满足其要求,投入更多的司法资源,花费更多的诉讼时间,适用更复杂的司法程序对案件进行审判,为此类案件提供优质高效的司法产品。相反,对于案件事实和当事人对审判程序的公正程度要求不高,希望尽快审结的案件,也应当尽量满足其要求,可以少投入司法资源,少花费诉讼时间,采用比较简易、快速的程序进行审判,同样为此类案件提供优质高效的司法产品。

质言之,人民群众需要优质高效的司法产品,而优质高效的司法产品必然要求审判程序分流。法学工作者研究审判程序分流便责无旁贷。

胡婧的《刑事审判程序分流研究》一书正是从刑事审判的角度对程序分流问题进行研究的专著。该书不仅从诉讼原理上对于刑事审判是否需要分流、应当如何分流进行了探讨,而且还放眼世界,对刑事审判程序分流在各国的立法和司法实践,进行了比较法的考察,使我们看到刑事审判程序分流是世界各国的普遍做法和必然趋势,并可从中吸取有益的营养。更重要的是,作者还对我国刑事审判程序分流问题进行了纵向梳理和横向研究。尤其是从党的十八届四中全会提出的"推进以审判为中心的诉讼制度改革"与"完善认罪认罚从宽制度"两个方面,对我国现行刑事审判程序如何分流进行了分析、探讨,提出了不少富有建设性的思考和建议。其中最值得关注的是,她对程序分流的理解和研究不仅关注于简案简办,而且还强调繁案精办。而在当下理论研究和司法实践中,不少人一说到程序分流,往往只是理解为简案简办、快办,而忽视繁案、难案精办的问题。我国近年的司法改革也呈现出这一动向,随着"认罪认罚从宽制度"在2018年刑事诉讼法修改中纳入立法,简案简办、快办几乎已经到了不能再简、再快的程度,媒体热衷于宣传哪些地方、哪些司法机关办理案件如何快速、简化,甚至几分钟就审结一起案件。但对于在"推进以审判为中心诉讼制度改革"中各方已形成基本共识的庭审实质化的改革,不论在立法上还是在司法实践中目前尚无明显的成效。在此非常有必要强调指出,审判程序分流应当是双向的,不仅要向"简"的方向分流,还要向"繁"的方向分流。没有向"繁"的方向分流作为基础和保障,只是向

"简"的方向分流，恐怕"为人民群众提供优质高效的司法产品"的承诺将会食言，充其量只剩下"高效的司法产品"了。这一问题应当引起有关方面的高度重视。

胡婧是我指导的博士研究生，本文是她在博士论文基础上修改而成的。作为她的老师，为她第一部学术著作的出版深感高兴，也由衷祝贺。希望她再接再厉，不断推出新的研究成果。

顾永忠

2019 年 7 月 21 日

目　录

引　言

一　研究意义

　　刑事诉讼程序的分流机制是缓解目前我国案多人少与诉讼资源紧缺之间矛盾的有效途径之一。关于刑事诉讼程序的分流，大体上又分为审前阶段的程序分流和审判阶段的程序分流。二者都有助于缓解审判机关越来越大的审判压力。其中，审判阶段的分流是对进入审判阶段的刑事案件进行合理分流，对投入审判程序的诉讼资源合理分配、优化配置的重要手段。刑事审判程序中的繁简分流与其他阶段的分流尤其不同，审判是法院以确定具体刑罚权之有无及范围为目的所进行的诉讼活动，它是法院行使国家审判权，对案件进行审理和判决的合称。我国刑事诉讼中的审判，是人民法院的职权，只有人民法院才能代表国家行使审判权，对刑事案件进行审理和判决，其他任何机关、团体和个人都无权进行审判。所以，审判是依法把案件事实审查清楚，并根据已经查清的事实，依法确定被告人是否有罪，应否处以刑罚，对案件做出判决或裁定的决定性诉讼阶段。刑事审判在刑事诉讼中，是一个极其重要的、具有决定意义的诉讼阶段，通过对刑事案件的审判，使得犯罪分子受到应得的惩罚，保障无罪的人不受刑事追究，以维护社会主义法制，维护社会秩序，保护公民的人身权利、民主权利和其他权利，保障和促进社会主义建设的顺利进行。同时，通过审判活动教育公民自觉遵守法律，积极同犯罪行为作斗争，预防犯罪。但需要明确的是，进入审判程序的案件，是已经经过审前阶段分流过滤的案件，不是每一个进入审判程序的案件都必须要适用程序严格繁复的普通程序审理，在进入审判程序之后，应该针对复杂程度不同的案件再次分流，适用繁简程度不同的审理程序，如此才能对审判力量及诉讼资源进行合理科学的分配。

从刑事诉讼的发展史看，应当说，普通程序与简易程序不是同时产生的，而是先有普通程序后有简易程序。刑事诉讼简易程序作为刑事诉讼程序中的一种专门程序，其出现也是在 19 世纪末 20 世纪初的事情，比如 1899 年美国伊利诺伊州颁行的《少年法庭法》，规定了未成年人犯罪案件的诉讼程序；英国《1898 年酒徒法》规定了酗酒案件的诉讼程序，20 世纪初的德国又颁布了关于保安处分的法律。可以看到，由于刑事审判程序的繁简分流是当前优化司法资源配置的有益途径，在国外，很多国家也都通过不同的方式和程序试图来实现繁简分流。近年来，随着犯罪率增长和诉讼资源紧缺之间矛盾的加剧，简易程序的发展更为明显，世界各国不仅颁布了一些专门的法律规定简易诉讼程序，而且在刑事诉讼法中设立专门的章节或条文来规定简易诉讼程序。我国也不例外。由于犯罪的多发以及案件类型的多样化，法院的压力越来越大，审判资源的有限性和案件数量之间的矛盾总是难以解决，我国从新中国成立初期就开始对审判程序分流做了许多尝试和努力，试图针对不同情况的案件适用不同的审理程序，比如免于起诉制度、刑事和解制度、普通程序简化审等。近几年来，在以审判为中心的诉讼制度改革对审判程序分流机制的建构提出了迫切要求的背景之下，随着司法实践中对于优化审判资源配置的要求愈来愈明显，我国也尝试了更多关于刑事审判程序分流的探索，除了 2012 年修改《刑事诉讼法》时对于简易程序的完善、对于刑事和解程序的设立等，还在 2014 年提出了刑事速裁程序的试点，2016 年又提出完善认罪认罚从宽制度，并将速裁程序纳入其中，2018 年再一次修改《刑事诉讼法》时将刑事速裁程序正式纳入了法典。这些都进一步促进了刑事案件繁简分流的进程。

可以看到，我国已经开始逐步对刑事审判程序的分流进行探索，从目前的实际情况看，现行《刑事诉讼法》不仅规定了普通刑事审判程序，同时也专门规定了简易程序、未成年人附条件不起诉程序、刑事和解程序等针对特殊刑事案件适用的程序和制度，而且也在如火如荼地开展刑事速裁程序、认罪认罚从宽制度的试点工作，并在 2018 年修改《刑事诉讼法》时将刑事速裁程序、认罪认罚从宽制度加入法典。尽管如此，刑事普通程序仍然是各个审判程序中的重中之重，是不可或缺的，更是不可取代的。推进以审判为中心的刑事诉讼制度改革，是党的十八届四中全会针对我国刑事诉讼制度存在的问题和发生的教训提出的一项重大变革。这场改革虽事关刑事诉讼全过程，但改革的重点还是在审判领域。刑事审判制度如果没有充分体现程序公正，切实保障实体公正，就会使刑事诉讼制度中以审判为中心的价值目的失去法理基础和正当性根据。以审判为中心的诉讼制度改革，重申、强调了审判程序需要体现严格司法精神的司法原则和裁判理念，应当克服以往庭审虚化、形式审判的弊端，对庭前准备程序加以充实，以保证庭审活动一旦开始就能够实质化地集中进行。所以，基于对庭审实质化并不是对所有刑事案件和所有审判程序普遍要求的理性认识，在构建刑事审判程序分流机制的过程中，应当首先对普通审判程序如何实现庭审实质化提出规范性的要求，核心就在于总结以往的经验和教训，确保控辩平等，保护被告人的公正审判权，包括辩方的质证权、辩护权等，以保证在刑事诉讼的全过程筑起防范冤假错案的最后一道坚强防线。

　　同时，审判资源的有限性就使得不可能将审判资源全部投入到严格的普通审判程序中去，而轻微案件的多发也会使得如此分配造成审判资源的浪费。为此，应当完善刑事审判程序分流机制，优化司法资源配置，当繁则繁，该简则简，在确保司法公正的前提下提高司法效率。因此，在刑事审判领域里建立的分流、过滤机制，不仅可以缓解审判机关对于越来越多的刑事案件疲于应付的压力和困境，还可以促进快速审判的实现，减轻当事人的诉累。目前我国已设立简易程序，同时也有速裁程序的试点，并在2018年正式将刑事速裁程序纳入《刑事诉讼法》，但只是初具雏形，有很多问题仍需要进一步完善。综上，我们有必要加快构建刑事审判程序分流机制的步伐，对于刑事审判程序分流进行完善构建，以审判为中心，以完善认罪认罚从宽制度为指导，针对我国刑事普通审判程序并未"达标"的诸多问题进行完善，针对目前多元化审判程序体系尚未建立的现状进行分析论证，对于刑事审判程序分流进行深入研究，构建起符合我国实际的多元简化审判程序体系，真正实现繁简分流的目标，繁案精办、简案简办。如此对于进一步实现司法公正也是大有裨益的。

二　研究方法

　　本书将综合运用以下多种研究方法，尽量引证丰富翔实的文献材料，以求在此基础上，使得研究具有深度和张力。

　　第一，规范分析和逻辑分析相结合的方法。法学研究是一项十分严谨的工作，再加上法学研究无法离开国家制定的法律规范而独立存在，因此，对于刑事审判程序分流的研究应当采用规范分析的方法。这就不仅需要对我国以及国外的有关刑事审判程序分流方面的法律规范进行解释，还需要对刑事审判程序分流所包含的一系列理论范畴进行尽可能精准的理解。为避免本书成为世界各国刑事审判程序分流的法律规范的汇编，本书在整理、理解相关资料的基础上，按照一定的逻辑关系，对刑事审判程序分流逐步展开了深入探讨。

第二，历史分析与实证分析相结合的方法。任何法律制度的出现和发展都有深刻的社会背景和特定的国情，刑事审判程序的分流亦是如此。刑事审判程序的分流不是凭空产生的一个法律概念，它是国家和法律发展到一定阶段才出现的。随着国家和社会的不断发展，刑事审判程序的分流是一项逐步发展和完善的法律制度。所以，对其的研究也就离不开历史分析的方法。但是历史并不能替代现实，必须将历史与现实相结合，方可解决问题。因此，本书在采用历史分析方法的基础上，还采用了实证分析的方法。一方面研究我国刑事审判程序分流的历史轨迹，系统地搜集、整理和评鉴新中国成立以来我国相关的文献资料，用严谨的方法探究往事和还原真相，彻底了解我国刑事审判程序分流的演进背景，检视历史脉动，总结经验教训，对新中国成立以来的审判程序分流进行剖析，突破时空界限，古为今用，开发更多资源为我国刑事审判程序分流的改革和发展服务，以达到重建过去、了解现状、预测未来的目标，为刑事审判程序分流的确立和发展提供努力的方向。另一方面，以一些翔实的资料和数据来说明目前我国刑事审判程序分流中存在的问题和不足，达到学术的客观实践化目标，避免空洞的说理。

第三，比较研究的方法。对于发展中国家的法律改革，比较研究是极有必要的，通过比较研究可以刺激本国法律秩序不断地接受批判，这种批判对于本国法的发展所做出的贡献比局限在本国之内进行的教条式的议论要大得多。[①] 因此，本书将采用比较研究方法，在多个国家、多种刑事诉讼制度之间，多种关于刑事审判程序分流的举措之间进行对比，对国内外有关理论以及立法和司法实践进行比较研究，以期在判明其各自特色之

---

① ［德］K. 茨威格特、H. 克茨：《比较法总论》，潘汉典等译，贵州人民出版社1992年版，第27页。

后，分析其缘由，弄清利弊得失，总结规律，并在此基础上，深入了解我国刑事审判程序分流的必要性，争取为我国刑事审判程序分流的改革和发展建言献策。有比较才有鉴别，通过比较，使问题变得更加鲜明，增强说服力，也更有助于认清一个国家或者一个法系的刑事诉讼的特点，更有助于客观地评价别国、别的法系，本国、本法系的刑事审判程序分流的情况。当然，在采用比较研究方法的过程中，本书将尽量坚持客观分析的态度，不将发达国家的相关法律作为检验我国刑事审判程序分流是否合理的标准，也不将之作为我国存在问题的应然改革方案，直接移植过来，照抄照搬。

本书将通过以上数种方法，相互兼用，从一般到具体，从宏观到微观，从国外到国内，从过去到今朝，多角度、多层次、全方位地展开探讨，对刑事审判程序分流的相关问题，进行更为深入的研究。

三　研究框架

本书一共分为五章。主要内容的简介如下。

第一章在梳理国内外关于分流、刑事诉讼分流等概念的最新研究趋势的基础上，对刑事诉讼程序分流概念的内涵、刑事审判程序分流的范畴进行了界定，并结合我国目前的诉讼程序分流设计的现状，提出我国刑事审判程序分流的属性要求，明确了在当前"以审判为中心"的诉讼制度改革的大背景下进行刑事审判程序分流的意义所在，以及刑事审判程序分流所要实现的价值目的、所应遵循的基本原则。

第二章从三个方面梳理了域外各个法系代表性国家关于刑事审判程序分流的一些制度、程序：第一是正式或普通的审判程序，其中包括为此做准备的程序，如德国的中间程序、美国的预审程序等，由此体现"繁案精审"的精神；第二是正式或普通审判程序以外的简化审判程序，包括正式、普通程序以外的其他各类型的简易、简化审判程序；第三是未成年人审判程序。通过梳理国外各个国家关于刑事审判程序分流的有益经验，总结出了一些规律性的结论，对我国展开类似研究提供参考。

第三章沿着我国的历史轨迹，对新中国成立初期至今的我国有关刑事审判程序分流所做的努力、尝试进行了系统研究，为我国刑事审判程序分流的发展和完善总结经验，奠定基础。

第四章从"以审判为中心"的角度出发，针对我国刑事普通审判程序并未"达标"的诸多问题，为确保"庭审实质化"、确保正当程序的构建，实现繁简分流的目标，就如何强化刑事普通审判程序进行分析论证，提出只有以建立严格、完备的普通审判程序作为前提条件，在此基础上建立与其相配套的多元审判程序，才能实现对刑事案件审判程序的繁简分流，真正做到"繁案精办"。

第五章以"完善认罪认罚从宽制度"为指导，针对我国现有简易程序存在的问题，提出并论证应当建立多元简化审判程序，即相对于刑事普通审判程序之外的其他审判程序，目前我国已设立简易程序、刑事速裁程序，但仍然需要进一步完善，以真正实现繁简分流，做到"简案简办"。

第一章

刑事审判程序分流的基本问题

刑事诉讼程序，从其本质上说，是具有明显的强制性、阶级性的国家统治阶级的一种行使权力的行为。国家司法机关开展刑事诉讼的原因是通过起诉、审判等程序的运行，运用法律对当事人的权益争议进行处理，解决问题，制裁犯罪，保障合法权益不被侵害或将已被侵害的合法权益恢复到正常状态，从而最终达到对统治阶级利益的维护。为了解决刑事案件符合统治阶级利益的问题，国家势必要通过法律制定符合自身利益的诉讼程序，指导和制约诉讼活动，在国家的这些对于社会关系调整的手段中，刑事诉讼由于涉及对生命、自由的剥夺，往往是其他社会调整手段的最终防线，占有举足轻重的地位。从刑事诉讼的开始到结束，是一系列阶段性、连续性、法定性的过程，比如，现代刑事诉讼往往要经历侦查、起诉、一审、二审、再审、执行等阶段。[1]众所周知，刑事诉讼程序向来以使被追诉人承担其应当承担的刑事责任为目的，由于被追诉人在承担责任的同时被剥夺的是其自由甚至生命，因此，刑事诉讼程序，尤其是刑事审判程序，一直以来都是格外审慎的，遵守着严格的法律程序和规则，以追求司法公正作为根本目的。然而，随着刑罚目的观的转变，随着犯罪率的上升，案件数量的激增与有限的司法资源之间矛盾的加剧，刑事诉讼不再仅仅以司法公正作为其唯一的价值目标而忽视诉讼效率的价值。事实上，在世界范围内已经逐渐兴起一场程序分流的思潮，越来越多的国家根据案件性质等不同要素开始采取"程序分流"的手段，对越来越多的刑事案件进行分类处理。

---

[1]　谢佑平：《刑事程序法哲学》，中国检察出版社 2010 年版，第 19 页。

第一节　刑事审判程序分流之概述

　　恰如美国著名法理学家博登海默所说："概念是解决问题所必需的工具。没有界定严格的专门概念，我们便不能清楚和理性地思考法律问题。没有概念，便无法将我们对法律的思考转变为语言，也无法以一种可以理解的方式把这些思考传达给他人。"① 因此，研究刑事审判程序的分流，首先需要厘清与刑事审判程序分流相关的各个概念及内涵。

一　刑事诉讼程序分流的内涵

　　"程序分流"这个概念是舶来品。然而不论从立法角度还是司法实践角度考察，当今世界司法程序的分流已具有全球范围内的普遍性，尤其是在未成年人司法程序中被广泛使用。② 在英美法系国家中，该词被翻译成"diversion"，往往译为分工、划分、分开，比如说："There is no division among the federal district courts as to what cases can be tried in which tribunal. 即联邦各地方法院之间没有关于哪一类案件可以在哪一类法庭审理的划分。"③ "diversion"又或者会被译为"变更、转向、转移、审前疏诉，也就是指用其他方法替代对罪犯的正式起诉，将罪犯移送参加劳动或者教育等以作为缓刑。如将吸毒者送交戒毒所，如其改造好，则撤销指控"④。又或者被译为"diversity of citizenship"，即"多元的管辖权"，"联邦法院对争议金额大于 75000 美元的、当事人为不同的州之间的，或者当事人为

---

　　① ［美］博登海默：《法理学：法律哲学与法律方法》，邓正来译，中国政法大学出版社 1999 年版，第 486 页。

　　② 尽管程序分流面临众多的质疑，但是这一概念还是被广为流传，并逐渐被亚洲、欧洲等地区采纳并纳入司法实践。联合国公约也肯定了程序分流的积极作用，在 1990 年通过的《联合国关于检察官作用的准则》第 19 条中规定："在检察官拥有决定应否对少年起诉酌处职能的国家，应对犯罪的性质和严重程度、保护社会和少年的品格和出身经历给予特别考虑。在做这种决定时，检察官应根据有关少年司法审判法和程序，特别考虑起诉之外的可行办法。检察官应尽量在有绝对必要时才对少年采取起诉行动。"

　　③ 姚俊华主编：《法律英语常用词词典》，北京大学出版社 2012 年版，第 220 页。

　　④ 宋雷主编：《英汉法律用语大辞典》，法律出版社 2004 年版，第 303 页。

国民与外国人之间的案件和争议具有管辖权"①。在《元照英美法词典》中，关于分流的相关概念如下，"diversion" 被译为转移、转向、改变，指改变某物的自然方向和路线，主要用于指未经授权而改变水流的自然流向，损害下游河岸所有人的利益，也指未经授权使用某项资金。② 而 "diversion law" 作为美国法中的概念，译为 "转化法"，是指美国各个州的一种程序，将毒品犯罪的初犯交付管教，在管教期内对罪犯进行有关使用毒品导致的危害的教育，如果在此期间，这些人不再犯罪，则取消犯罪指控，密封犯罪记录。"diversion of water or stream"，则译为 "水流转向"，是指为了某些目的将水从河流或其他水流中抽出来，如果抽出的水超过合理使用范围，水流减少严重影响了下游生活的人的权利，则构成对这些人的侵权，后者可对此提起诉讼。 "diversion program/ pretrial diversion/ pretrial intervention" 译为 "审前转化程序"，是指在进入审判程序之前将被告人交由社区通过接受工作培训、接受文化教育等方式进行处理，如果对其改造成功，则可能会被取消指控。"diversity" 被译为 "将被执行刑罚的犯人身份有误的答辩"，也就是普通法刑事诉讼中，将被执行刑罚的犯人所做的声称自己并不是那个受到指控和被认定有罪的人的答辩。在这种情况下，法院应当立即召集陪审团以查明该囚犯的身份，但对于是否有罪的问题则不需要再做认定。除了在英美法系国家中，大量存在着程序分流的相关概念，在我国的藏语中，也存在相关说法，即 "分案处理原则"，是指在刑事诉讼程序运行的过程中，各个司法机关分别对未成年人案件和成年人案件进行处理，对未成年人与成年人分别进行关押，以实现对案件的分流。③

尽管关于程序分流有如此多的相关概念的解释，在学术界却尚未有统一的关于 "程序分流" 这一概念的内涵界定。我们深究这一概念，却存在着丰富的解释的可能性。

从目的论的角度来看，广义的程序分流是从保护被追诉人的角度出发，采取包括尽快结束侦查、快速审判等方式尽量减少被追诉人受到刑事

---

① ［美］史蒂夫·H. 格菲斯：《巴朗法律词典》，蒋新苗译，中国法制出版社2012年版，第202页。

② 薛波主编：《元照英美法词典》，北京大学出版社2017年版，第428页。

③ 张培中主编：《汉藏法律大词典》，法律出版社2011年版，第303页。

诉讼程序的影响，或是采取替代性措施使得被追诉人尽可能少地受到惩罚。狭义的程序分流是从提高诉讼效率的角度出发，即使案件应当被起诉，也尽可能地避免其进入审判程序。可见，狭义的程序分流包括两个内在属性，一个是诉讼效益，另一个是避免"标签效应"。根据"标签理论"，犯罪不是天性使然，而是一枚社会将犯罪人抛弃的标签。这枚标签通过一定的仪式，特别是审判程序，对犯罪人贴上了犯罪的标签，导致犯罪人有了对自我价值实现能力的质疑，甚至不能正常生活，与社会相脱节，或者变得自暴自弃，行为更加恶劣不加约束。一个人一旦被轻易定性为犯罪人，定性为坏人，将可能在潜意识里给自己贴上罪犯的标签，并逐渐将自己变成真正的罪犯。① 所以，通过程序分流，对案件严重程度不同的犯罪人进行不同的处理，可以更好地使他们回归社会。

　　此外，从程序论的角度考察，程序分流在不同诉讼阶段的运用又有所不同：狭义的程序分流，实际上是使得部分案件不会进入审判程序的一种诉讼程序的过滤机制。换言之，侦查机关在侦查阶段放弃对被追诉人的侦查，检察机关在审查起诉阶段放弃对被追诉人的审查起诉，换之以非刑罚化的手段惩处被追诉人，并将诉讼程序终止在侦查阶段或是审查起诉阶段，不涉及由独立的法庭作出判决，其目的在于使被追诉人在法庭以外被处理，从而避免监禁，节约司法资源。② 有日本学者曾言："程序分流即避开通常刑事审判程序的审理、决定方式，而由其他非刑罚性处理方式取而代之，转换为非刑罚性措施。"③ 这样的狭义程序分流，不但节约了刑事诉讼程序所需要的人力物力，将部分案件过滤在审判程序之前，使得更多的审判资源可以被分配于更为重大疑难复杂的案件，优化了资源配置，而且犯罪嫌疑人不会受到刑罚，也体现了宽严相济的刑事政策以及非刑罚化思想在刑事诉讼中的运用。而广义的程序分流，除了包括上述的审判前程序分流，还包括在审判阶段对复杂程度不同的案件适用繁简程度不同的审判程序的一种分流，即对于一些应当进行法庭审判，但案件事实清楚、证据充分、被告人认罪且情节简单的案件，适用比刑事普通审判程序更为

---

① 周长军：《刑事裁量权论》，中国人民公安大学出版社2006年版，第254页。

② 江礼华、杨诚主编：《外国刑事诉讼制度探微》，法律出版社2000年版，第110页。

③ ［日］西原春夫主编：《日本刑事法的形成与特色》，李海东译，法律出版社与日本成文堂1997年联合出版，第424页。

简单的审判程序的一种分流。由此可知，广义的程序分流包括狭义的程序分流，还包括刑事审判程序的分流。本书的研究重点是后者，也就是刑事审判程序的分流。

二　刑事审判程序分流的范畴界定

根据上文，刑事诉讼程序的分流，从适用范围上大致可以分为审前的程序分流和审判阶段的程序分流。审前程序分流是指审前程序中侦查环节的分流和公诉环节的分流。本书研究的重点是刑事审判阶段的分流。而刑事审判阶段的程序分流则是指在刑事诉讼的审判阶段，刑事案件在被审判机关立案之后，被审判机关按照被告人是否认罪、其被指控罪行的轻重程度、案件审理的困难程度等标准对不同的案件适用不同的审理程序的一种分流机制。针对案情比较重大复杂的案件适用普通程序审理是非常必要的，可以通过集中人力、物力保障审判的质量。但是，如果对所有的案情复杂重大的案件都适用普通程序审理，对其中事实清楚、证据确实充分、依法应当判处较轻刑罚的案件也适用普通程序审理，不加区分的话，则会造成审判资源不必要的浪费，配置也不尽合理。近些年来，刑事案件数量的激增，以及案件类型的多样化，都使得原本就已经非常紧张的诉讼资源变得更加捉襟见肘。

刑事审判程序的分流可以缓解这种现状，通过减少适用更加严格的刑事普通审判程序的案件数量，可以减少审判程序耗费的时间，合理分流审判力量。比如，目前大部分国家都采用了被告人认罪案件的简易处理方式，其中，有的案件通过适用开庭审理的方式，比如日本的简易审判程序、即决裁判程序以及俄罗斯的被告人认罪案件速决程序等。但并不是所有案件都采用开庭审理的方式，有的案件则是通过书面审理的方式进行，比如大陆法系国家的刑事处罚令程序。又比如有的案件甚至不进行审理，比如英美法系国家的辩诉交易制度，就是不进行审理，而是依照被告人进行的有罪答辩而直接对其定罪量刑。如此，审判机关就可以针对不同的案件投入不同的诉讼资源，因案制宜，高效便捷地运行，从普通审判程序中分流出部分事实清楚、证据确实充分的轻微刑事案件，对此类案件，适用相对于普通审判程序更为简单、高效、易操作的程序审理，从而提高审判效率，节约司法资源。

三　刑事审判程序分流的属性要求

刑事审判程序的分流有其需要实现的特定目标，作为一种有别于传统刑事审判程序的存在，其在实践中必然需要具备自己特有的属性要求，也就是刑事审判程序分流在程序法上的基本要求。这些属性要求，在根本上与如何贯彻分流程序的利益保护原则和合理分配有限司法资源的诉讼经济要求有关。在各种各样的要求中，有些关系紧张的甚至对立，所以也要考虑在各种基本要求之间首先明确其先后顺序。刑事诉讼法作为程序法，其自身的诸多属性就可能存在背反的关系，所以在此处研究刑事审判程序分流的属性要求，也是为了知晓如何平衡促进诉讼的要求和发现真实的要求。毕竟，诉讼法一方面要求法官做出慎重且正确的裁判，另一方面又要求法官做出迅速且经济的裁判；一方面要求发现案件的客观真实，另一方面又要求促进诉讼效率。如果把刑事审判程序看作一项精细复杂的系统工程，那么设计这项工程的指导思想应当是其所坚持的程序理念，也就是其属性上的要求。在某种程度上说，基于现代刑事诉讼的程序理念，刑事诉讼制度改革将处在更高的平台，以更多的角度来考察。例如，人权保障与程序分流的设置；程序分流与诉讼效益；程序的简化与诉讼公正；程序主体性原则与程序选择权等。我们在设计各项制度时只有秉持统一的属性要求，立法的内容才能达到一种逻辑上的和谐状态。借鉴两大法系的刑事诉讼程序理念，结合我国目前的刑事诉讼程序分流的设计现状，笔者认为，我国刑事审判程序分流的属性应当在以下几个方面做出要求。

（1）程序的保障性要求

程序保障是基于刑事诉讼所具备的强制性的性质所产生的高度要求。谷口安平认为："程序保障在广义上意味着为了保证审判的公正而在程序上或制度上设定的种种要求和规范性做法。在狭义上，程序保障则指的是诉讼中充分给予双方当事人对等的攻击防御机会，并形成制度化的程序，在实际的制度运作中严格遵守这样的程序要求。这就是所谓的'正当程序'的原则。"① 具体而言，涉及以下属性要求：

一是武器平等性的属性要求。这也是程序保障的前提条件。当事人应

① ［日］谷口安平：《程序的正义与诉讼》，王亚新、刘荣军译，中国政法大学出版社 1996 年版，第 46 页。

当有诉诸司法或利用司法的平等机会，当事人能够获得公正、迅速、妥当的司法救济，且双方当事人在诉讼中地位平等，具有相同或同等的诉讼权利和义务。① 武器平等能够使得当事人在诉讼中实现平等对抗。而且程序公正的首要标准就是中立性，法官应当在诉讼中是中立的。法官不应当与案件本身或是任何一方当事人有关，案件的审理结果也不应当带有法官的个人利益，法官在审理的过程中不应当带有偏见地支持或是反对某一方的意见。② 二是听审请求权的属性要求。诉讼程序的普遍形态特点是审判人员依据某种标准或者条件整理出案件的争议焦点，然后公平地听取控辩双方的意见，从而在双方能够理解、认可的情况下做出裁断。③ 比如在美国，其宪法修正案的第 14 条关于正当程序的规定中，听审请求权就是其中的一项重要内容。正当程序既包括实质性的正当程序，也包括程序性的正当程序。合理的通知和听审请求权就是程序性正当程序中的一项重要的、核心的要素。据此，被追诉人应当享有就其被指控的罪行在审判人员面前提出证据、主张或表达意见、反驳对方意见的机会，也就是听审的机会。事实上，程序性的正当程序具有的一项基本功能就是保证被追诉人能够在合理的期间内以合理的方式听审，从而实现司法公正，促使纠纷得到尽快解决。三是裁判正当性的属性要求。裁判正当性揭示的是诉讼程序与诉讼结果之间的逻辑关系。裁判作为法定程序运行的结果，诉讼主体应当对裁判的价值和结果予以认可和服从。裁判的正当性在一定意义上是由程序的工具价值所决定的，不仅包含了对正当程序的诉求，也是正当程序运作的必然结果。

（2）程序的主体性要求

在当前市场经济和民主政治的社会环境下，普遍要求尊重社会个体的主体地位。具体到刑事审判程序中，表现为强化当事人在诉讼中的地位和作用，弱化职权主义色彩。现代的刑事诉讼理念，要求强化并尊重当事人的程序主体地位，尊重当事人的程序选择权，而这种选择权不只是形式上的选择，还是一种对于程序的实质性参与。

---

① ［日］小岛武司：《诉讼制度改革的法理与实证》，陈刚、郭美松译，法律出版社 2001 年版，第 231 页。

② ［美］马丁·P. 戈尔丁：《法律哲学》，齐海滨译，生活·读书·新知三联书店 1987 年版，第 240 页。

③ 季卫东：《法律程序的意义》，《中国社会科学》1993 年第 1 期。

　　首先，要赋予被追诉人程序选择权。在程序主体性原则应用的过程之中，就应运而生了被追诉人的程序选择权，赋予被追诉人程序选择权也是为了保障公民在诉讼程序中具有主体地位的重要措施之一。在刑事诉讼程序中，根据程序的主体性要求，如果刑事审判涉及程序参与者的利益或地位，则一定要将参与者尊为程序主体，赋予其参与审判程序的程序主体权，能够通过防御辩护、陈述事实、发表法律意见等影响裁判内容的形成。[①] 程序选择权同时也是程序保障和利益衡量的结果，当事人参与刑事审判程序的目的，主要是实现其整体的利益，在刑事诉讼程序开始运行之前，参与刑事诉讼程序的理性当事人，往往会依据自身利益对于程序结果有一个衡量和预期，如果审判结果是符合其利益的，则会更为积极地选择应对，如果审判结果并不符合其整体利益，当事人则往往会放弃一些诉讼权利的行使。所以，程序选择权也是当事人对于其预期利益的选择。

　　其次，程序的主体性要求使得刑事审判程序的分流中，诉讼契约化的趋势逐步显现出来。基于程序选择权等理论的发展，有必要关注刑事审判程序中当事人的合意行为对于刑事审判程序的影响。从传统上而言，刑事诉讼法属于公法调整的范畴，诉讼过程较为排斥诉讼契约之运用。诉讼涉及国家强制力的运用，是一种强制力色彩比较明显的纠纷解决方式，然而不可忽视的是，在刑事诉讼中，当事人关于纠纷的解决结果是存在不同程度的共同意志的，虽然并不完全一致，但也并不是完全对立。也正因为这种共同意志，给刑事审判程序中的合意解决机制提供了机会和基础。长期以来，传统的罗马法中都是公私法区分明确，意思自治、契约自由都是很难进入公法领域的，直到 20 世纪，这种情况开始有所改变，传统公法的强制性与私法的意思自治开始相互影响，两大法系的司法实践都开始对诉讼契约进行尝试和建构，"辩诉交易制度" 就是该制度建构中最为典型的代表。2012 年我国修改《刑事诉讼法》之后，立法上也设立了根据案件性质不同适用的公诉案件刑事和解程序。这也标志着诉讼契约在我国刑事诉讼程序中的建立。

　　（3）程序的相称性要求

　　程序的相称性要求是指程序在进行的过程当中，应当在考量所处理案件性质的严重程度、情节的轻重程度等元素的基础上对案件进行出合理处

---

① 邱联恭：《程序选择权论》，三民书局 2000 年版，第 4 页。

理，在程序的设计上，应当考虑如何以有限的司法资源满足纠纷解决的需要。就诉讼程序的设计而言，其最佳归宿应当是实现公正与效率的有机结合。在程序设计上，实现个案实体权利的同时，应当尽量避免为了追求实体利益而造成太多程序上的浪费。程序上的相称是保护其程序利益的要求，而且可以促进诉讼经济的要求。所以说，程序的相称性是对紧缺的诉讼资源进行总体配置的结果，诉讼程序应当使得当事人的诉讼成本与其所获得的程序利益相适应。在设计简易程序之时，如果以公正与效率的关系为切入点，则可能更多考量的是法院自身的利益所在。而从诉讼资源的公平分配的角度看，相对案情简单的案件所占用的司法资源不能大于案情重大复杂的案件。此外，现代社会中存在刑事案件的多样性、法律关系的复杂性等趋势，由于司法资源的有限性，不可能对所有案件都适用程序保障非常严苛的程序，为了避免程序资源的浪费，客观上也要求国家提供多元化的程序机制，而多元化的程序机制的构建，就必须遵循程序的相称性要求，这种程序上的相称性要求我们在进行案件分流时，根据每一种程序的适用范围、适用对象设计合理的程序规则。鉴于程序的多元化、多层次性，不同的程序需要设计不同的程序构造。比如，普通程序应当贯彻当事人主义，严格实现控辩双方的平等对抗；而在简易程序、速裁程序中则可以相对简化，避免带来诉讼的迟延以及资源的浪费。在多元化的程序体系中，对于刑事审判程序分流的设计实现繁简得当，保证普通程序、简易程序、速裁程序等有所差异，在适用时各得其所。通过纠纷解决机制、诉讼方式的多元化，鼓励被害人等有关主体充分参与诉讼过程，发挥其能动作用，从而实现裁判的实体正确与程序的迅速经济之间的统一。程序利益的追求，应当避免在刑事诉讼程序运行的过程中，出现额外浪费诉讼资源的情况，程序的利益保护与合理分配有限的司法资源，以及谋求公益维护层面上的诉讼经济等要求有关。在审判程序分流的过程中，一方面要关注实体上的诉讼权益通过程序法如何实现，另一方面又要顾虑程序利益的实现。所以说，程序的相称性也是刑事审判程序分流的内在要求之一。

四　"以审判为中心"的刑事诉讼制度改革背景下研究刑事审判程序分流的意义

党的十八届四中全会以来，我国展开了如火如荼的"以审判为中心"的诉讼制度改革，就刑事诉讼法学层面而言，该制度改革对我国现行的刑事诉讼中侦查、检察、审判三机关的关系进行了进一步的完善和发展，不仅仅是在立法技术层面上的一些小修小补，而且是一场声势浩大的对于刑事诉讼制度的重大改革。①刑事审判程序的分流与刑事诉讼主体职能的发挥、司法资源及职权的均衡配置都息息相关，与刑事诉讼制度的改革、优化也是密不可分。当下，"以审判为中心"的刑事诉讼制度改革正在如火如荼地进行之中，该项改革的贯彻落实应当与司法资源的合理配置、审判程序的繁简分流相结合，方可见成效。二者是相辅相成、不可分割的有机整体。

（一）刑事审判程序分流是推进以审判为中心的诉讼制度改革的保障

根据目前的司法实践可知，我国在犯罪率上升的同时，司法资源紧缺的现状仍然没有得到有效的缓解，所以要对所有刑事案件不加区别地全部适用普通审判程序审理，不但没有绝对的必要，也很难实现。目前正在进行的"以审判为中心"的诉讼制度改革的一项重要内容就是恢复法庭审判的主要功能，也就是保证庭审的实质化。但由于上述现实问题的存在，所以在审判程序中，不能对于所有案件平均用力，只有根据案件的不同类型对不同的案件区分对待，进行刑事审判程序的合理化分流，对被告人认罪认罚、事实清楚、案情简单的事实争议不大的案件，适用相对简单的审判程序，对重大疑难、复杂难办的案件适用更加严格、规范、标准的普通审判程序审理，方能使得司法资源不会捉襟见肘，将审判力量合理分配，更好地落实庭审实质化的要求。因此，开展刑事审判程序的分流，可以通过有效配置司法资源而更好地保障以审判为中心的诉讼制度改革的进行。

（二）刑事审判程序分流有利于进一步保障被告人的人权

在我国刑事诉讼程序中，多数被告人往往不分案件轻重，在羁押状态中候审。被告人急切盼望迅速审判，尽早结束未决羁押的漫长等待，程序分流能够加快诉讼进程，保障被告人迅速审判权的实现，从而有助于被告人尽早摆脱讼累，减轻精神上和肉体上的痛苦。我国自 2014 年以来在北京等 18 个城市开始进行刑事速裁程序的改革试点工作，在这些试点地区的试点法院中有超过 90% 的速裁案件是在立案后 10 日内审结的，而且被告人的上诉率仅为 2%。这也是我国坚持繁简分流的一种具体体现。对不同类型的案件进行区别处理，不仅使得审判效率大为提升，而且也更有利

---

① 王敏远：《以审判为中心的诉讼制度改革初步研究》，《法律适用》2015 年第 6 期。

于对当事人的合法权益进行保护。我国在 2014 年刑事速裁程序试点的基础上，在 2016 年 11 月又进一步开展了认罪认罚从宽制度的改革试点工作，对于被追诉人自愿认罪认罚、积极退赔退赃的案件，依法从宽处罚，在提升刑事诉讼效率之时，及时修复损坏的社会关系，保障被追诉人的人权，便于其早日回归社会。

（三）刑事审判程序分流有利于完善审判方式的改革，做到简者更简，繁者更繁，实现诉讼经济原则

从经济学的角度上看，如果资源是有限的、稀缺的，那么在利用资源的过程中就会出现利用资源的成本和产出的比例大小问题。司法资源作为资源的一种，其数量上也是有限的，尤其在我国人口众多、案件数量多的情况下，司法资源更是紧缺。这就势必要求司法机关尤其是审判机关在惩罚犯罪的诉讼活动中，对司法资源能够合理配置，如此也是诉讼经济原则的一项重要要求。依据诉讼经济原则的要求，司法机关在进行诉讼活动之时应尽可能确保诉讼成本不被浪费，从而达到利益的最大化。因此，对案情轻微不严重的案件投入较少的司法资源，对案情严重复杂的案件投入较多的司法资源。对案件做到合理化的审判程序分流，将会在减少司法机关的工作量的同时，保障司法资源不被浪费。检察机关根据案件的实际情况，对不同的案件行使自由裁量权，进行程序分流，能够在刑事诉讼过程中，对轻微刑事案件进行更为简化和迅速的处理，以便更好地节省诉讼的时间成本，减少当事人的诉累。我国自 1996 年在《刑事诉讼法》中设立简易程序，一直到 2012 年《刑事诉讼法》对简易程序的修改，都充分体现出在刑事诉讼程序中"简者更简"的一面。而在普通程序上较大幅度的改革与完善，比如庭前准备制度的构建、证人出庭制度的完善、非法证据排除规则的确立等，也体现了我国刑事诉讼程序中"繁者更繁"的一面。这些做法都使得我国的审判程序做到了简者更简，繁者更繁。

此外，随着我国经济、社会的持续快速发展，法院所受理的案件数量越来越多，这使得审判工作压力异常之大，任务繁重，再加上诉讼资源有限，使得案多人少的矛盾也很突出。因此，最高人民法院也想了许多办法，采取了许多措施，提出了许多意见。比如最高人民法院在 2016 年 9 月 12 日就发布了《关于进一步推进案件繁简分流优化司法资源配置的若干意见》，该意见不仅表示应当"准确把握改革内在联系，提高改革系统集成能力"①，更表示我国的诉讼程序的繁简分流已经进入一个崭新的阶段。紧接着在 2017 年 6 月，杭州召开了全国法院案件繁简分流机制改革推进会，会上，最高人民法院院长周强又对案件繁简分流机制的改革提出了深入要求，指出"要进一步深化司法体制改革，大力推进案件繁简分流机制改革，不断优化司法资源配置，提升司法责任制改革成效，全面提高审判质效和司法公信力，努力让人民群众在每一个司法案件中感受到公平正义"。在这样的大背景下，各级人民法院更应当加快程序繁简分流的脚步，与时俱进，认真贯彻落实《关于进一步推进案件繁简分流优化司法资源配置的若干意见》，深入推进程序的繁简分流，缓解案多人少的困境。在贯彻推进繁简分流的过程中，可以结合多种方式进行，比如可以鼓励、支持基层人民法院结合基层的实际情况进行实践探索，并将实践中探索收获的好经验、好做法分享推广给其他法院，以点带面推进全国法院的繁简分流工作。再比如可以利用现代的科技智能，结合目前快速发展的大数据，利用大数据来甄别案件的繁简程度，利用人工智能促进审判质量、效率的提高。总之要在尊重司法规律的同时，推动刑事案件审判繁简分流的新进展，达到提高诉讼效率、优化配置审判资源的最终目的。

综上，要构建、完善现行的刑事诉讼程序分流机制，缓解目前司法实践中存在的种种冲突和问题，刑事审判程序的繁简分流是首先应当明确的。在以审判主义为中心的司法改革大背景下，对刑事普通审判程序按照正当程序的要求予以完善，切实保障当事人的合法权益，保证社会正义的实现、司法权威的树立、社会秩序的维护。此外，对简易程序、刑事速裁程序、认罪认罚从宽制度等也要加以相应的完善。

第二节　刑事审判程序分流的必要性

第二次世界大战结束之后，世界范围内大部分国家的犯罪率都呈现出

---

① 习近平总书记在 2016 年 3 月 22 日中央深化改革领导小组第 22 次会议上强调："推进改革要树立系统思想，推动有条件的地方和领域实现改革举措系统集成；要把住顶层设计和路线图，注重改革举措配套组合，使各项改革举措不断向中心目标靠拢；特别是同一领域改革举措要注意前后呼应、相互配合、形成整体。"

上升的趋势。依照联合国有关刑事犯罪趋势、刑事司法系统的运用以及预防犯罪战略的第三次调查可知，在 1975 年，全世界有记录的犯罪数目为 3.5 亿件，到 1990 年已经增长到 5 亿件，平均每年以 5% 的速度在增加。[①]为了对犯罪行为实行有效的审判、裁断、惩罚，整个社会都需要投入大量的诉讼成本，这其中包括警察、检察官、辩护律师、法官以及拘留所和监狱的相关费用，这些都给社会带来了沉重的财政负担。尤其是正当程序确立之后，刑事诉讼程序日益复杂，证明规则也日益精密，每处理一件案子所需要的时间也很长，耗费巨大。此外，数百年来，刑事司法制度已经历经变革，发展成为一种庞大的、冗余臃肿的司法体系。而这种诉讼成本的加剧和办案时间的延长都会导致司法公正和诉讼效率之间关系的不平衡，刑事案件大幅度上升和司法力量相对不足或效率不高的矛盾也难以克服。每一个国家的诉讼资源都是比较紧缺的，有限的司法资源难以满足处理不断上升的犯罪势头的需要。在投入了大量的人力、物力仍不能有效预防犯罪和矫正罪犯的时候，司法体系将难以维持下去。"刑事诉讼程序分流"尤其是"刑事审判程序分流"，最为突出的价值和意义就是对诉讼资源的合理配置，和对被追诉人的合法权益的有力保障。正因其具备这种价值和意义，也使得该课题成为近些年来刑事诉讼法学界的研究热点之一。在当下犯罪类型多元化的情况下，平衡好公正与效率的关系，不仅对国家、对各司法机关，而且对每一个当事人个人，都将越来越重要。所以，我们应当从一直以来适用的传统的普通刑事审判程序中，尽可能多地、科学地分流出针对不同案件类型的特殊审判程序，提高诉讼效率。目前，程序分流已经成为世界各国刑事司法发展的趋势。对于刑事案件而言，不一定什么刑事案件都要进入普通审判程序阶段。在"有罪必罚"的思想遭到颠覆以后，公诉机关的裁量权在符合犯罪构成要求的情况下，并不一定要有罪必诉，扩大检察裁量权也是程序分流的一种。此外，由于刑事诉讼的案件在各国呈现上升的趋势，司法资源又是有限的，所以需要一些诉讼程序分流的措施，把案情并不重大的案件从刑事诉讼的正式程序中分离出来，如此对国家、被害人、被告人和社会都是有利的。相对于以正式的刑事诉讼审判方式解决案件的比例，提高通过和解的方式或者非正式的刑事诉讼方式解决案件的比例，比如，在审查批准逮捕阶段，可以做出不批准逮捕的

[①]　高一飞：《刑事简易程序研究》，中国方正出版社 2002 年版，第 2 页。

决定，如果当事人和解的，没有了逮捕的必要性也可以变更逮捕措施；在审查起诉阶段，符合不起诉条件的可以做出不起诉的决定，但是不可以变更，有起诉必要的，要提出量刑建议。总之，我们可以通过实现程序的分流使得刑事诉讼的过程成为一个针对不同案件进行筛选和分流的过程，以适应当前的司法形势。刑事审判程序分流的必要性具体如下。

一 刑事审判程序分流符合当下宽严相济的刑事政策

在我国刑事立法、司法以及刑罚执行的过程中，宽严相济的刑事政策是当下贯穿其中的最基本的一项刑事政策，对被追诉人适用惩罚与宽大处理相结合的政策，不仅有助于司法机关惩罚犯罪、预防犯罪，还有助于保障人权，保护人民的利益，对于公正、正确地实施国家法律也大有助益。刑事审判程序的分流作为一种刑事司法中的犯罪处置模式，也能够与宽严相济的刑事政策很好地契合。按照宽严相济的刑事政策，在对待刑事犯罪之时应当有所区别，在强有力地打击犯罪、维护法律权威的同时，还要能够尽可能减小社会关系之间的对抗，实现社会效果和法律效果的完美结合，如此才能使得司法机关正确执行国家的法律以及各项方针政策。而刑事审判程序分流正是落实宽严相济刑事政策的重要创新机制，刑事审判程序分流不仅在理念上与宽严相济的刑事政策相符合，宽严相济的刑事政策也为我国刑事审判程序分流机制的构建提供了政策上的支持。最高人民法院《关于贯彻宽严相济刑事政策的若干意见》明确规定："贯彻宽严相济刑事政策，要根据犯罪的具体情况实行区别对待，做到该宽则宽，该严则严，宽严相济，罚当其罪。"所以，应对不同类型的案件区分适用从宽或者从严的政策，实行"轻轻重重"的刑事政策，有区别地对待不同的犯罪行为，重罪重判、轻罪轻判，这才是宽严相济刑事政策的核心之处，从实质上讲，宽严相济就是对刑事犯罪区别对待，在强有力打击犯罪、尽力化解矛盾的同时，促进社会和谐稳定。

刑事审判程序分流真实地反映了人民越来越注重生活中相互冲突的利益多元化以及由此带来的价值多元化的现实。比如，针对一些还没有进入刑事审判阶段的案件，公安机关和检察机关应当依照一些特定的因素，如被追诉人的年龄大小、犯罪情节的轻重、主观过错程度、危害后果的严重程度、悔罪表现是否良好等，将其中部分案情简单、情节轻微的案件通过不认为是犯罪或是通过非司法化的方式来处理，也就是"非犯罪化和非司法化"。如此，既可以体现出宽严相济中"宽"的精神，对于轻微的刑事犯罪适用比较轻缓宽大的处理，还可以表现出宽严相济中"严"的特点，将在轻微案件中节省下的诉讼资源投入到案情复杂重大的严重刑事犯罪案件中，对这些案件进行更为严格的处理。此外，对于已经进入审判阶段的刑事案件，也不用全部一致对待，同样可以根据一些特定因素，如案件的繁简程度、情节轻重、危害大小、被告人是否认罪等，对不同的案件根据被告人的自身意愿选择适用不同的审判程序。

在刑事审判程序的分流中，对于需要适用普通程序审理的案件，应当严格按照普通程序进行审理，不得为了尽快结案，敷衍了事。在轻微案件中可以采取速裁程序，减少当事人的诉累，节约时间。在刑事和解案件中，可以通过犯罪人向被害人做出真诚的道歉并给予适当经济赔偿，使对方的损失得到一定弥补，从而使得双方的矛盾得以化解。这些都是可以通过审判程序的分流实现的，也都体现出审判程序的分流与宽严相济刑事政策具有内在的一致性。对刑事审判程序进行分流不仅符合我国宽严相济刑事政策的内在要求，贯彻落实了宽严相济刑事政策的应有之义，也标志着我国新时期宽严相济的刑事执法理念。

二　刑事审判程序分流有助于缓解刑事案件的高发案率与司法资源的有限性之间的矛盾

随着刑事案件数量的增长，刑事司法系统疲于奔命，司法的权威也受到威胁。而且出于程序正义和保障人权的双重需要，刑事诉讼程序被设计得烦琐而复杂，整个案件的诉讼周期被大大延长，以至于普通程序的成本不断增加。与此同时，诉讼资源的紧缺和不足，不能与刑事诉讼活动所需要耗费的资源相匹配，尤其是时下刑事犯罪除了数量增多，犯罪类型也开始变得多样化起来，不仅加剧了有限的诉讼资源与增长的案件数量之间的矛盾，也使得对于诉讼资源的分配不尽合理。[①] 所以，当下刑事诉讼制度改革发展需要解决的主要问题之一就是怎样在预防犯罪的同时，优化配置有限的诉讼资源。另外，司法机关内部也存在一些固有的问题，比如人员的数量不足、人员的素质低下、诉讼经费紧缺、设备落后等，这些问题和困境与日益增长的犯罪率以及立法上要求的大规模司法投入形成了鲜明的

---

① 陈卫东主编：《刑事诉讼法实施问题调研报告》，中国方正出版社 2001 年版，第 186 页。

反差。刑事诉讼在实现正义和兼顾效率的矛盾中进退维谷。目前，世界各国都开始尝试对于刑事审判程序进行分流，如设立简易程序、丰富替代性纠纷解决措施等。和公正一样，效率也是刑事诉讼一直追求的目标，而要想提高诉讼效率，就必须实现对于刑事案件的繁简分流，通过审判方式的多样化、合意机制的引入，可以缓解审判机关的压力，增强被追诉人对诉讼程序的可接受度。

三　刑事审判程序分流有助于推进和谐社会的建设

中国共产党在新的历史条件下，不仅对执政观念有所调整，执政方式也发生了比较大的变化，最明显的就是开始重视和谐社会的构建，重视中华民族优良传统的传承，而这些改革调整同时也表现在刑事司法上，也就是对于程序的类型化以及合理分流，以便能够更好解决多种多样的社会纠纷，及时解决矛盾，稳定社会秩序。刑事审判程序的分流在司法实践中就非常有助于有效化解社会矛盾，体现司法和谐的价值。首先，在刑事审判程序分流的过程中，刑事案件的利害关系人将会被最大限度地吸收参与到整个司法过程中来，能更好地确认犯罪行为所引起的相关损害，并承担起损害所造成的相关后果和所需要承担的相关责任，从而最终实现最大限度地对该损害的补救和救济。在特定范围的案件中采取替代性的纠纷解决方式，以一种更为便捷、让案件的双方当事人在更能够充分参与的基础上来解决刑事冲突和矛盾，尊重当事人的意愿，充分施展当事人的积极影响和作用，特别是注重对被害人权益的保障，使被害人能够得到比较充分的救济。促使被告人认罪、改过自新，并在双方当事人和解的基础上对被告人从宽处罚，这样就进一步保障了刑事和解双方当事人、第三方以及社会公众的权益。其次，建设和谐社会，无疑应当将减少纠纷作为工作的重点之一，从维护社会秩序和保障人权的角度出发，注重刑罚的轻缓化，以尽可能少的执行刑罚来达到刑罚的目的，实现刑罚的功能，减少社会的不和谐因素，已经成为世界各国刑事诉讼改革的共同趋势。刑事审判程序的分流就可以有效减少不必要的司法纠纷，定纷止争，缓解矛盾，推进和谐社会的建设。

四　刑事审判程序分流有助于满足当事人的多元化需求，修复被破坏的社会关系

有序、稳定的社会关系是社会得以存在和发展的基础，维护良好的社会关系、促进社会文明发展是法律的应有之义。刑事审判程序分流不仅有助于满足当下多元化的犯罪中当事人多元化的需求，并且对于修复被破坏的社会关系也大有裨益。比如，在刑事和解进行的过程中，可以为双方当事人搭建一个有效沟通的平台，促使被追诉人对被害人真诚道歉，并促成双方就经济赔偿等问题进行协商等一系列的对话，使得被害人能够感受到被追诉人的诚意，并通过赔偿损失或赔礼道歉等方式，得到弥补，从而有效化解被害人和被追诉人之间的矛盾，使二者之间被破坏的社会关系得到修复。再比如，在未成年人附条件不起诉案件中，如果对未成年人进行追诉、审判，则会给未成年人带来非常不好的社会影响，甚至会使得未成年人小小年纪就被贴上罪犯的标签，影响他们生活的方方面面，在他们接受刑罚之后，社会公众难免一直戴着有色眼镜看他们，严重者会使得未成年人自暴自弃，放弃自我，再次犯罪。实践中，很多涉及未成年人的刑事案件其实社会危害并不大，都没有严重到一定要经历审判的程度，如果在侦查阶段和审查起诉阶段甚至都不能收集足够证据，则完全可以通过撤销案件、不起诉等方式，在进入审判程序之前对这类案件进行分流，避免"标签效应"给犯罪的未成年人带来恶劣影响，帮助他们重返社会，回归正常生活。

第三节　刑事审判程序分流的价值目的

一定社会环境中法律的实际运行状态，法律对社会的影响方式以及程度，无疑都是非常重要的问题，体现着一个国家的法律是否能够实现其价值目的。刑事诉讼主要有以下几个功能：一是控制功能，任何一个社会要维持自身的存在和发展，都不得不依靠一定的程序，提供一定的规则，约束社会、个体、集团，包括国家机关的行为。这种现实需要为社会控制提供必要性，需要一种凌驾于社会之上的控制力量，以维持统治者需要的秩序，保证其安全。二是保障功能，由于被告人在刑事诉讼中属于弱势群

体，刑事诉讼在程序运行中就需要对被告人的基本人权进行保障，从而确保无辜者不受刑事追究，对有罪者做到罪责刑相适应的裁决。这也是对司法机关追究刑事责任的一种制约，是为实现社会安全进行的必要防御。推动诉讼民主和诉讼活动中的主体平等，保障各方相对抗，也有利于查明真相。这在一定程度上反映和体现了对安全的追求。三是协调功能。刑事诉讼过程中，为了确保控制功能和保障功能的发挥，促使诉讼运作顺利进行，就必须使诉讼活动各方相互协调、减少摩擦，以迅速实现诉讼目的，最后使冲突得以合理解决，补偿犯罪行为的损失，恢复正常的社会秩序和法律关系。从价值论角度来说，这才是有效率的行为，才是有用之功，能够最大限度地节约资源，发挥诉讼的积极作用。四是维持功能。诉讼必须严格遵守法律规定的程序，禁止运行过程中出现非理性的倾向，保持公平、正义，使其自身具有存在的价值。公正是诉讼活动的生命，失去公正，诉讼活动就没有存在和维持的必要了。因此，在审判程序分流的设计和实际运作，以及在此过程中对于诉讼主体的权责配置上，都必须要有严格的要求，处理好相关的各种因素，在公正原则指导下进行程序分流，以保障诉讼的价值。而诉讼的价值目则是通过诉讼的运行使诉讼能够最大限度地发挥有利作用，做到公正、效率、安全。[①] 刑事诉讼的功能与程序和环境有着极为重要的关系，直接受到程序和环境的制约，因此，其功能在表现为行为和后果时，必然会影响到功能效率，即是否全部发挥了其应有的功能。因此，我们对刑事诉讼程序，尤其是审判程序进行分流就必须具备并实现一些价值目的，使刑事诉讼的功能通过程序分流，在相关环境的协调中体现出来。

　　如上文所述，刑事诉讼审判程序分流实质上是立法者及司法者主观选择的产物。那么，在刑事审判中进行程序分流，追求的结果是什么？此问题的答案就是刑事审判程序分流的价值目标。总体而言，刑事审判程序分流的价值目标就是在刑事诉讼的整体过程中，通过刑事审判程序分流，使诉讼效率得以尽可能充分地提高，司法资源得以最优化的配置，司法公正得以最大限度地维护和实现。具体而言，包括以下几点。

---

① 朱立恒：《刑事审级制度研究》，法律出版社 2008 年版，第 156 页。

一　实现司法资源的优化配置

当今社会，频繁的市场交易，引发刑事诉讼的数量激增，对于诉讼的处理，需要耗费大量的司法资源。人民群众在追求公平正义之外，还呼唤体现效能的司法体制，但是，司法体制内部却因为资源总量紧张与分配结构失衡，不得不寻求职能优化和科学配置。① 公安机关、检察机关、法院等机构的人力、物力、场所的不足，最后都会必然导致诉讼成本的大幅度攀升，以及结案周期的无限延长。在司法资源既定的情况下，资源的稀缺就成为一个难以攻克的问题。因此，如何在既定的资源和投入内，实现司法资源的优化配置和运用，就成为一个必须直面的问题。在司法实践中，刑事诉讼的诉讼体制也进行了某些司法改革，试图增进整体效率，以缓解大幅上涨的犯罪率与紧缺的诉讼资源之间的矛盾。很多国家在正式诉讼的程序进程中，设置了各种各样的程序分流措施，试图以此来分担国家刑事诉讼体制的压力，繁简分离的案件分流体制也逐渐被广泛采用，其背后的价值目的就在于重新整合既有资源，使其得到最优化配置。比如，辩诉交易的出现，就是基于对此的考量。辩诉交易制度的运用的确使得刑事诉讼的效率有了飞跃性的提高，也开始使人们看到了在现有诉讼体制下是存在引入某种协商性机制的前景的。再比如，我国普通程序的简易化审理，与简易程序相比，最大特点在于扩大了受案范围，同时又使诸多审理的环节极大地简化甚至是省略，从而节约了司法资源。无疑，上述的各种制度创新，可谓极大地提升了诉讼效率，促进了司法资源的优化配置。但是，可以看到，一方面，上述措施仍然只是在既有诉讼制度的框架内进行微调，从思维模式和制度结构上看，仍然是单纯依赖一元化的纠纷解决模式，而没有看到多元化纠纷解决的可能；另一方面，这些制度的创新，虽然在现有资源的范围内进行了重新组合，但仍然是全部依赖于国家的资源投入，没有充分吸收体制外的丰富社会资源，因而尚不能从根本上解决效率低下、资源短缺的问题。再加上近年来，由于社会转型的加快，犯罪数量的增长、多元化犯罪的层出不穷，使得刑事案件的数量一直呈现上升趋势，使得紧缺的诉讼资源，变得更加难以为继。联合国"预防与控制犯罪委员会"的全球调查显示，世界各国的犯罪率呈现持续增长之势：1975 年被

---

① 杜宇：《理解"刑事和解"》，法律出版社 2010 年版，第 45 页。

调查国年均犯罪率 3.3‰，1980 年 3.8‰，2000 年 6.2‰，犯罪增长的速度远远地超过了人口增长的速度。[①] 根据美国的大卫教授在《美国矫正政策与实践》中提供的数据可知，1972—1977 年，美国监狱的收容能力增长了约 23000 张床位，但同期的监狱人口则增长了 81000 人，由于司法资源的严重不足，到了 1984 年，州一级的监狱所关押的人数已经超过了关押能力的 10% 左右，而联邦一级监狱更是达到 24% 之多。[②] 由此可以看出，司法资源的有限性，与刑事案件日益膨胀之间的对立，变得越来越突出。事务部门和立法决策阶层也深受这一难题的困扰。

尽管正义必须被实现，但是只能以既有资源能够负担的形式实现，昂贵的正义绝非我们的理想所在。不仅如此，迟来的正义即非正义，所以，正义还必须在最短时间内及时实现。纵观刑事司法制度的演进，如何在公正的基础上，求得某种公正与效率的平衡，求得司法资源的最优配置，始终是一条主线。所以，这就必然是刑事审判程序分流的价值目的之一。

在内外作用下，刑事审判程序的分流在现实司法体制中调结构、降成本、提效率的作用不断凸显，同时司法职能配置也可以实现自我优化。党中央于 2008 年 12 月转发了《中央政法委员会关于深化司法体制和工作机制改革若干问题的意见》，确定了"优化司法职权配置、完善宽严相济刑事政策、加强政法队伍建设、改革司法保障体制"四个方面共 60 项改革任务。确保这些任务实现的有效手段之一就是推进刑事审判程序的分流、调整司法配置的结构。时下，司法实践中，司法机关尤其是在人民法院存在着案多人少的问题，该问题已经愈演愈烈，然而要想解决这个问题，光靠盲目增加工作人员的数量是不现实也是不科学的。最为合理可行的做法就是整合现有的诉讼资源，对现有资源进行优化配置、充分利用，进一步完善推进刑事审判程序的分流进程，对诉讼人员进行统筹管理分配，将更多的审判力量投入到更为需要的刑事案件中去，如此方可缓解案多人少这一现实问题，并实现资源的优化配置。具体而言，首先，可以对目前法院中的人力资源优化管理、统筹安排使用。目前许多法院中大量具有法官资格的人员没有从事审判工作，而是在担任院级领导或是从事综合部门管理

---

① 魏平雄主编：《犯罪学教程》，中国政法大学出版社 1998 年版，第 149 页。

② ［美］大卫·E. 杜菲：《美国矫正政策与实践》，吴宗宪译，中国人民公安大学出版社 1992 年版，第 38 页。

等其他工作，法官的数量本就不足，如此就更是紧缺，有的法院中直接从事审判工作的法官甚至只占该法院法官总数的一半左右，且有逐年下降的趋势，所以首先应对法院内部的人员进行优化配置。其次，可以减少甚至剔除具体工作中的一些无效劳动。比如法院内部强调所有案件都应建档，取证、开庭审理的一些过于繁复冗长的报告、材料，或是一些合议、审核，或是司法鉴定中的无效劳动等，都可以对内部报告材料进行简化，采用格式化的裁判文书，保证各个环节的精简、科学、周密，剔除无效劳动，保障司法资源不被浪费。此外，在信息化非常发达的今天，可以通过利用网上办公、远程提审等信息化方式加快诉讼效率，节省诉讼资源，提升整体司法利益。

二　保障司法公正的同时，提高刑事案件的诉讼效率

诉讼迟延目前是世界上大多数国家的刑事诉讼程序中存在的一个问题。诉讼外纠纷解决机制的产生和发展也是近年来才出现的，其出现是为了应对越来越严重的诉讼迟延。从常理上而言，可以通过增加法官的人数来缓解这种现状，提高诉讼效率，但并没有哪个国家是这样做的。因为，准入门槛不降低就很难找到符合条件的法官，而降低准入门槛则意味着审判的质量将得不到保证。所以自古以来，公正和效率似乎就是一对矛盾。法官的法律素质是司法公正不可或缺的重要因素之一，不能为了提高诉讼效率而置其于不顾。诉讼程序的公正不仅包含着效率，还包含了当事人的地位平等，程序的规则公正合理，诉讼程序公开、法官中立，当事人的意思自治等。而且，如果只是盲目加大诉讼人员的投入量，对于目前诉讼迟延的现状而言，也是治标不治本的做法，只会越发增加诉讼资源的投入，加大诉讼成本。长此以往，国家也会承受不住如此巨大的诉讼压力。为了缓解巨大的诉讼压力，审判程序的分流不失为一个很稳妥的办法，因为审判程序分流意味着不同的刑事案件需要投入的司法资源可以不同，如此就可以实现司法资源的优化配置，而且还意味着不同案件的诉讼效率也因此而不同，如此就可以缩短部分案件的办案时间，提高办案效率，也就可以从整体上提升刑事诉讼程序的效率。

然而，追求诉讼效率不能走上极端。诉讼程序越来越快的同时必须以公正为前提。"迟来的正义非正义"这句英国谚语也有值得深思之处，就算是从形式逻辑的角度去讲，迟来的正义也是正义，绝不会变为非正义。

但是迟来的正义会损害到被害人、被冤枉之人的各种合法权益,甚至会损害到被冤枉之人的生命权、健康权。所以,与其为了盲目追求诉讼效率,匆匆结束审判,不如通过将审判程序根据犯罪类型的不同、情节轻重的不同,将不同的案件分流到不同的审判程序中去,在尽可能短的时间内,确保司法公正以及诉讼质量。应当说,司法公正和司法效率虽然是不同的价值追求,但是二者在某些情况下,却又相互作用、相辅相成,是具有一定的一致性的。具体而言,一方面,司法公正对于司法效率的积极作用表现如下:一是如果能够实现司法公正,当事人参与诉讼的积极性、主动性也会提高。当事人的内在主观能动性决定着其是否能够主动积极地参与到诉讼中,而司法公正的充分保障往往会使得当事人最大限度地发挥其主观能动性,提高其对诉讼的参与热情度。反之,如果当事人看不到实现司法公正的希望,则会没有参与诉讼的动力,心理上会比较被动,这样当然不会利于诉讼效率的提高。二是如果司法裁判是公正的,则更容易被当事人和公众所接受,司法权威也会更高。这样能够加速化解当事人之间的矛盾冲突,也可以在一定程度上降低上诉率,提高诉讼效率。三是司法公正的保证将有效避免冤假错案的发生。尽可能减少错误诉讼成本的支出,也可以提高诉讼效率。另一方面,司法效率对司法公正的积极作用则表现在:一是可以推动司法公正的快速实现。随着目前科技化、信息化的发展,网络科技在诉讼中的大量运用,在提高诉讼当事人的参与度的同时,也加快了整个诉讼的进程,缩短了诉讼时间,更有助于司法公正得到快速、及时的实现。二是迟到的公正在某种程度上也是一种不公正的表现,效率也是公正在另一个方面的表现。英国著名法官丹宁勋爵在阐释法律的正当程序时曾讲道:"我所说的法律的正当程序是指法律为了保持日常司法工作的纯洁性而认可的各种方法:促使审判和调查公正地进行,逮捕和搜查适当地采用,法律援助顺利地取得,以及消除不必要的延误,等等。"① 此处的"消除不必要的延误"就是指提高司法效率。除此之外还有不少学者,都将诉讼的及时性作为检验和判断诉讼是否公正的标准之一。② 波斯纳就曾

---

① [英]丹宁勋爵:《法律的正当程序》,李克强等译,法律出版社 1999 年版,第 1 页。

② See Michael D. Bayles, *Procedural Justice——Allocation to Individuals*, Kluwer Academic Publishers, 1990, p. 127;陈瑞华:《通过法律实现程序正义——萨默斯"程序价值"理论评析》,《北大法律评论》1998 年第 1 卷第 1 辑;徐亚文:《程序正义论》,山东人民出版社 2004 年版,第 199 页;陈瑞华:《刑事审判原理论》,北京大学出版社 1997 年版,第 60 页。

宣称，正义的第二个含义就是效率。三是司法效率的提高有助于查明案件事实真相，达到公正。刑事诉讼是一项时效性比较强的活动，随着时间的推移、空间的变化，发现和认识案件真相的难度也就越来越大。因此，在刑事诉讼程序中，应当尽可能地迅速，防止诉讼拖延，以免削弱司法人员对于案件的认知，影响到司法公正的实现。综上可知，公正和效率在很多层面上都是具有一致性的，相辅相成，缺一不可。所以在刑事诉讼中寻求二者的平衡显得尤为重要。但是，要在司法实践中实现此种平衡有一定的难度，因此只能尽可能寻求这种平衡，达到这种平衡的最大化。

所以，在刑事诉讼过程中，通过分流提升诉讼效率，减少不必要的人力、物力等资源消耗，不仅操作简便、节省成本，还能在最短时间内解决纠纷，保证公平公正。具体言之，可以通过更为严格的、规范的、标准的审理方式审理重大疑难复杂或是非常重要的案件，尤其是确保直接言辞原则的落实，而对于简单、轻微或者意义不大的案件，可以实行相对简易的，甚至书面的审理程序。比如，在公安机关、检察机关、法院均可适用刑事和解，这就对特定案件起到了分流的作用，刑事和解协议达成之后，被追诉人可以获得从宽处理，或者可以不被羁押，或者可以直接不起诉而免于进入下一个环节，从而减少羁押成本和司法资源，有效推动司法效率的提升。

由于诉讼过程有时过于漫长，不仅会耗费大量的人力、物力、财力，还会加重当事人的诉讼负担，所以刑事司法的要求之一就是提高诉讼效率。但是现实却是，我国目前已经成为世界监狱人口第二大国，仅次于美国，司法实践中对于社会资源尤其是诉讼资源的消耗是非常多的，传统的犯罪控制模式已经不能应对新形势的需要。刑事审判程序的分流不仅可以减少一些羁押刑罚的适用，缓解监所的压力，还可以对一些特定案件起到一定的分流作用。[①] 例如，对于符合条件的刑事案件，加害方与被害方达成刑事和解协议之后，能够达到案结了事或免于起诉的，可以不适用羁押性强制措施，降低看守所、监狱的资源消耗。司法机关也可以有效提升诉讼效率，减少不必要的人力、物力等资源消耗。而且刑事审判程序分流过程中采取的一些程序，如简易程序、速裁程序，操作简便，不必动用大量人力，也不必进行烦琐的程序，便可以节省大量司法资源成本，在最短时

[①]　张跃进、陆晓等编：《公安刑事和解》，苏州大学出版社 2015 年版，第 44 页。

间内有效解决纠纷。同时，像刑事和解这样的程序分流措施还可以解决司法实践中被害人的物质损失难以恢复、经济利益难以实现的问题。因此，刑事审判程序分流的价值目的之一就是有效降低司法诉讼成本，全面提高诉讼整体效率。

三　实现刑事案件审判方式的多元化

我们不难发现，随着犯罪率的激增，随着平衡公正与效率的需要，随着更好地对有限的诉讼资源进行优化配置的要求，多元化的刑事案件审判方式已经开始逐渐兴起。就英美法系国家而言，在英国，一直存在警察警告制度，即警察可以处理一些符合条件的案件，且这种案件比例始终比较高。1992 年，这一比例达到 46%，后来在政府的干预下，1996 年下降到44%，虽然后来有所下降，但也仍然保持在 32%。[①] 在美国，从 19 世纪起就出现了辩诉交易制度，多项统计数据都表明在美国有 90% 甚至更多的案件都由辩诉交易解决。该制度也得到了美国联邦最高法院的支持，认为辩诉交易制度是美国刑事司法中不可缺少的一部分，管理良好的辩诉交易是应当被鼓励的。[②] 就大陆法系而言，在德国，检察官处理的可以起诉到法院的案件中，只有 10% 的案件直接进入了法院的审判程序，还有 1/4 的案件是法官通过简化程序直接认可检察官的建议而解决的。由此可知完整的审判程序非常之少。[③] 在法国，通过不起诉将案件排除出刑事审判程序的案件约有 20%，宣告无罪释放的比例为 1.5%，但是警察的破案率又比较低，仅有 40% 左右。[④] 所以很显然，在刑事司法实践中，正统的审判程序不再是刑事司法实践部门的唯一选择。社会犯罪类型的多样化，人们思想观念的不断变化，使得我们必须通过程序分流，来达到审判方式的多元化，如此才能在应对各种新型犯罪的同时，防止因过早盲目地终止刑事诉讼程序而影响诉讼的公平公正。

---

① See Peter J. P. Tak, *Tasks and Powers of the Prosecution Services in the EU Member States*, Wolf Legal Publishing House, 2004, p. 117.

② See. Santobello v. New York, 404 U. S. 257（1971）.

③ ［德］汉斯·约格·阿尔布莱希特：《中国与德国不起诉制度概述》，陈光中译，载陈光中主编《中德不起诉制度比较研究》，中国检察出版社 2002 年版，第 47 页。

④ ［法］米海依尔·戴尔玛斯·马蒂：《刑事政策的主要体系》，卢建平译，法律出版社2000 年版，第 67 页。

　　目前，中国正处在一个建设社会主义市场经济的社会转型期。在这个夹杂着热情和困惑、憧憬和迷茫的时代，传统的刑事司法制度也面临着前所未有的机遇和挑战。一方面，犯罪态势的不断升级，犯罪数量的不断增加，犯罪类型的不断翻新都使正统的普通审判程序力不从心；另一方面，当刑事司法沿着现代法制专业化的道路前行时，社会上又出现了追求实质正义的呼声，出现了"迟来的正义非正义"的呐喊。因此，就要求我们通过审判程序的分流，实现刑事案件审判方式的多元化，以此来缓解刑事司法的危机，巩固刑事司法的权威。

　　此外，从法社会学的角度而言，多元化争端解决理论也是法社会学的一个基本理论。作为以研究与社会相关的法律问题为使命的法社会学家，从不局限于国家制定法的范围，相反会将法律纳入社会的范围内进行多角度研究。而这种研究受到社会经济、文化、政治等法律赖以生存和运作的环境的制约。① 由此，如果将法律看作社会控制的一种手段，那么随着法律表现形式的多元化，社会控制的方式自然也就成为多元化的方式。就诉讼程序、刑罚手段而言，并不是静态的类型化的定量，而是在多种变量之间进行博弈。所以法律控制的手段，审判的方式都是可以实现多元化的。而且，与主动进行的事前控制不同，争端解决总是发生在事后。就法律的多元化而言，只有现代社会重新认识了多元价值之后，才能在观念上接受多种争端解决的方式。相对于通过对抗式的法庭审判对案件做出处理这种单一模式而言，审判程序可以有调解、和解、法庭内与法庭外相结合等多种方式。对于刑事案件进行多元化的审判处理方式才符合犯罪多样化的特征。与控辩对抗、中立法官裁决的审判机制不同的是，现代刑事案件的审判程序中还包括了更多选择，这些选择中最为典型的有两种：一是命令机制，即某个群体或者个人能够根据单方面的判断直接决断争端。在审判方式中，命令机制的运用主要是针对轻微的刑事案件。这样不仅能够及时解决问题，还可以实现现代社会对于效益价值的追求。二是合意机制，即双方进行谈判和协商，最终找到双方均认可的一种处理方案。② 如果双方合意的结果能够保证裁决的自愿接受和自觉履行，则可以在追求公平的前提下节省不少时间成本和诉讼资源。

---

① 朱景文：《法社会学》，中国人民大学出版社 2005 年版，第 5 页。
② 吕清：《审判外刑事案件处理方式研究》，中国检察出版社 2007 年版，第 16 页。

在刑事司法领域，当旧的体系不足以解决其范围内的问题时，就自然会发展出新的样式。实际上，刑事司法体系已经在社会的变迁中做出了调整。对审判方式进行调整，最直接的表现就是建立审判程序的分流机制，促成审判方式的多元化。审判方式多元化的实质是不拘泥于法律形式的束缚，扩大刑事审判的替代性选择范围，追求刑事诉讼的普遍价值和实质正义，从而回应不断变化的社会的不同需求。

第四节　刑事审判程序分流的原则

刑事审判程序的分流作为刑事诉讼中的一项不可或缺的重要机制，除了遵循刑事诉讼的一般规律之外，还有其自身的规律性。而且刑事审判程序分流的规律性不仅通过一些技术性要素体现出来，还蕴含在一些基本原则之中。笔者认为，刑事审判程序的分流至少应当遵循以下几项基本原则。

一　应当遵循公正优先、兼顾效率的原则

刑事诉讼追求的首要价值是诉讼公正。抽象地讲，为了追求诉讼公正，投入的司法资源越多越好，适用的诉讼程序越严越好。但是，不管是从理论上讲还是从实践上看，审判效率的提升也应当是在整个刑事审判程序中贯穿始终的一条原则。因为司法资源是有限的，刑事案件却是不断增长的，两者的矛盾日趋尖锐。不仅如此，刑事案件又是形态多样的。这就意味着在司法资源有限的情况下，要追求诉讼公正，绝不可能平均分配和使用司法资源，要根据案件的不同情况和需求分配、使用司法资源。对于案情复杂、公正程度要求高的案件，就应该分配、投入更多的司法资源，适用复杂、严格的审判程序。相反，对于案情简单、公正程度要求低的案件，则可以分配、投入较少的司法资源，适用较为简单、弹性的审判程序。针对不同案件分配、投入、使用不同司法资源的工作正是刑事审判程序分流的功能所在。在刑事审判程序的分流中，遵循保证司法公正的同时兼顾诉讼效率的原则，具备特有的理论上的支持。审判程序的分流是对刑事诉讼程序的一种过滤和分流机制。有相当一部分案件在进入审判程序之后，根据其案情、案件性质等因素的不同，被分流到不同的审判程序中

去。这意味着这些审判程序将有繁有简。无论是大陆法系国家还是英美法系国家，刑事普通审判程序都是最为基本的审判程序，各国都对此程序做出了非常严谨周密的制度规定，同时也会匹配相当的诉讼资源，以求能够确保审判程序的公正性。而且各国为了司法公正能够在最大限度内实现，还会尽可能多地适用普通审判程序来处理案件。然而，随着犯罪率的上升，犯罪类型的多样化等问题的出现，任何普通审判程序都必然造成诉讼进程的延缓、诉讼当事人的诉讼费用的增加以及司法机关诉讼资源的紧缺。通过对审判程序进行分流来减轻这些症状，则容易出现附带的不良后果，简化之后的审判程序，有可能会损害整个法律制度的合法性，还有可能影响整个司法程序的公正性、权威性。所以，无论是立法机关还是法官，所要面对的重要任务之一就是能够很好地平衡公正和效率。[①] 一方面，为确保司法公正得以实现，必须严格适用普通审判程序，即使会耗费大量人力、物力、财力；另一方面，刑事审判程序分流的运行必须在尽量减少时间和金钱的付出、提高效率的前提下，保证司法的公正。在国家投入的司法资源和其他相关耗费有限并且刑事案件数量不断增长、案情复杂多样的情况下，要想追求公正并兼顾效率，必然要求在刑事诉讼中进行程序分流。可见，刑事诉讼审判程序分流首先是追求诉讼公正的必然要求。在刑事诉讼中要想追求诉讼公正，必须进行程序分流。对案件进行繁简分流是真正实现审判公正的基础和前提。当然，保证公正是前提，刑事诉讼不仅要追求公正，也要兼顾效率。所谓兼顾效率，不仅是指在保障诉讼公正的前提下，在诉讼活动中尽可能投入较少的司法资源，还指在诉讼中尽可能花费较少的时间。

二　应当符合刑事诉讼基本原理的要求

首先，刑事审判程序分流应当符合控辩平等原则。从结构、形式上而言，刑事诉讼涉及控辩审三者的关系。可以说，人类社会刑事司法制度发展的历史，本质上是在刑事诉讼结构不断调整和完善中演绎的。在社会的早期，基于绝对的不告不理和朴素的裁判中立，诉讼结构是平衡和自然的。检察权的产生和公诉制度的出现，原本平衡和自然的诉讼结构被打

---

① ［日］谷口安平：《程序公正》，宋冰译，载宋冰编《程序、正义与现代化——外国法学家在华演讲录》，中国政法大学出版社1998年版，第381页。

破。在极端时期甚至变得十分扭曲，使得刑事司法成为统治者暴虐的工具。从历史的角度看，不同的诉讼结构下实现的司法价值目标是有别的。只有构造科学的控辩审三者关系，才能实现真正意义上的司法公正。在刑事诉讼中，控诉与辩护是如影随形的，只要有控诉，辩护就不能被减省。基于此，我国把被告人有权获得辩护作为宪法原则的同时，刑事诉讼法又对被告人的辩护权的行使做了详细、具体的规定，以切实保障辩护权的实现。在诉讼中，控诉和辩护的本能对抗，正如东汉王充所说："两刀相割，利钝乃知；二论相订（争辩），是非乃见。"①墨子也曾言："夫辩者，将以明是非之分，审治乱之犯，明同异之处，察明实之理，处利害，决嫌疑。"正因为如此，法官需要在认真听取控辩双方对于案件的观点看法之后，才能在充分了解具体情况的前提下，做出正确的裁决。控辩平等是在国家与个人平等的理论基础上实现控辩双方平等武装和平等保护的基本要求。控辩平等原则是普遍意义上的一种平等理想在刑事诉讼程序中的体现。在德国的刑事诉讼理论中，也将其称作"手段同等原则"，即在原则上应当对被追诉人提供与司法机关相同的平等待遇。② 但是，在现代的刑事诉讼构造中的控辩平等，则是要在实质上实现个人和国家的平等，也就是被追诉人与检察机关之间的平等。因为，社会中首先出现的是个人，继而才出现人与人之间的关系，而后才会逐渐出现政治有机体，而这种政治有机体为了巩固和扩张自己的权力，就会凡事都从服务于自己的角度出发去考虑。③ 实现控辩平等原则的首要任务是实现控辩双方的平等武装，而要实现这个任务，首先就需要在立法上给控辩双方赋予平等的诉讼权利和攻防手段。最早在欧洲，欧洲人权委员会开始使用"平等武装"这个词汇。该委员会在 offer and hop finger v. Austria 一案的裁决中认为："检察官与被告人的程序平等一般可称为平等武装，这是公正审判的一项内在要素。"④ 平等武装意味着刑事诉讼法应当为控辩双方提供对等的攻防手段，以使控辩双方能够真正平等、有效地参与诉讼。

---

① （东汉）王充：《论衡》卷29，上海人民出版社1974年版，第25页。

② ［德］约阿希姆·赫尔曼：《德国刑事诉讼法》，李昌珂译，中国政法大学出版社1995年版，第2页。

③ ［意］圭多·德·拉吉罗：《欧洲自由主义史》，［英］R. G. 科林伍德英译，杨军译，吉林人民出版社2001年版，第23页。

④ 陈瑞华：《刑事审判原理论》，北京大学出版社1997年版，第261页。

其次，刑事审判程序分流应当符合控审分离的原则。法官中立常常与程序公正乃至诉讼公正画上等号，法官中立是程序公正乃至诉讼公正实现过程中最基本也是最重要的因素。[①] 美国学者戈尔丁在其著作中，将程序中立的内容通过三个方面进行了阐释："一是任何人不能作为自己案件的法官；二是结果中不应包含纠纷解决者个人的利益；三是纠纷解决者不应有支持或反对某一方的偏见。"[②] 刑事司法权力作为国家公权力，其高度集中之后会产生的不良后果之一就是控审职能不分，而控审职能不分会直接导致法官在刑事审判程序中具有追诉职能从而在主观上具有强烈的诉讼心理，丧失法官应当具备的中立性，先入为主，使司法独立与公正不能得到保证，也有可能使被告人的合法权利在诉讼中不能得到保护，正如法国法学家卡斯东·斯特法尼曾说："丝毫用不着怀疑，通过酷刑拷打取得的忏悔常常是虚假的、不真实的。在这种条件下取得的被告的供词以及收集到的证据都会使法庭走入迷途。常常发生这样的情形，一方面无辜者受到有罪判决；另一方面，犯罪人却没有受到惩罚而逍遥法外。"[③] 可见如果在审判程序分流的过程中，控审职能不分，将会导致法官的预断和偏见，无法保证追诉程序的公正性、诉讼结果的公正性，也就无从谈起查明事实真相。近现代法治国家之所以确立控审分离原则，旨在通过控审职能的分离，使得控诉机关和审判机关能够相互独立、相互制约，防止法官主观判断，从而保证审判程序的中立性，保证被告人的合法权利得到充分保护，保证被告人得到一个公正的裁决。

再次，刑事审判程序分流应当符合审判中立原则。随着以审判为中心的司法制度改革浪潮的到来，刑事审判程序的分流也应当符合刑事诉讼中的审判中立原则。法官从古至今一直是以一个中立的解决纷争的仲裁者的形象出现的，法官在刑事诉讼结构中一直处于一个恪守中立的中心地位，在控辩双方之间始终保持着一个不偏不倚、中立的立场。从古至今，法官都是"听讼断狱"者，西方学者将法官看作法律由精神王国进入现实王国控制社会生活关系的大门，法律借助法官而降临尘世。法官被誉为"法

---

① 陈桂明：《诉讼公正与程序保障》，中国法制出版社1996年版，第13页。

② ［美］马丁·P.戈尔丁：《法律哲学》，齐海滨译，生活·读书·新知三联书店1987年版，第240页。

③ ［法］卡斯东·斯特法尼等：《法国刑事诉讼法精义》，罗结珍译，中国政法大学出版社1999年版，第82页。

律的保管者""活着的圣谕",是正义的化身,是法律和正义准则的宣示者。在我国,法官一词最早出现于战国时期的法学著述中,传说我国最早的法官是皋陶,人们对其尊崇若神。一直以来,法官作为对司法官员的民间通称,其职责都是居中裁判,真正做到法律面前人人平等,同罪同罚,从而实现真正的司法公正。所以,要想实现司法公正,审判中立原则的贯彻落实就是前提和保证。司法公正既包括诉讼程序上的公正,即在诉讼程序运行过程中,保证控辩双方平等行使各自的诉权,也包括法官的审判公正,即在审判程序中,不受主观判断或控辩双方任何一方的影响,也不受社会舆论的干扰,只服从于事实和法律,独立审判。此外,不同于英美法系国家审判中法官的"消极独立",即不可以主动调查取证,只能依据控辩双方提供的证据和意见做出裁决,我国的法官在审判程序中不仅可以调查收集证据,还可以主持举证质证环节,具有一定的主动性。如此便可以确保法官能够更加接近事实真相,做出公正且正确的裁决。而且审判中立原则还是法官职业道德的主要内容,最高人民法院颁布实施了《中华人民共和国法官职业道德基本准则》,该准则将审判中立、公正作为法官职业道德的基本要求,要求法官在履行其职责时,应当切实做到实体公正和程序公正,避免公众对司法公正产生合理的怀疑。同时,法官应当忠实于宪法和法律,坚持和维护审判独立的原则,独立思考、自主判断,敢于坚持正确的意见,不受任何法律法规之外的因素干扰和影响。

三　应当充分尊重当事人的意愿

在目前我国刑事诉讼程序,尤其是审判程序中,切实保障司法民主、最大限度地满足人民群众的司法需求,一直以来都是关注的重点。我们在推行司法制度改革的过程中,应当逐渐改变以数字论英雄的简单评判标准,切实增强服务意识,充分尊重案件当事人的意愿,在刑事司法程序进行的同时,防止出现各类侵害当事人诉权和其他权益的事情发生。所以,在刑事审判程序分流的过程中,为了维护和促进司法公正,应当加大对于审判工作的监督力度,杜绝、纠正在审判中出现的裁判不公、审判人员违法违纪等问题,防止公权力的不当介入和滥用。法官在审判中不能成为任何一方的代言人,不能带有偏见,在审理案件的过程中,应当充分尊重当事人的意愿,不能代之做出主张或放弃诉讼权利的决定。当然,审判机关除了应当加强监督,防止和及时纠正错误裁判等问题,同时还应当防止当事人滥用诉讼权利的问题出现，比如恶意诉讼、拖延诉讼等。

罗尔斯说："当平等的自由原则被运用到由宪法所规定的政治程序中时，我将把平等的自由原则看成是平等的参与原则。参与原则要求所有的公民都应有平等的权利来参与公民将要服从的法律的立宪过程和决定其结果。我们应该记住参与原则适用于各种制度，当参与原则被满足时，所有人就都具有平等公民的相同地位。"① 比如，在德国，刑事诉讼运行的过程中，就将被告人主动参与刑事诉讼的情况与被动参与诉讼的情况区分开来，尤其规定，如果被告人主动参与诉讼，则享有要求法庭开庭审理的权利。如果法院的裁断是以被告人对事实、证据所陈述的意见为基础做出的，则被告在诉讼中不仅可以随时选任辩护人为其辩护，还有权要求在调查证据时享有在场权，同时还有权对证人、鉴定人进行询问，在传唤期间的规定未被遵守的情况下，还可以申请延期审判，等等，"而即使被告只是被动地参与诉讼者时，其法律地位也为许多的慎重的预防措施维护着，例如，其为国家强制力之客体时，其人格尊严也必须受到维护"②。除此之外，康德在《法的形而上学原理》中还提到："法则一般地被看作是实践理性产生于意志，准则出现于意志在做出选择过程的活动之中。后者对人来说构成自由意志，只有在自己有意识的活动过程中，那种选择行为才能被称为自由。"③ 萨特认为："人的一切特性不是与生俱来或是上帝的创造，而是自为的人依据个人的意愿和主观谋划自己造成和选择的，人始终处于选择的可能性之中，不选择也是一种选择，是选择了不选择。"④ 当事人对于程序分流的自愿选择是一种自觉的选择，是其主观能动性的具体表现，在充分尊重当事人的意愿的同时，也给予了他们充分表达自己意见、参与控辩过程的权利和机会，这不仅有助于查明真相，还能在很大程度上保证其合法人权。而在近现代国家刑事审判程序分流中能够充分尊重当事人意愿的最为典型的例子就是美国的辩诉交易制度了，在美国的辩诉交易中，被追诉人享有对程序最大限度的选择权、参与权。被追诉人有两种方式与检察机关达成交易，一是被追诉人可以做出有罪答辩，这种情况

---

① ［美］约翰·罗尔斯：《正义论》，何怀宏、何包钢、廖申白译，中国社会科学出版社1988年版，第219页。

② ［德］克劳思·罗科信：《刑事诉讼法》，吴丽琪译，法律出版社2003年版，第138页。

③ ［德］康德：《法的形而上学原理》，沈叔平译，商务印书馆1991年版，第29页。

④ 王晓东：《西方哲学主体间性理论批判》，中国社会科学出版社2004年版，第151页。

下检察官必须向被追诉人承诺会减轻量刑。二是被追诉人只承认所有指控中的某一个指控，这种情况下，检察官则必须向被追诉人做出撤销或不起诉其他罪名的承诺。不管是何种情况，被追诉人在刑事诉讼程序中对于诉讼程序的参与以及选择都是自愿且明知的，而不是程序违法或者刑讯逼供的结果。被追诉人的真实意愿得到了很好的保证。① 可以说，当事人对于程序的参与和选择是其自愿性、自主性得以体现的两个方面。当事人的积极参与为其能够在程序上实行选择权提供了一个实质性的基础，而当事人对于程序的选择权则从侧面体现出其对于程序参与的积极主动性。二者缺一不可。只有选择权或者只有参与权，都不能做到对于司法民主和被追诉人基本人权的保障。尊重当事人的真实意愿，维护其程序参与权及选择权在以审判为中心的司法制度改革背景下具有非常现实的意义。被追诉人在刑事诉讼中的地位是平等的，其可以通过积极参与诉讼，来提出自己的主张、意见，表明自己的态度，这些主张意见可以涉及实体法内容，也可以涉及程序法内容。被追诉人处于诉讼主体之一的地位，也要求其能够自己参与处分自己的利益。

四　应当确保律师能够有效参与

首先，在刑事审判程序的分流过程中，被追诉人应当享有自行辩护权。《世界人权宣言》第 11 条强调："受刑事指控人享有辩护权。"《公民权利和政治权利国际公约》第 14 条第 3 项第 4 目规定："被告人有权到庭受审、亲自辩护。"第 5 目规定："被告人有权亲自或间接询问对方证人，也有权申请法院传唤本方证人在与对方证人同等条件下出庭作证。还应当赋予被指控人知情权，即被指控人应当及时获知其被指控罪名和案由，以便被指控人有针对性地组织起防御、进行辩护。"同时，由于犯罪嫌疑人同样具有参与诉讼程序的权利，所以承认犯罪嫌疑人的知情权。② 《公民权利和政治权利国际公约》还规定："司法机关应当尽快以被指控人通晓的语言，详细告知其被指控的罪名和案由。"此外，联合国还有其他一些相关的法律文件规定，如《保护所有遭受任何形式拘留或监禁的人的原则》规定："对被逮捕和拘留的人必须通知逮捕、拘留的理由以及不利于

---

① 宋英辉：《刑事诉讼原理》，法律出版社 2003 年版，第 110 页。

② ［日］田口守一：《刑事诉讼法》，刘迪等译，法律出版社 2000 年版，第 87 页。

他们的任何控告。在通知被羁押人逮捕的原因时，应使用被羁押者能够理解的语言。同时，为了保障被指控人对审判的实质性参与，如果被告人不通晓或不能使用法院所用的语言，法院应当免费为其提供翻译予以协助。"鉴于被追诉人进行自行辩护的现实障碍，其有权获得来自律师的帮助。对此，《公民权利和政治权利国际公约》第 14 条规定："受刑事指控的人应当有相当的时间和便利以准备辩护，并与其委托的律师联络；到庭受审并亲自替自己辩护或经由他自己所选任的律师进行辩护；如果他没有委托律师，要通知他享有这种权利。"《关于律师作用的基本原则》第 11 条第 1 款规定："被拘留人应有权为自己辩护或依法由律师协助辩护。"

在刑事审判程序的分流中，被追诉人还应具备获得律师帮助权，并且这种权利应当完整、平等。《关于律师作用的基本原则》第 1 条规定："所有的人都有权请求由其选择的一名律师协助保护和确立其权利并在刑事诉讼的各个阶段为其辩护。"因此，被追诉人在刑事诉讼的各个阶段都有权获得律师的帮助，审判程序分流也是在刑事诉讼程序过程之中进行的，所以被追诉人应当获得律师的帮助。其次，不能由于种族、肤色的不同，歧视或是差别对待被追诉人，应当赋予其平等的获得律师帮助的权利。此外，在审判程序分流的过程中，应当充分保证被追诉人与律师的会见交流权，"从被疑者的辩护权实质化的观点来看，被疑者与辩护人接见交流的保障必不可缺"①。详言之，被追诉人一方面应当确保自己有足够的时间和条件去选任、联络律师，还应当保证被追诉人与律师会见联络的秘密性，以求被追诉人能够在完全放松的心理状态下与其律师交流案情、交换意见。除此之外，在刑事审判程序分流的过程中，被追诉人还应当享有获得刑事法律援助的权利，国家应当将其贯穿于刑事诉讼程序的始终，在此过程中，如果被追诉人没有能力聘请律师，国家应当担负此项费用，确保被追诉人能够免费享受此项权利。因为，辩护律师就是被追诉人的保护者，对于使得被追诉人的各项权利不受侵害而言，辩护律师的存在意义非凡。

另外，律师的资质保证、执业权利和义务以及职业的独立性，也是确保律师能够在刑事审判程序分流过程中有效参与辩护的必要因素。首先，

---

① ［日］铃木茂嗣：《日本刑事诉讼法的特色及解释上的诸问题》，载［日］西原春夫主编《日本刑事法的形成与特色》，李海东译，法律出版社与日本成文堂1997年联合出版，第51页。

律师可以接受被追诉人委托或是国家指派的重要前提条件就是该律师需要具备必要的资格和一定水平的业务能力，如此才能确保其能顺利有效地进行辩护，维护被追诉人的权利。合格的律师才能为被追诉人提供合格的法律服务。其次，律师必须具备执业所需的相应权利作为其参与诉讼，保障犯罪嫌疑人、被告人合法权益的武器。这就包括辩护豁免权，也就是律师在进行辩护的过程当中，将不会因为其在辩护活动中的言行而被追究法律责任，以确保辩护律师能够独立行使辩护权，为委托人提供法律意见、展开辩论。此外，律师有效履行辩护职能还包括另外两个关键的条件，一个条件是查阅有关案卷资料、证据的权利，另一个条件则是为保护被追诉人和律师之间的信任关系，赋予律师的保守职务秘密的权利。最后，律师职业的独立性是律师有效履行职责的前提，也是司法独立原则的重要内容。

五　应当符合我国的实际情况，不应盲目照搬他国

当今世界，刑事诉讼分流无疑已经成为一种巨大浪潮，而在目前我国以审判为中心背景下开展起来的刑事司法制度改革中，刑事审判程序分流作为刑事诉讼分流的一个重要组成部分，无疑更加关乎国家的安宁和社会的稳定。然而，我国的刑事审判程序的分流绝不是对他国相关制度的盲目借鉴和简单照搬，更不可能是"去中国化"的全盘西化。相反，我国的刑事审判程序分流应当在遵循普适的司法规律的同时，彰显中国的特色。因为没有特色就没有中国，没有特色就必然背离中国的国情，这个特色就是中国的社会主义，就是马克思主义的中国化。马克思主义的中国化并不是一种空泛的理论，它实实在在地表现在具有中国特色社会主义的制度建构之中。应当明确的是，当前这种司法改革，对于刑事审判程序的完善构建都只是体制上的改革，是制度自身的完善，而不是对现存制度的彻底否定，更不是推倒重来，另起炉灶。如果不能在是否对外国的司法制度照搬照抄这个问题上达成共识，那么在构建完善我国刑事审判程序分流机制、刑事诉讼程序分流机制乃至整个司法制度的过程中，我们对于当前的司法改革就很难达成基本的共识。

世界各国的司法活动虽有共同的规律可循，在司法机关的设置中也存在共同的特点，并大体相似，但由于各国的地域环境、社会制度、居民和意识观念的不同，存在许多差异性，这些差异性造成了诉讼的活动方式、结构模式以及在国家机构中的地位等方面存在多样性。这必然导致各国的

诉讼结构、诉讼模式以及诉讼原则、诉讼运作都存在区别，相互之间只能借鉴和部分吸收，而不可能全盘照搬，即使移植也会变形，而不可能保持原样。一般来说，法律移植是可能的，但是不能原封不动地照搬，法律移植也需要因地制宜，讲究条件，逐步推行。不同国家的司法差异归纳起来一般有以下几点。

一是国情差异。世界各国的诞生，最古老的已有五六千年了，而最年轻的国家可能还不过仅仅数年。所以情况差异都很大，人口、地域、气候、民情、经济、政治以及观念等，都不完全一样。世界上没有两个国情完全相同的国家，因此，国情的差别是最大也是最普遍的差异，两个国家就像两片树叶，不可能完全相同，如果试图照搬别的国家的法律，或者要求别的国家跟自己的国家一模一样，一定是徒劳无功的。二是各国司法机构的体制上的差异。司法机构体制反映着诉讼结构和模式，即使属于同一法系的国家，司法体制不会也不可能完全相同，总会存在若干差别。也正是这些差别反映了该国的个性，甚至在同一个国家中，其不同地区之间也会存在差异。三是法律及其内涵的差异。一般而言，不同国家的法律规则是不会完全相同的。至少至今还未发现有完全相同法律的两个国家。因为法律是统治阶级或者集团意志的反映，而不同国家的统治阶级或者集团意志是不会完全相同的。所以它们的法律自然也会制定得各不相同。这种不同不仅反映在法律的表现形式上，更多地反映在法律的内容上，即使有相近似的理论，甚至有共同的法律原则，但在表述和理解上也会有所差别。比如无罪推定原则、自由心证原则等。不同的国家在理解和运用时仍然会有差别。四是程序和运作中的差异。一般而言，不同国家的诉讼程序不可能完全相同，即使程序相似，运作的方法和实际效果也会不同。这样的差异会使产生的结果也发生变化。比如同一个案件如果由不同的国家审理，或者由同一国家的不同地区或不同法院审理，也会出现不同的裁决结果。当然可能会基本相似，毕竟是同一个案件，如果差别太大，也是不正常的。因此，严格执法不是消灭差别，而是保持原则的一致性和法律规则的统一性。所以，判例只能是参照执行，而不能完全一样。既然世界上没有两个完全相同的案件，也就不可能做出完全相同的裁决。五是不同国家的法律观念和法律意识存在差异。不同的国家由于历史文化背景不同、环境不同、民族不同，人们对于法律的认识和理解自然也会不同，这必然会形成不同的法律观念和理论体系。

　　所以说，法律文化是受人文环境和人的意识影响的，这种影响经过历史长河的洗刷，有所淘汰，也有所积累。沉淀下来的传统观念和思想意识，具有相对的独立性，不断被保留、被遗传。世界各国法律文化都有特定的历史背景和特殊的性质，都是各个国家、各个民族在特定条件下发展而来的产物，包含着历史的不同运行轨迹。所以以比较的方法研究世界各国的法律时，在构建我国刑事审判程序的分流机制时，对各国的不同、差异应当有一个正确的态度，必须正视历史、正视各国的差异，承认差异，不盲目照搬，这不仅是确保不同国家不同情况下都能做到司法公正的重要前提，而且具有非凡的意义。

第二章

刑事审判程序分流的比较法考察

"他山之石，可以攻玉。"对国外的刑事审判程序分流的相关制度进行研究，可以为我国研究和改革刑事审判程序分流提供良好的借鉴和有益的参考。通过对国外的刑事审判程序分流的相关制度的考察和比较分析，一方面我们可以发现刑事审判程序分流的一般规律，这些无疑是我国在进行刑事审判程序分流改革时所要参考的重要因素；另一方面，我们可以发现各国刑事审判程序分流之间的差异，分析和研究这些差异不仅有助于我们深刻领会刑事审判程序分流相关制度的多样性，还对我国研究改革刑事审判程序分流机制具有重要的启示作用。本章拟以英国、美国、加拿大、德国、法国、日本、意大利、俄罗斯这几个国家的刑事审判程序分流制度为研究对象，① 并以其共同的法制背景为依据，从三个方面入手进行比较分析。

第一节　正式或普通审判程序及相关
审前程序的比较法考察

在刑事审判程序分流的过程中，最为基础的审判程序就是适用历史最悠久的正式或者说是普通审判程序。由于正式或普通审判程序耗费诉讼资

---

① 之所以选取这几个国家作为比较分析的对象，是因为这些国家具有较强的代表性。英国、美国、加拿大是英美法系最典型的国家，德国、法国是大陆法系最典型的国家，日本、意大利、俄罗斯是混合制模式下最典型的国家。

源较多甚至巨大，为此，在启动正式或普通审判程序之前往往设有"过滤性"的或者预备性的审前程序，一方面把不应该、不需要启动正式或普通审判程序的案件过滤拦截掉，另一方面在启动正式或普通审判程序之前做好相关准备工作，以保障正式或普通审判程序启动后能够顺利进行，达到预期的目的。因此，正式或普通审判程序与其之前的审前程序是分不开的一个整体。故下面的介绍既有正式或普通审判程序，也有与其相配套的相关审前程序。在繁简分流的大背景下，正式或普通的审判程序与其之前的相关审前程序相辅相成，方可使得"繁案精审"成为现实。

一　英国的预审程序

总的来说，英国作为英美法系的典型代表，在传统上没有明确区分程序法和实体法。19 世纪，英国在完善司法组织体系、制定刑事法律保障被告人在刑事诉讼中的权利等方面所取得的进展，都使得英国现代的刑事诉讼制度初见雏形，为英国刑事诉讼制度的进一步发展奠定了基础。在英国，根据刑事法院的审判法官的不同，大体上将案件划分为以下几类：一是最严重的可诉罪案件。可诉罪一般是指以起诉书方式审判的罪行，大多都是最严重的犯罪，比如大多数普通法犯罪，如凶杀、谋杀都属于以起诉书方式审判的罪行。这类案件由英国高等法院的法官主持审理。这些法官大多都来自高等法院王座法庭和大法庭，只有少数满足从业至少 10 年，50 岁以上等条件的出庭律师才有资格被大法官提名，再由英国女王任命为高等法院法官。[①] 二是由巡回法官（circuit judges）和记录法官（recorders）负责审理的刑事法院的大多数案件。巡回法官较记录法官更少，只有从业至少 10 年的出庭律师或是已被任命 3 年以上的记录法官才有资格被大法官推荐为巡回法官，巡回法官被任命之后就会成为刑事法院中主持审判的专职法官。[②] 巡回法官比较专业。与之相比，记录法官就比较业余，在刑事法院审理案件以外的时间可以从事其原有的律师工作。大法官从至少从业 10 年的出庭律师或事务律师中来任命记录法官，记录法官有一定的任期，在任期内审理案件需要达到一定的数量。三是治安法院审理的案件。治安法官除了在治安法院以简易程序审理最轻微的犯罪案件，如

---

① 李桂玲：《自由心证——自由与约束之间》，《法制与社会》2009 年第 4 期。

② 陈瑞华：《比较刑事诉讼法》，中国人民大学出版社 2010 年版，第 11 页。

大多数交通罪案件，还可以在刑事法院审理案件。英国的治安法官在刑事法院审理的案件大致有两种情况：一种是被告人对于治安法院做出的判决不服向刑事法院提出上诉的案件。另一种是被告人在被治安法院定罪而被移送至刑事法院量刑的案件。可以看到，无论哪种情况，治安法官都一直与此案件有关，为了防止治安法官产生偏见、先入为主，如果是在治安法院审理该案时的治安法官，无论是上诉还是量刑，都不能再参与刑事法院对该案的审理。

近些年来，英国开始逐渐加强对于诉讼效率的关注，更多的案件倾向于交由治安法院审理。为了提高诉讼效率，保证更多的案件能通过简易程序审理，一些罪行比如普通殴打罪、无证驾驶罪和造成损失高达 5000 英镑的犯罪都被重新归类于以简易程序审理的罪行。① 因为绝大多数的常见犯罪都是比较简单的，而且很多被追诉人在有选择的情况下都选择在较低级别的法院接受审判，所以在英国，95%以上的刑事案件都由治安法官处理。② 英国的预审程序就是治安法官负责的主要程序之一，也称交付审判程序、移交程序，是治安法官决定被指控者是否应当面临起诉书审判的程序。顾名思义，该程序的设置不是为了确认被告人是否有罪，而仅仅是为了让治安法官提前审查这些可诉罪案件，是否证据充足、是否有移送法院审判的必要，若证据充足、有必要移送，则移送法院审理，主要目的在于审查控方所掌握的指控证据是否达到了"有辩可答"的程度，防止被告人受到没有根据的起诉或审判，在一定程度上也对可能进入正式审判的案件进行了一次过滤。在治安法官进行的预审程序中，法官所具有的权力就是决定撤销案件或是裁定移送案件至刑事法院，但却不能裁定被告人有罪与否，当然被告人在此程序中也没有做出有罪或无罪答辩的机会。关键之处在于，在案件审理之前，被告人必须了解指控的性质与控方的证据。在进行预审时，为了使得治安法官能够撤销案件，被告人应当有询问控方证人的机会。传统上，预审程序由大陪审团负责，但是随着历史的进程，大陪审团制度已退出英国司法的历史舞台，因此预审程序便转而由治安法院

---

① See Anderew Ashworth, Mick Redemayne, *Criminal Process*, Oxford University Press, 1999, p. 327.

② ［英］约翰·斯普莱克：《英国刑事诉讼程序》，徐美君、杨立涛译，中国人民大学出版社 2006 年版，第 198 页。

承担。预审程序也是英国司法制度中进行正式审判之前对于案件的一种过滤、分流的程序。

二　美国的预审程序

美国作为世界发达国家的代表，虽然一直以来都严重依赖辩诉交易制度，以缓解审判程序中法院的诉讼压力，但随着其社会、经济的发展，犯罪率也在不断攀升，美国仍然能够感受到大量诉讼带给法院、政府的巨大压力，因此，除了辩诉交易，美国也开始采用越来越多的非正式化的司法方式来解决日益增多的刑事诉讼案件。据统计，2003 年美国联邦法院中95%的案件都是通过辩诉交易解决的，且检察官在起诉与否的问题上具有很大的裁量权。这样就使得很多刑事案件在审判之前就已经被过滤分流出去。20 世纪 80 年代以来，随着社区矫正制度的发展和恢复性司法的影响，美国的审前程序分流得到了进一步发展。美国在经济发达的同时，也导致了犯罪率的不断上升，同时美国还拥有世界上最庞大的刑事司法体系，因为美国的前身是英国在北美的 13 个殖民地。① 在建立殖民地的过程中，英国殖民者将英国的司法审判制度移植到北美，奠定了殖民地刑事司法制度的基础。但是，美国的司法制度并非英国司法制度在美洲的翻版。整个制度的基础是治安法院处理本地的轻微犯罪。在许多殖民地被称为"县法院"的初审法院，实际上也承担着行政职能，处理着形形色色的殖民地事务，刑事审判仅仅是其职能之一。而当时的诉讼程序的许多特点更加适合乡村社会而不适合现代的城市社区。工业化和城市化引起的社会问题和法律问题到 19 世纪后半叶逐渐变得越来越严重。当时的许多殖民者都有触犯政治犯罪的经历，对政治压迫的恐惧使得他们及其后人过于信赖程序复杂、费用昂贵和运作缓慢的普通程序的追诉机制。然而为了避免个人自由受到侵害，他们又赋予了陪审团广泛的权力并且限制甚至剥夺初审法官控制审判和陪审团的权力。②

美国的司法程序在审判前有一个最初的程序分流，就是初次聆讯的过

---

① ［法］勒内·达维德：《当代主要法律体系》，漆竹生译，上海译文出版社 1984 年版，第372 页。

② ［美］罗斯科·庞德：《普通法的精神》，唐前宏、廖湘文、高雪原译，法律出版社 2001年版，第 85 页。

程，也就是在侦查机关初步侦查之后，如果认为犯罪嫌疑人实施了犯罪并且有起诉的必要，则可以自行决定是否提出指控。侦查机关一旦逮捕犯罪嫌疑人，则需要获得检察官的同意，由检察官根据犯罪情节的轻重等因素决定是否起诉。如果检察官发现犯罪嫌疑人是被无证逮捕的，则应当尽快将其带至治安法官处，就逮捕的合法性进行审查，这时需要侦查人员提出控告并说明合理依据。《联邦刑事诉讼规则》第 5 条规定："嫌疑人被捕后，执行逮捕的官员应当不延误地将被捕人解送到最近的联邦治安法官处，如果联邦治安法官由于正当理由不在，可以将被捕人送到被授权的州和地方的司法官员之处。"如果案件不属于治安法院审理，则无须让被告人答辩。治安法院应当告知被告人其依法享有的权利，比如获得律师帮助的权利等。并且不要求被告人做陈述，但是如果其做出陈述，那么该陈述将可以被用作对其不利的证据。而且被告人还有要求预审的权利。在此之外，治安法官还应当为被告人提供与其律师接触的机会。对属于治安法院有权审理的轻罪或者其他轻微罪行，治安法院在告知被告人诉讼权利及其受到的指控之后，经被告人的同意，可以直接听取被告人对该指控所做的答辩。被告人可以做无罪答辩、有罪答辩或者经治安法官允许不做辩护但不承认有罪的答辩。如果被告人不同意由治安法官审理，那么应当命令被告人到联邦地区法院法官处接受进一步审理。如果被告人被羁押，并且被指控犯有轻罪而不是轻微的犯罪，则被告人也可以享有依据《美国法典》第 18 编的规定进行预审的权利。治安法官在对被告人进行初次聆讯时，还应当对是继续羁押被告人还是将其具结释放或者取保释放做出决定。一般情况下，被告人可以获得审判前的释放。初次聆讯也是对于刑事案件的一次过滤。

初次聆讯之后，被指控犯有重罪的被告人有权要求预审，美国的预审程序就是在进入正式审判程序之前的一次正式分流。预审应当在合理的期间内进行，如果被告人处于被羁押状态，那么在初次聆讯后的 10 日内应当进行预审，如果被告人未被羁押，那么可以延长至 20 日内。上述期间可以由治安法官延长一次至数次。如果在确定的预审日期之前，大陪审团的批准起诉书或者检察官起诉书已经提交到联邦地区法院，那么就不应再继续举行预审。对被告人自愿放弃预审的，治安法官应当立刻把被告人移送到联邦地区法院，让其接受询问。预审程序存在的主要意义是对起诉的指控是否有合理依据进行审查，然后决定是否将被告人交付庭审。在预审程序进行中，整个程序由法官负责主持，检察官和被告人必须到庭，辩护律师可以参与。在预审进行中，检察官应当对其指控存在依据的合理性进行证明，同时控方证人应当出庭作证，且应当接受被告人的质询。当然辩方也可以提供相应的证据。经过预审之后，一般会有以下结果：一是如若有合理证据证明犯罪事实且能够证明犯罪行为由被告实施，治安法官做出裁定送至初审法院或者交由大陪审团审查，确定是否存在合理根据时可以全部或者部分依据传闻证据，在预审阶段被告人不能以非法证据为由对证据提出异议。二是如果没有合理证据能够证明犯罪事实的发生或是虽已发生但却不是被告人所为，则治安法官应当驳回该控告，同时撤销对于被告人的该项指控。如果被告人已被羁押，则应当立即将其释放。三是若有证据证明被告人犯有比指控的罪名轻的罪行，治安法官就可以驳回原来针对重罪的指控，转而由控方重新提起关于其所犯的较轻罪行的指控，再将案件交由治安法院审理。美国的预审程序就是在正式进入庭审程序之前对于刑事案件的一次正式分流，是一次对于案件进行过滤的程序，对于防止审判资源的浪费具有重要意义。

三　美国的正式审判程序

尽管在美国大部分刑事案件是通过辩诉交易终结的，那些社会危害性较大或者无法达成辩诉交易的案件仍然会进入普通的庭审阶段。与辩诉交易相比，庭审阶段更为透明，但也更为冗长，公众所目睹的司法运作过程也更为直接。在很大程度上说，庭审阶段不啻整个刑事诉讼程序中最为精彩的阶段。正如法国著名政治思想家阿列克西·德·托克维尔[1]所观察的那样："在美利坚发生的一切事件，或者所有情况，先后都主导着法庭辩论的方向；从而在一般社会事务中，使辩论各方都必须借助庭审程序的某些思想观念、专业术语。"[2] 在这一阶段，控辩双方紧紧围绕被告人涉嫌犯罪有关证据的取舍与真伪唇枪舌剑，以求说服陪审团做出有利于己方

① 阿列克西·德·托克维尔（Alexis de Tocqueville，1805—1859）为法国著名思想家、社会学家及历史学家。1831年4月，时年25岁的托克维尔开始了为期九个月的美国考察之行。滞美期间，他及同伴访问了包括总统在内的上千位美国人。根据这段时期的观察与心得，托克维尔最终完成了《论美国的民主》（Democracy in America）上下册，先后于1835年及1840年出版，成为后世洞悉当时美国政治发展及风土人情的力作之一。

② 施袁喜编译：《美国文化简史》，中央编译出版社2006年版，第217页。

的判决。检察官作为政府律师出庭，因而整个庭审过程尤其是辩论阶段就俨然成为两派律师因基本立场不同而进行的激烈角逐。有时候，对于关键证据的证明力，双方之间的争辩可能会达到白热化的程度。联邦与各州刑事庭审程序不尽相同，但是庭审程序的顺序大体相同，依次为：陪审员挑选（selection of jurors）、开庭陈述（opening statement）、检察官介绍案件（introduction by prosecutor）、辩护律师介绍案件（introduction by defense attorney）、证据反驳（rebuttal）、总结陈述（closing argument）、法官对陪审团之指示（jury instruction）、陪审团定罪讨论（deliberation）及陪审团判决有罪与否（verdict）等阶段。美国《法官手册》第2—3条更是事无巨细地将庭审程序分解为30多个步骤，依次分别为：（1）案件进入庭审程序。如果被告人在审判伊始就缺席，则审判应停止；（2）选派陪审员；（3）给陪审团的初步指导；（4）确定当事人是否愿意引用相关条款规定不让证人出庭；（5）控方律师做公开陈述；（6）控方律师引见证人；（7）控方休息；（8）无罪判决的动议申请；（9）如果之前被允许延迟陈述，则由辩方律师做陈述；（10）辩方律师引见证人；（11）辩方律师休息；（12）律师们引见反证证人；（13）控方休息；（14）辩方休息；（15）无罪判决的申请；（16）在陪审团回避的情况下，决定律师索要陪审团指示书的要求，并告知律师法庭指示的内容实质；（17）控方、辩方的最后陈述及控方的反驳；（18）指示陪审团，在辩论结束之前，法庭可向陪审团做出说明；（19）处理关于陪审团的指示的反对意见，对陪审团的指示意见做出修正；（20）若法官想解除候补陪审员，应选择好表达方式解释并致谢，若想保留候补陪审员，则应确保在替换一名正式陪审员之前，其不会与任何人谈及本案，若替换了陪审员，陪审团应重新开始讨论；（21）告知陪审团进入陪审员室并开始讨论工作；（22）确定应送请陪审团的证物；（23）让书记员将证物及裁决表格送交陪审团；（24）在陪审团讨论期间法庭休庭；在回应陪审团问题之前，法官应与律师交换意见，并记录在案；（25）若陪审团未能在第一个讨论日内做出决定，则要么要求其连夜讨论，要么允许他们暂时解散，再确定一个日期宣布其裁定书；（26）若陪审员意见不一致，则通过提问确定他们是否可能达成一致，若确定无法达成一致意见，可宣布无效判决，若并不确定，则可要求继续审理，在宣布无效判决之前，可考虑给陪审团本巡回区所采纳的艾伦陪审团指示；（27）当陪审团意见一致时，重新开庭并接受该决定；（28）经当事人要求对陪审员做出个别调查；（29）解散陪审团并致谢；（30）若陪审团宣告无罪，释放被告人；（31）若确定被告人有罪，则应确定是由法警看押还是保释出狱；（32）确定判后申请时间；（33）闭庭或休庭。① 由此可以看出，美国的正式审判程序严格又复杂，虽然对于保证审判的公正有益，实现了繁案精审，然而却会耗费大量的人力、物力、时间，因此美国才会在此同时构建下文所述的其他相对简易化的审判程序。

四　加拿大的正式审判程序

加拿大除了魁北克省受到法国民法传统的影响之外，加拿大其他地区均深受英国普通法的影响。因此，一般认为加拿大是英美法系国家。此外，加拿大的法律渊源主要由判例法和制定法构成。此外还包括习惯、惯例、英王特权等法律渊源。总体而言，加拿大是普通法国家，判例法是整个法律体系的基石。加拿大尚未制定专门的刑事诉讼法典，刑事诉讼法的相关法律主要体现在 1892 年《加拿大刑事法典》中，此外，1982 年生效的《加拿大权利和自由宪章》为刑事诉讼程序带来了革命性的变化。根据《加拿大权利和自由宪章》，法官有权解释被告人在整个刑事诉讼程序中的相关权利问题。加拿大最高法院做出的有关《加拿大权利和自由宪章》权利的决定在一定意义上填补了加拿大刑事诉讼程序的空白，只是该填补空白功能的发挥是以个案为基础的，具有典型的普通法的非系统性的特征。比如，虽然《加拿大权利和自由宪章》规定个人有权获得保释，其获得保释的权利非经合法理由不得剥夺，但近年来拒绝保释的被告人仍呈现逐年增多的趋势。② 尤其是在 "9·11" 恐怖主义袭击之后，加拿大警察的权力更是不断扩大，通过立法创设了预防性羁押和侦查性听证等程序。在加拿大，大多数的刑事案件都是由最基层的地方法院审理的。虽然从审判方式来看，地方法院的审理方式比较单一，只能由法官独任审判，无权组成陪审团或者合议庭审理案件，但是地方法院法官审理案件的范围却是非常广泛的。除了法律明确规定只能由上级法院审理的案件外，只要在 "可诉罪" 案件中被告人选择了由地方法院审理，或者是 "简易罪"

---

① 吕忠梅总主编：《美国法官与书记官手册》，程飞等译，法律出版社 2005 年版，第 43 页。

② See Martin. L. Friedland, "Criminal Justice in Canada Revisited", *Crim. L. Q*, Vol. 48, Issue 4, May 2004, p. 419.

的案件，都可以由地方法院的法官，通常是治安法官进行审理。对于比较严重的案件，则通常由高等法院的法官审理。高等法院审理案件时可以组成陪审团，也可以由独任法官审理。其受理的案件，有可能是在地方法院经过审前听证程序而移交其审理的，也可能是没有经过审前听证程序的，例如，谋杀罪案件只能由高等法院审理，而无须经过地方法院的审前听证程序。加拿大在主要的正式审判程序进行之前会有一些审前的程序，这些程序也对审判程序的分流起到了一定的作用。

（一）　加拿大的审前程序

加拿大虽然允许公民个人提起刑事诉讼，但实际上，绝大多数刑事案件还是由检察官提起的。在检察官提起诉讼的案件中，法院主要的审判前法庭活动有以下几种：第一种是在法官面前的首次出庭。这是在进入审判程序前的最初程序分流。一般情况下，加拿大的省级法院审理大部分刑事案件。加拿大各省可以自行设立法院体系，主要可以分为两级：省法院与高等法院，此外，不列颠哥伦比亚省、安大略省、新斯科舍省以及纽芬兰省还存在县或地区法院作为省法院与高等法院之间的中级法院，实行三级法院制度。省级法院由各省自行任命的法官或治安法官组成，加拿大的大多数省将省法院视为"治安法院"，是省法院体系中审级最低的法院。省法院由青少年法院或者省法院青少年庭、家事法庭或者法院家事庭、省法院刑事庭、小额索赔法院或者省法院民事庭构成。在刑事司法管辖方面，全部刑事案件都首先由省法院受理，其中大部分案件最终由省法院审理并做出裁决。省法院由两名以上的法官主持庭审，不采用陪审团方式审理案件。对较严重的犯罪或者被告人要求由高等法院审判庭或者陪审团审判的案件，省法院无权审理，只能交由更高级的法院审理。对于省法院无权审理的刑事案件，省法院仍然要对案件进行审查以判明是否有足够的证据将被告人交付上级法院审判。在法官面前的首次出庭主要需要完成两项任务：一是决定是否保释，二是选择随后的诉讼程序。警方在逮捕犯罪嫌疑人后，如果需要确认犯罪嫌疑人的身份，保护或者搜集与案件有关的证据，阻止犯罪继续发生或者保障被追诉人及时出席法庭等，可以继续羁押犯罪嫌疑人。但是根据《加拿大刑事法典》第 503 条的规定，警察应当毫不迟延地将被逮捕人带至法官面前首次出庭。通常来说应当在 24 小时之内将犯罪嫌疑人带到法官面前。法官应当进行保释听证，由检察官来证明继续羁押的正当性。在法官面前的首次出庭程序中，如果被告人被控犯有"可诉罪",则需要选择审判其案件的法院和程序。被告人可以选择经过审前听证并最终由高等法院审判其案件,也可以选择由地方法院审判其案件。可以选择陪审团审判或法官审判。在加拿大,许多被告人都倾向于选择在低一级的地方法院由法官,而非陪审团审判,因为他们认为这样审判的效率更高,诉讼成本更低并且量刑通常比较轻微。但是这一判断是否正确,则因地而异、因人而异了。① 此外,在法官面前的首次出庭程序中,被追诉人通常会获得由政府资助的值班律师的帮助。但在随后的诉讼程序中,通常则需要申请法律援助的律师来为其提供服务。由此可以看出,在加拿大的法官面前首次出庭的程序是在进入审判之前的第一次对于案件的过滤,防止没有必要进入审判程序的案件进入审判程序当中。

第二种审前活动则是提出指控或终止程序。在加拿大,警察和检察官应当负责就"可诉罪"提出指控或者就"简易罪"提出告诉。在加拿大已经废除了大陪审团制度。法院认为警察应当独立决定是否启动侦查程序。② 而检察官及检察长应当根据法律因素和政策因素独立行使其自由裁量权,决定是否提起指控。③ 检察官享有广泛的自由裁量权,包括选择以"可诉罪"起诉还是以更加轻微的"简易罪"起诉的权力。"简易罪"由地方法院审判,通常处以最高 6 个月的监禁刑,但在有些案件,如性骚扰案件中,也可以处以最高 18 个月的监禁刑。当然,检察官的自由裁量权并非绝对不受约束,其可能因为违反《加拿大权利和自由宪章》的规定而被审查,并要受到普通法关于禁止程序滥用的限制。如果诉讼程序的继续进行会给被告人的权利造成损害,或者将影响司法公正,则该诉讼程序应当被终止。④ 但是法院轻易不会选择终止程序,而是会试图寻求其他救

---

① See Martin. L. Friedland, Kent Roach, "Borderline Justice: Choosing Juries in the Two Niagaras", *Israel L. Rev*, Vol. 31, Issues1-3 1997, p. 33; Cheryl Marie Webster, Anthony Doob, "The Superior/Provincial Court Distinction: Historical Anachronism or Empirical Reality", *Crim. L. Q*, Vol. 48, Issue 1, September 2004, p. 77.

② See Campbell (1999) 1 S. C. R. 65. "Note that this independence is not absolute. The prior consent of the Attorney General is required before charges are laid for some charges including terrorism and have propaganda charges. In addition, prosecutors engage in pre-charge review in some provinces."

③ See Power (1994) 2 S. C. R. 601; Krieger v. Law Society of Alberta (2002) 2 S. C. R. 372.

④ See O'Connor (1996) 103 C. C. C. (3d) 1 (S. C. C.); Carosella (1997) 112 C. C. C. (3d) 289 (S. C. C.).

济手段，在没有其他可使用的救济手段的情况下，才会选择终止程序。在加拿大曾经有两起案件，一起是检察官要求警察在被告人不知情的情况下私下接触可能成为陪审员的人。① 还有一起是检察官被认为参与了贿赂法官的行为。② 对于这两起案件，最高法院都认为并不构成程序的滥用，因此没有终止程序。加拿大的这种审前活动，不论是提出指控或是终止程序都是对于案件的一种过滤分流的程序，但是相对而言，由于法官轻易不会终止程序，因此对于程序分流的作用比较有限。

第三种审前活动则是审前听证程序（Preliminary Hearings）。也有学者将之译为加拿大的"预审程序"。但该程序与大陆法系的预审制度存在本质差别，其主要任务在于确定该可诉罪案件是否有必要由高一级别的法院审理，所以将之译为审前听证程序。并不是所有案件都会经过审前听证程序，只有涉嫌"可诉罪"的案件，而且该案的被告人主动要求高级法院审理的，方可进行审前听证程序。审前听证程序通常在加拿大最低级别的法院即省级地方法院进行，在该程序中，检察官应当出示足够多的、经过宣誓的能够证明被追诉人将被判决有罪的证据。③ 当然，被告人也可以提出证据，并对证人进行交叉询问。负责审前听证程序的法官有权根据普通法排除非自愿的供述，但是无权根据《加拿大权利和自由宪章》第 24 条的规定排除违宪的供述。④ 为了保障被告人获得公正审判的权利，法官可以依照检察官或者被告人的申请发出命令，禁止以任何方式出版或传播在审前听证程序中出示的证据，违反者将会在地方法院以简易定罪的方式受到处罚。⑤ 但是根据《加拿大刑事法典》第 577 条的规定，即使没有经过审前听证程序，或者在审前听证程序中法官不同意将案件送至上一级法院，检察官在特定条件下仍然可以提出"可诉罪"的指控。例如，其关于"可诉罪"的指控得到了检察长的支持，或者审判案件的法官要求将案件提交其审判等。但无论如何，如果检察官越过审前听证程序而提出指

---

① See. Latimer（1997）1 S. C. R. 217.

② See. Regan（2002）1 S. C. R. 297.

③ See. Arcuri（2001）2 S. C. R. 828.

④ See. Hynes（2001）3 S. C. R. 623.

⑤ 《加拿大刑事法典》第 539 条规定："以简易定罪的方式受到处罚是指检察官提出简易定罪的请求，而不是正式的起诉书，通常由加拿大最基层的地方法院的独任法官或治安法官审理，其所科处的刑罚不超过 6 个月监禁、2000 元罚金，或者二者并科。"

控的话，必须让被告人有足够的获知证据的机会。① 由此可以看出，加拿大的审前听证程序是对刑事案件在进入审判程序之前的一次过滤分流的程序，以防止没有必要进入审判程序的案件进入审判程序，防止造成审判资源的不必要浪费。然而，近年来，有不少人提出应当取消审前听证程序。因为加拿大最高法院已经通过判例指出，进行证据展示是《加拿大权利和自由宪章》所要求的，即使没有审前听证程序，被告人仍然会有足够的机会获悉检察官一方的证据。而且取消审前听证程序也有利于缩短诉讼的进程，节约诉讼成本。审前听证程序并没有很好地发挥其程序过滤功能。因为法官并不会考虑在审前听证程序中出示的证据的可靠性和可信度问题，因此也很难发现检察官起诉的案件有问题。检察官只要在形式上能够提出足够的证据支持有罪判决，法官往往都会同意将案件移送上一级法院审判。然而，许多辩护律师并不同意取消审前听证程序，因为该程序是辩护律师唯一能够在正式审判前对证人进行宣誓后的正式询问的机会。

（二）　加拿大的陪审团审判程序

在加拿大，通常来说，经过上述审前法庭活动之后，被指控犯有"可诉罪"的被告人具有程序上的广泛选择权，既可以选择由地方法院还是高等法院审理，也可以选择陪审团或者独任法官审理。对较严重的犯罪或者被告人要求由高等法院审判庭或者陪审团审判的案件，省级法院无权审理，只能交由更高级的法院审理。一般而言，就是省高等法院。省高等法院是省内级别最高的法院，设有审判庭和上诉庭，负责审理比较重大的刑事案件和民事案件。高等法院审判庭能够对谋杀、强奸、叛国、海盗等严重刑事案件行使审判权。上诉庭是各省的最高审级，又被称为省上诉法院，负责受理来自高等法院审判庭、省法院或者县、区法院的民事、刑事上诉案件。目前，只有不列颠哥伦比亚省、安大略省、新斯科舍省以及纽芬兰省还存在县或地区法院作为省法院与高等法院之间的中级法院。在上述四个省，大部分较严重的刑事案件由县或地区法院负责审理，但是最严重的罪行如杀人、叛国等则只能由高等法院管辖，县或地区法院无权审理。此外，省高等法院还可以作为上诉法院，负责审理对省法院所做裁判的上诉。

---

① See. Arviv（1985）19 C. C. C.（3d）395（Ont. C. A）；Ertel（1987）35 C. C. C.（3d）398（Ont. C. A.）.

根据《加拿大权利和自由宪章》第 11 条的规定，如果被告人可能面临 5 年及以上的监禁刑，并且其所触犯的并非军事法律方面的罪名，则可以申请陪审团审判。但是陪审团在加拿大适用较少。根据《加拿大刑事法典》第 626 条，陪审员必须能够通晓审判时使用的语言。陪审团成员的挑选必须公平，不能偏袒检察官一方或被告人一方。[①]《加拿大刑事法典》第 634 条规定，根据指控的严重程度不同，检察官和被告人都可以选择要求 4、12 或 20 名的陪审团成员无因回避。如果诉讼中的任何一方能够提出关于某陪审员可能怀有某种偏见的证据，则其提出有因回避的权利不受限制。但在有因回避方面，能够提出的问题是非常受限制的。例如，可以向陪审员询问是否具有种族的偏见。[②] 但是不能向其询问关于某一特定犯罪，如性侵犯犯罪的态度。[③] 陪审团的评议是秘密进行的，并且不需要解释其做出决议的原因。关于其内部评议的情况在上诉程序中不得作为证据使用。如果陪审团成员或其他人泄露了评议的情况，将会追究其刑事责任。[④]《加拿大刑事法典》第 653 条规定，陪审团必须做出一致裁决。如果陪审团不能做出一致裁决，则法官可以宣布解散该陪审团并重新审判。

加拿大最高法院建议审判法官应当就其裁决或者决定说明理由，而且其理由宣示应当以双方当事人能够知悉并理解的方式进行，这样将有助于提出合理的上诉。如果审判法官没有讲明裁判的理由，则被告人可能无法提出有效的上诉，而且没有提出足够理由的裁判可能会在上诉程序中因为缺乏成文法基础、法律错误、司法误判等原因而被改判或者发回重审。[⑤]在陪审团审判中，审判法官必须就相关的法律问题向陪审团做出指示，并且总结涉案证据。陪审团无须就裁决给出理由，而且在上诉程序中任何关于陪审团裁决的证据都不会被接受。

当然，除了上述一般处理刑事案件的加拿大各个省内的法院，加拿大议会还有建立联邦法院体系，根据《1867 年宪法法案》第 101 条规定："无论本法案中有何规定，加拿大议会可以随时为加拿大设立、维护和组织一般上诉法院，为更好地管辖加拿大的法律而设立任何辅助法院"，从

---

① See. Bain（1992）69 C. C. C.（3d）481（S. C. C.）.

② See. Williams（1998）1 S. C. R. 1128.

③ See. Find（2001）1 S. C. R. 863.

④ See. Pan（2001）2 S. C. R. 344.

⑤ See. Sheppard（2002）1 S. C. R. 869；Braich（2002）1 S. C. R. 903.

而赋予了加拿大议会设立法院的权力。目前，加拿大议会建立的联邦法院体系分为 3 级：联邦最高法院、联邦法院、税务法院和军事法院。联邦最高法院成立于 1875 年，是加拿大的全国最高上诉法院。设于首都渥太华，成员由 1 名加拿大首席法官和 8 名陪审法官组成，由总理提名，总督任命。法官的来源受到地域限制，其中至少有 3 人要来自魁北克省。联邦最高法院不能审理初审案件，专门负责审理对省和地区上诉法院以及联邦法院上诉庭做出裁决不服而提交的上诉案件，其做出的判决为终审判决。对省上诉法院做出的裁决不服而提起上诉时，联邦最高法院只能代表省上诉法院做出裁决，而不能以联邦法院的名义来审理。除了对上诉案件享有终审权之外，联邦最高法院还有权解释宪法和法律，并进行违宪审查，裁定联邦或省的法律是否违宪。联邦法院于 1971 年正式成立，源于 1875 年成立的财政法院。联邦法院由审判庭和上诉庭组成，其总部设在渥太华，分庭可以设在加拿大境内任何地方。联邦法院的法官由联邦政府任命。联邦法院的审判庭主要负责民事和刑事案件的初审，还可以发布诉讼中止命令、复审命令，审查联邦政府行政法庭做出的裁定。联邦法院上诉庭主要负责审理对审判庭裁决不服提起的上诉案件。税务法院负责审理税务方面的案件以及处理失业保障等方面的纠纷，其法官由联邦政府任命，成立的目的在于制裁偷税漏税等不法行为，解决税务纠纷，以保证政府能够获得稳定的财政收入。不服其所做裁决的，可以向联邦法院上诉庭提起上诉。军事法院由 3 名法官组成，由总督从联邦法院和高等法院的法官中任命，专门负责审理军人犯罪的案件。通过不同种类的法院对于不同种类的案件进行审理，也是加拿大审判程序分流的又一种体现，如此可以更好地分配审判资源，人尽其才，实现对案件的分流。

五　德国的中间程序

　　大陆法系产生于欧洲大陆，是在继承罗马法的基础上形成和发展起来的，经过几百年的历史演变，大陆法系形成了一系列自己的民族特点和独特品格，与英美法系并称为世界两大最具影响力的法系，对整个世界都产生了非常广泛而深刻的影响。就刑事诉讼法学而言，大陆法系至今还在影响着我国。德国、法国都属于典型的大陆法系国家，其以惩罚犯罪、追求效率、维护社会的安全与秩序为主要价值取向的职权主义刑事诉讼体制，长久以来都保持了比较高的破案率，对整个社会的安全与秩序提供了保障。我国自清朝末年就开始关注大陆法系，并一直在向其学习借鉴。近年来，随着犯罪率的逐渐攀升，大陆法系国家也不得不开始从僵化走向灵活，不同的审判程序分流措施也在各自本土的"法律土壤"上生长出来。其中，德国刑事诉讼法从颁布生效历经了封建专制统治、第一次世界大战、希特勒及纳粹党统治、东德西德统一——直到现在，历经了多次修改，反映了德国政治、经济以及社会的发展历程。德国刑事诉讼法的一个明显特征就是，它是属于一种"审问式诉讼程序"，法院可以单方面探寻案件事实的真相，这体现了德国职权主义刑事诉讼理念。然而，在德国却并未由于法官主动而使得被追诉人成为单纯的诉讼客体，相反，德国法律赋予了被追诉人广泛的诉讼权利，并对刑事诉讼程序内部注入了诸多分流、救济与制约机制。

在德国，首要的程序分流就是中间程序对于程序的分流，这也是在审判程序之前对于案件的一次分流。在检察官提起公诉之后，案件不会立刻进入审判程序，一般而言，在起诉后和正式开庭审判之前会有一个独立的法庭预备审理程序，也就是"中间程序"。① 该程序之所以存在，既是为了防止将不应受到审判的被追诉人送到法院审判，保障合法公正地开启审判程序的同时节约了不少诉讼资源，而且在该程序中，还可以通过把起诉书送达被追诉人而赋予被追诉人在规定期限内做出声明、提出意见和看法，表明自己是否要调取一定的证据或是对开启审判程序是否有异议等权利，如此方能更好地保障审判机关的裁决符合司法公正。中间程序的主要意义就在于它的监督功能和分流功能，此时将由一个独立的法官或法官们组成的委员会，以不公开的审理方式，决定对案件进行侦查的合法性及必要性，并且尽量避免使当事人受到不平等的审判程序。此外，中间程序还有一个功能，即"被告人得在接到起诉书之通知时，有再次的机会经由证据调查之申请及反对，来影响开启审判程序之裁定"②。中间程序由对案件有审判管辖权的法院管辖，检察官应把起诉书和卷宗等资料交给法院。法院应当在中间程序开始之后把起诉书送达被告，要告知被告有权提出证据调查之申请或者提出异议，在必要的时候法院应当按照《德国刑事诉讼法典》第 141 条之规定，为被告指定一名辩护人以维护其合法权益。为进

---

① 《德国刑事诉讼法典》第 417 条规定："在简易程序中，侦查程序终结后，检察院提出申请时，可以不经是否开始审判程序的裁定而立即或者在最短期限内直接进入审判程序。"

② ［德］克劳斯·罗科信：《刑事诉讼法》，吴丽琪译，法律出版社 2003 年版，第 377 页。

一步查明案情，法院可以依职权发布命令以收集一定的证据，对法院做出的这种命令不得申请予以变更或者撤销。如果侦查机关在结束侦查之后，其侦查结果表明被追诉人确实存在犯罪嫌疑，则法院应当裁定启动审判程序。不论根据事实方面还是法律方面的原因，法院如果认为会判无罪，应当不开启审判程序的，法院也有权做出拒绝开始审判程序的裁定，并将裁定书通知给被追诉人。在法院作出启动审判程序的裁定之后，被追诉人如果对该裁定不服或是拒绝时，是不可以提出要求撤销裁定的抗告的。如果被追诉人的不服的抗告偏离了检察院的申请，法院裁定认为案件应当由更低级别的法院管辖，则检察院应当立即提出抗告。法院如果准予抗告，则可以同时规定由之前作出裁定的法院中的其他审判庭或是由临近的属于同一个州的同级的其他法院负责审理。如果作出一审裁定的法院是州高级法院，则应由联邦最高法院规定该州高级法院的其他审判委员会负责审判。针对相同的一个案件，除非有新的事实或是新的证据，才可以再次起诉，这样规定也是为了避免对于审判资源的浪费。德国的中间程序最为主要的一个功能就是为正式审判做准备，实质上是一种正式审判的预备程序，通过中间程序也能够很好地减轻正式审判程序的压力。

六　法国对于重罪案件的审理程序

　　法国刑事案件审理程序的最大特色就是依据罪行轻重在不同的法院运用不同的程序进行审理。法国将犯罪行为区分为违警罪（不超过 3000 欧元的罚金）、轻罪（处 5 年以下监禁及高额罚金的犯罪）、重罪，以此设立了违警罪法院、轻罪法院和重罪法院。检察院向法院提起公诉时，必须依据指控罪行的类别到相关法院起诉。法院在受理案件之后，便会依据繁简程度不同的程序进行审理。总体的原则是，越是严重的罪行，其审理程序越是复杂、严格，反之则相对简单、宽松。这正体现了繁简有别的程序分流理念和思想。

　　其中，对于重罪的审理程序是法国比较正式的普通审判程序，法国于 2000 年 6 月 15 日和 2002 年 3 月 4 日两次对重罪案件的审理程序做出了修改，建立了重罪案件的上诉审程序。[①] 目前在法国，重罪案件必须经过初

---

　　① 刘新魁：《〈法国刑事诉讼法典〉2000 年以来的重大修改》，载陈光中主编《21 世纪域外刑事诉讼立法最新发展》，中国政法大学出版社 2004 年版，第 226 页。

级预审和二级预审，初级预审由预审法官负责，二级预审由上诉法院的刑事审查庭负责。此外，上诉法院的刑事审查庭还要负责重罪案件的法庭审理程序，以及对判决不服时可以提起的重罪案件的上诉审程序。对于重罪案件，法国所适用的陪审团制度比较独特，主要体现在陪审团成员的构成上，由 1 名审判长，2 名职业法官、9 名全部是普通民众的陪审员构成，如此规定可以使得刑事审判权的行使更加民主和公正。并且审判秉承连续性原则，不得中断，应当持续进行一直到重罪法庭做出裁判、宣布审判结束为止。重罪案件的一审程序是非常严格的，具体包括以下内容：一是开庭准备程序，包括必须准备的事项（移送和讯问被告人、提供刑事法律援助，保障其辩护权、送达有关通知），可能需要准备的事项（补充侦查、并案或者分案审理、延期审理）；二是开庭程序；三是法庭辩论；四是评议和宣判。法国对于重罪案件的审理程序是法国比较正式的审判程序，其严格的内容、严谨的程序规定也是法国繁案精审的体现。

七　日本的审前整理程序

传统上，日本、俄罗斯和意大利的刑事诉讼都带有浓厚的职权主义色彩，但是随着世界政治、经济形势的变化，以及其他种种因素的影响，其刑事诉讼制度也在发生着深刻的变化，在原来职权主义模式的基础上，这些国家也开始吸收、借鉴英美法系国家刑事诉讼的一些制度，将职权主义与当事人主义相结合，形成了独特的混合制刑事诉讼模式，当然，与此同时，这些国家也采取了诸多关于刑事审判程序分流的不同措施。

日本在第二次世界大战以前，其刑事法律体系受到我国隋唐时期法律制度以及后来的法国、德国等大陆法系国家法律制度的影响颇深。而在第二次世界大战战败以后，日本在美国的影响下，吸收了当事人主义的诉讼程序，在人权保障、诉讼民主与诉讼科学方面有了新的发展。从立法上看，日本在刑事审判阶段的程序分流包括了审前整理程序、简易审判程序、略式程序、即决裁判程序和交通案件即决裁判程序。其中，由于交通案件即决裁判程序与略式程序相似，但要求被告人需要到庭接受调查和宣判，所以该程序自 1979 年起就名存实亡了。[①]

此处，我们首先来说日本的审前整理程序，这是在审判程序之前对于案

① 元轶、王森亮：《日本刑事程序分流研究》，《西安外事学院学报》2013 年第 8 期。

件的一次分流措施。在日本进行司法改革之前，其刑事诉讼被称为"精密司法"，即法官只能依靠检察官提供的案卷资料和律师给出的辩护意见做出裁断，致使整个审理周期过长，审判效率低下，而且法官容易由于先入为主而很少做出无罪判决。与此同时，《日本刑事诉讼法》第 40 条关于"辩护人在提起公诉以后，可以在法院阅览和抄录与诉讼有关的文书及物证"的规定也因此不能得到实现。辩护律师在审判前也不能去法院了解相关证据材料。为了保持控辩双方的平等，证据开示制度的构建迫在眉睫。于是，日本在 2004 年 5 月 21 日的 159 次通常国会上，通过了《部分修改刑事诉讼法的法律》（2004 年法律第 62 号），其中就规定了审理前整理程序。① 希望以此来提高审判效率，落实集中审理原则，缓解审判人员的压力。但是由于该程序只能适用于"法官认为必须持续、有计划、迅速进行审理的案件和裁判员参加审理的重大案件"②，因此对于程序分流的效果比较有限。

在规定审前整理程序之前，日本已经规定了两种相关程序，第一种是"第一次审理前准备程序"。在此程序的进行中，法院并不参与到证据开示当中，而只涉及双方当事人。检察官在此之前为迅速审判的实现应当尽量收集整理证据，为审判程序的进行做好充分准备，还应当依照有关规定返还或暂行返还扣押物，以便被追诉人能够在审判中充分利用扣押物，最重要的是在提起公诉后尽早向被告人或辩护人提供阅览和了解证据的机会，尽早将证人、鉴定人、口译人或笔译人的姓名、居住地址通知辩护人。对于辩护人，应当先行与被追诉人及其他相关人员会见，以便查明案件事实，然后对检察官同意查阅的证据材料，尽早做出同意与否的意思表示，最后，在掌握了应当向检察官提供阅览和了解的证据时，应当尽快予以呈示。除此之外，双方还应当就起诉书中载明的诉因，以及案件的争议焦点进行明确充分的沟通协商。第二种是"第一次审理后的准备程序"，即第一次开庭审理比较复杂的刑事案件后，在开庭日以外进行的准备程序。该程序由法院主导，不受预先判断排除原则的限制，检察官、被告人及辩护人原则上应当到场。在该程序中，除了可以命令开示证据文书和证物之外，还可以进一步进行诸如明确诉因、处罚条款，整理案件争点，申

---

① 丁相顺：《日本"裁判员"制度建立的背景、过程及其特征》，《法学家》2007 年第 3 期。

② ［日］田口守一：《刑事诉讼法》，张凌、于秀峰译，中国政法大学出版社 2010 年版，第 213 页。

请证据调查，明确举证宗旨等活动。

而 2004 年新增的审前整理程序，并不适用于案情、证据并不复杂，没有争议的案件。审前整理程序是不公开进行的，除了检察官和辩护人，被告人也可以参与。在审理前整理程序中，辩护人是必须参与其中的，否则程序将无法进行。基于此，日本还专门扩大了"国选辩护制度"，就是如果在审前整理程序中发生了辩护人未能参与的情况，则由法院依职权为被追诉人指定辩护人。① 关于日本的审理前整理程序，具体而言，从其适用范围上看，大致适用于两种情况，一种是有审判员参加的必须进行的审理前整理程序，也就是在有持续迅速有计划地审理的必要性时，就需要适用的审理前整理程序，在这种情况下，法官没有自由裁量权，必须适用审理前整理程序。另外一种是非必要的审理前整理程序。该程序一般针对案情重大复杂、证据材料较多或证据开示有问题的案件。在这种情况下，法官具有一定的自由裁量权，可以酌情决定是否适用审理前整理程序。② 从其内容上看，审理前整理程序所包含的内容非常丰富。《日本刑事诉讼法》第 316 条第 5 款关于审前整理程序规定了 11 项内容："一是关于争点整理的事项：使诉因或处罚条款明确化；允许追加、撤回或者变更诉因或处罚条款；明确在审理时将要提出的主张而整理案件的争点。二是关于证据整理的事项：使当事人请求证据调查；对于已经被请求调查的证据，明确证明的方向和询问事项；确认有关证据调查请求的意见；决定调查证据或者决定驳回证据调查请求；确定调查证据的顺序和方法；对有关证据调查的异议请求做出决定。三是关于证据开示的事项：作出证据开示的裁定。四是关于审理计划的事项：确定或者变更审理日期，决定审理程序进行中的其他必要事项。"

综上可知，日本的审理前整理程序不仅包含了程序性的内容，还包含了实体性的内容，非常完备详细。其中最为核心的内容则是证据的开示与整理环节。简而言之，审理前整理程序的流程就是：先由控辩双方进行证据开示，然后再由审判者对争议焦点进行整理，最后决定开庭日期并制订审理计划。日本的审前整理程序是一种为正式审判程序做准备工作的预备

---

① 许克军：《我国刑事庭前会议程序的反思与重构——以日本审理前整理程序为对象的比较分析》，《江西警察学院学报》2015 年第 11 期。

② ［日］田口守一：《刑事诉讼法》，张凌、于秀峰译，中国政法大学出版社 2010 年版，第 212 页。

程序，该程序是在正式审判程序开始之前对于案件进行审判的一次分流，以便能够更好地在正式庭审时集中审理，提高审判效率。

八 俄罗斯的审判前的程序分流

由于国内外立法形势的发展，俄罗斯的立法机关不断组织人员对《俄罗斯联邦刑事诉讼法典》进行反复修改，并于 2001 年 12 月 18 日颁布了新的法典。现行法典与之前相比较，不仅强化了对公民人身自由的保护，赋予公民在受到逮捕羁押等强制措施时，有要求法院对该职权行为的合法性与适当性进行司法审查的权利，强化对诉讼职权行为的监督，防止公民遭受无端的逮捕和刑事追究。还加强了对犯罪嫌疑人、刑事被告人的诉讼权利的保护，赋予犯罪嫌疑人了解笔录内容，申请回避等权利。此外，新法典还借鉴了英美法系的陪审团审判制度，促进了刑事司法的民众参与性、民主性。同时，在犯罪率不断升高的今天，为了缓解诉讼压力，提高诉讼效率，俄罗斯在刑事诉讼的立案、侦查、起诉、审判和执行的一般程序的基础上，又对其刑事程序进行了分流。

在俄罗斯，审判程序最初的分流即是刑事案件的终止和刑事追究的终止。审前调查终结的形式之一可以是它的终止。在许多情况下，终止表现为做出决定放弃对某一具体的刑事案件实施的所有侦查行为，不取决于被追究刑事责任的人是谁。在这种情况下，通常称为刑事案件的终止。但还存在另外一种情况，就是没有足够的证据证实一定的人与已经发生的犯罪有牵连，或者不能进行诉讼，或者进行诉讼已无意义，这种情况下就要终止刑事追究，放弃实施揭露具体犯罪嫌疑人、刑事被告人的诉讼行为。终止刑事追究通常意味着只是承认毫无争议的犯罪不是由该人实施的。但是法律要求，真正实施犯罪的人应当得到确定，并被揭露和交付审判。因此，针对某个具体的人终止刑事追究，有可能会导致三个后果之一：或者继续侦查行为，以查明真正实施犯罪的人并揭露他；或者如果期限届满，向相应的检察长提交延长调查期限的报告；或者依照《俄罗斯联邦刑事诉讼法典》中止刑事诉讼。当然，如果一个刑事案件有几个刑事被告人，只对其中一个人做出终止的决定，那就无从谈起完全终止刑事诉讼。终止刑事案件的根据主要是《俄罗斯联邦刑事诉讼法典》第 24、25 条。根据第24 条的规定："终止刑事案件的情况主要包括：不存在犯罪事件；行为中不存在犯罪构成；刑事追究的时效期届满；犯罪嫌疑人或刑事被告人死亡；刑事案件只能根据被害人的告诉提起而被害人又不进行告诉。"此外，根据第 25 条的规定："在当事人双方和解、犯罪嫌疑人或被告人弥补了对被害人造成的损害的情况下也可以终止刑事案件。"而根据法第 27、28 条，终止刑事追究的依据主要有，"犯罪嫌疑人或刑事被告人与实施的犯罪无牵连"[①]。终止刑事追究的依据还包括，"对于未达到刑事责任年龄的或与精神病无关的心理发育滞后而在实施刑法规定的行为时不能完全意识到自己行为的未成年人；因颁布大赦令而被免除刑事责任的；对犯罪嫌疑人或刑事被告人已经存在发生法律效力的关于该项指控的刑事判决，或有法院或法官关于终止该项指控的刑事案件的裁定或裁决；俄罗斯联邦委员会不同意剥夺该人的人身不受侵犯权；犯罪嫌疑人或刑事被告人积极悔过的；借助于强制性教育感化措施可能矫正未成年刑事被告人的；在所实施的行为性质和行为人的精神病对本人或他人不构成危险或者造成其他重大损害的情况下等"[②]。以上这两种分流的措施都是审前调查的一种终结措施。可以说，在俄罗斯，无论是刑事案件的终止还是刑事追究的终止，都是一种对于刑事案件的过滤分流程序，这两种情况下，刑事案件将会由于某些原因而被直接过滤掉，即终结于审判程序之前，不会再向任何审判程序推进，这是俄罗斯刑事审判程序最初的分流，是一种程序的过滤机制，在客观上很好地达到了节约审判资源的效果。

　　除了上述对刑事案件的终止和对刑事追究的终止，在俄罗斯还存在审前调查程序这种为正式审判程序做准备的预备程序，也是对于刑事案件的一种分流，即在特定情形下，通过对部分刑事案件采用不同于一般程序的解决方式，来实现程序分流、节约司法资源的目的，其中包括简化的审前调查和特别的法庭审理程序等。根据现行《俄罗斯联邦刑事诉讼法典》的规定，审前调查程序是调查人员专门对不需要侦查的案件进行调查的一种程序。调查人员是有权或者经调查机关授权并享有刑事诉讼法规定的其他权限的进行审前调查的调查机关公职人员。调查机关是依照刑事诉讼法有权进行调查和享有其他诉讼权限的国家机关。调查机关首长是有权委托

---

　　① 《俄罗斯联邦刑事诉讼法典》第 5 条第 20 项规定："一个人未确定与实施犯罪有牵连或已经确定与实施犯罪没有牵连。"

　　② ［俄］K.Φ.古岑科：《俄罗斯刑事诉讼教程》，黄道秀、王志华、崔熳等译，中国人民公安大学出版社 2007 年版，第 375 页。

调查人员进行调查和实施紧急侦查行为，并行使刑事诉讼法赋予的其他权限的调查机关公职人员，包括他的副职。调查组长是领导以调查形式进行审前调查的相关专门部门的调查机关的公职人员，及其副职。调查程序分别由内务部机关、联邦安全局边防机关、联邦司法警察局机关、俄罗斯联邦海关机关、联邦消防局国家消防监督机关的调查人员，以及俄罗斯联邦检察院侦查委员会的侦查员进行，但不允许将刑事案件的调查权限赋予对该刑事案件进行过或正在进行侦查活动的人员。检察长、调查机关首长依照刑事诉讼法典发出的指示对调查人员具有强制力，在这种情况下，调查人员有权对调查组长的指示向调查机关首长或检察长提出申诉，有权对调查机关首长的指示向检察长提出申诉，有权对检察长的指示向上级检察长提出申诉，但对这些指示的申诉不终止其执行。①

　　调查人员应当在立案决定中确定犯罪嫌疑人，而且若调查人员在此决定之后确定了犯罪嫌疑人，还需要制作相应的涉嫌犯罪通知书，并送达副本给犯罪嫌疑人和检察长，与此同时，将被追诉人享有的诉讼权利也对其告知，并在送达之后的 3 日内对被追诉人进行询问。在审判前的调查程序当中，一般而言是没有提出指控的程序的，同时当事人了解案情的程序也会被相应简化。调查程序结束之后，调查人员应当制作起诉意见书，并在其中写明制作日期和地点；制作人的姓、名和父称的第一个字母；被追究刑事责任的人的情况；实施犯罪的地点、时间、方式、动机等对该刑事案件有意义的情节；提出指控时还需说明涉及的是《俄罗斯联邦刑法典》的哪一条款；列举清楚控辩双方各自提供的证据；加重或减轻刑罚的情节；被害人的具体情况，包括犯罪行为对其造成的损害如何等；出庭人员的名单。该起诉意见书被调查机关首长批准之后，应与案件材料一起被送交检察长，检察长应当在审阅之后的 2 日内做出以下决定之一：批准起诉意见书并移送至法院；将案件退回补充侦查或重新制作起诉意见书；终止刑事案件；移送刑事案件进行侦查，并将起诉意见书的副本按规定的程序发给被告人、辩护人和被害人。②

---

　　① ［俄］И. Л. 彼得鲁辛：《俄罗斯刑事诉讼变革的理论根源（第二部）》，莫斯科规范出版社 2005 年版，第 44 页。

　　② ［俄］斯密诺夫·А. В.：《俄罗斯联邦刑事诉讼法典解释》，大道出版社 2009 年版，第610 页。

综上可知，俄罗斯的审前调查程序属于在审判程序之前对于案件进行的一次分流，其适用的案件范围是轻罪案件和中等严重的犯罪案件，从审判程序分流的角度看，该程序不仅有助于节省审判资源，而且也比较符合轻微刑事案件的调查要求，同时在审前调查程序之后进入正式的审判程序，也可以很好地保证诉讼程序的正当性。

第二节 正式或普通审判程序以外简化审判程序的比较法考察

在刑事审判程序进行分流的过程中，除了上述最基本的正式审判程序或是为正式的审判程序做准备的相关程序之外，最能够体现分流精神的内容就是，从一般的普通审判程序中发展延伸出来的正式或普通审判程序以外的简化审判程序，这些审判程序包括各个类型的简易、简化审判程序。

一 英国的简易审判程序

简易程序最早为英国所采用，当时仅限于轻微的犯罪案件所适用。英国的现行简易程序体系包括治安法官采用简易方式进行的审判和辩诉交易，前者可以说是狭义的简易审判程序。这种简易审判程序是指治安法院在审理一审刑事案件的时候适用的审判程序，英国的治安法院主要审理3类案件：一类是专门由其负责的简易罪案件，一类是治安法院和刑事法院都可以管辖的刑事案件，还有一类是法院在获得被告人认可的情况下决定适用简易程序审理的可诉罪案件。

治安法院的绝大部分案件由无薪治安法官负责审理。一般情况下，治安法院审理案件由2—3名无薪治安法官组成合议庭。非专业法官的存在正如"陪审团一样，它给予了公民参与法律执行的机会"[1]。由于无薪治安法官是非专业的，尽管其在任职后需要经过一段时间的培训，但是对于英国的刑事司法还是缺乏足够的认识，因此作为法律专业人士的法庭书记官对于指导无薪治安法官的审判工作具有非常重要的作用。而领薪治安法

---

[1] ［英］麦高伟·杰弗里·威尔逊：《英国刑事司法程序》，姚永吉等译，法律出版社2003年版，第263页。

官则不同，他们是专业人士，可以独任审理。与刑事法院审理案件时法官与陪审团分别承担法律的适用和事实的认定不同，治安法官身兼双职，不仅负责法律的适用工作，还承担案件事实的认定工作。

治安法院可以在检察机关提出非正式的起诉书之后开启简易审判程序，对案件初步审理之后，若认为案件应当适用正式审判程序审理，就应当将简易程序转化为预审程序。此外，治安法院应当公开审理案件，但法律规定的青少年案件和涉及国家机密的案件除外。治安法院一般不在被告人缺席的情况下开始审判，除非经过宣誓或别的方法可以证明传票是在合理期间内送达被告人的，或者被告人在此之前已经在别处做出过答辩的。

在公诉人没有出庭只有被告人出庭的场合，治安法官可以撤销控告，但是如果事先治安法官已经获得了相关证据，也可以在公诉人缺席的情形下继续进行诉讼。而在公诉人与被告人均未出庭的情况下，治安法官可以撤销控告，但是如果事先治安法官已经获得了相关证据，也可以在公诉人缺席的情形下继续进行审理。在英国的简易程序之中，如果被告人出席法庭，则治安法官应当先行告知被告人起诉书中的内容，然后询问其做何种答辩，是有罪答辩还是无罪答辩。如果被告人做无罪答辩，则治安法官应当在审理之后，根据审理的情况作出裁决：一旦审理查明被告人有罪，法官应当作出有罪判决，一旦审理查明被告人无罪，法官应当判决撤销起诉。① 如果被告人做有罪答辩，则治安法官可以直接作出有罪判决，而无须经过庭审，无须经过对证据的质证。判决以口头的方式做出。但是如果当事人一方提出上诉的，则应当制作书面判决。一旦被告人在适用简易审判程序之后被判决有罪，但是治安法院根据获得的有关被告人品格和前科的信息，认为其所获刑罚超出了定罪法院的量刑权，则可以把被告人移送到刑事法院判刑。

二　美国的简化审判程序

美国作为英美法系国家中的典型代表，其审判程序在分流的过程中，除了上述正式审判程序之前的准备程序、正式的陪审团审判以外，还分流出来一些正式或普通审判程序以外的简化审判程序，这些程序包括针对非常轻微犯罪适用的轻微犯罪诉讼程序、一些替代的纠纷解决方式以及不经过庭审的

---

① 杨宇冠、刘晓彤：《刑事诉讼简易程序改革研究》，《比较法研究》2011 年第 11 期。

一些审判程序，包括被追诉人的认罪答辩程序和美国最著名的辩诉交易程序等。这些程序的出现和发展极大地推动了美国刑事审判程序分流的进程。

（一）轻微犯罪诉讼程序

在美国，刑事犯罪的罪行有轻微和严重之分，而且两种程度的罪行在适用诉讼程序之时也有较大的差别，程序的长短、复杂程度都不尽相同。其中涉及罪行较轻微的案件，在适用刑事诉讼程序时的各个阶段都会比较简短。甚至许多轻罪案件在初次到庭之后，很快就会被提审和量刑听审。并且被告人将在提审期间就做出最终答辩，然后法官在量刑听审时就宣布其所获刑罚。整个过程非常简短快捷，有数据显示，这类涉及轻微犯罪的刑事案件，其审判程序仅需 2 分钟左右，在 2 分钟内就会被处理结束。这也反映出在美国对于非重罪刑事案件的审判之迅速。在美国，不同地区的法院对于轻微犯罪案件的管辖权也有所不同，有的地区初级法院只审理违反行政法规的一些违法行为，有的地区初级法院则不仅可以审理这些违法行为，还可以审理轻微犯罪案件，可以进行重罪案件的预备审理，甚至可以在被授权以后接受重罪罪犯的有罪答辩。

由此可知，拥有一般管辖权的法院的工作量是巨大的，所以，就会通过将更多轻微案件分派给初级法院，来缓解压力，使重罪法院能够集中资源更加深入细致地处理严重复杂的案件。除此之外，初级法院也会通过非刑事化的程序来减轻一般管辖权法院的负担。这种非刑事化的程序主要包括两种：一种非刑事化程序是专门针对以前是犯罪现在不是犯罪的行为享有的民事管辖权，在这样的情形之下，为了使这些原本被法律禁止的行为变得合法，禁止这种行为的法律就会被废除，而在行为发生地所在的州或社区可能会颁布新的非刑事违法法规。比如在有些地区，违反交通规章、扰乱社会治安、在公共场合酗酒等都已被合法化。尽管对这些行为非刑事化处理，其结果都是为了使一般管辖权法院对这些行为免于诉讼，而由初级法院成为审理这些行为的专门场所。另外一种非刑事化的程序是指针对仍然属于犯罪的行为的刑事和民事管辖权，颁布诸如市政法规这样的非刑事禁令，比如，超速和无证驾驶可能同时属于犯罪行为和违反交通规则的非犯罪行为。[①] 所以，警察和检察官在对这些行为做出是刑事犯罪行为还

---

① ［美］艾伦·豪切斯泰勒·丝黛丽、南希·弗兰克：《美国刑事法院诉讼程序》，陈卫东、徐美君译，中国人民大学出版社 2002 年版，第 219 页。

是民事违法行为的判断时，享有非常大的自由裁量权。可以看到，随着轻微犯罪的数量的增加，一旦这类行为被适用非刑罚化处理，则会在很大程度上减轻法院系统的压力。

大多数初级法院的案件由警察移交给法院，甚至许多轻微犯罪中的罪犯在初次到庭时都没有受到羁押，而是按照警官填写签发的代替逮捕的传票出庭。然而，在轻微犯罪的审理过程中，值得注意的是，犯罪人的正当程序权利很少受到保护甚至会被忽视。当涉及的关系不大时，被告人与法院人员一样，都不会去关心他们的权利。在听到正式指控和被告知权利之后，被告人可以做出答辩，如果做出无罪答辩，则法官需要安排审判并做出有关审前释放条件的裁定，如果做出有罪答辩，则最终的处置会非常迅速。如果被告人愿意在此时做出有罪答辩，案件就会在仅仅一次的法庭出庭中被解决。由此可以看出，美国的初级法院对于轻微犯罪的诉讼程序极大地提高了它们的诉讼效率，在一定程度上促进了对审判程序的分流。

（二）替代的纠纷解决方式

20 世纪 90 年代，美国进行了一场司法改革。初级法院因其有可能存在的不公正、腐败等问题，导致这次改革对于初级法院的运作方式产生了很大影响。不仅许多州法院进行了重组，有的甚至完全废除了初级法院，或者重新规定了初级法院的管辖范围，有的引进了记录保存技术，使得初级法院判决的上诉性质发生了改变。此外，改革之后，辩护律师的增加也改变了初级法院的运作方式。因为他们的出庭增加了运作的透明度，减少了不公平程序不被人注意和不被改变的可能。他们的介入还使有罪答辩、初次到庭有罪答辩变少了，而使答辩谈判增多了。除此之外，在此次改革中，另一项能够影响初级法院改革的就是替代的纠纷解决方式。替代的纠纷解决方式，又称诉讼外纠纷解决方式，它的出现使得更加迅捷、高效、低廉地解决纠纷争议成为可能。据统计，"在美国向法院起诉的案件中，有 90%—95% 都是通过诉讼外的方式解决或在审判前撤回的"[①]。

当时有部分改革家提出，一些在刑事法院，尤其是初级法院的案件可以通过正式审理的替代机制加以解决。替代的纠纷解决方式作为解决使法院不堪重负的纠纷的一种方法被设立下来。主张采用替代的纠纷解决方式

---

① 汤维建：《美国民事司法制度与民事诉讼程序》，中国法制出版社 2001 年版，第 14 页。

的人认为，教堂、家庭和社区已经丧失了很多它们作为纠纷解决机构的权力。而目前法院工作量巨大的现状不是通过建立更多法院就可以缓解的。因为法律诉讼程序太过复杂和稳定，不太适宜解决普通人之间的日常冲突。第一个正式的替代纠纷解决方式项目是在 20 世纪 60 年代末 70 年代初发展起来的，1975 年时，这些项目在全美国运作的还不足 12 种，到1985 年时美国律师协会纠纷解决项目目录中就罗列了在全国范围内的 182种。这些项目中有许多是处理那些不服法院判决的案件的，促使法院能够更有效率，当然也是为了让诉讼程序能够更加接近市民。比如，替代的纠纷解决项目常常设在与居民区相邻的商业区，而不是在市中心的法庭，而且许多项目还在夜间和周末进行。其中，一些项目着重于如果不及时解决可能扩大成为更严重纠纷的非刑事纠纷，另一些项目着重于已经造成一方当事人被犯罪指控的纠纷。有 2/3 的纠纷解决项目都是由法院或者检察官事务所资助，当然参与须是自愿的，如果被指控者不参与纠纷解决的程序，则开始进行起诉。① 还有一些纠纷项目依靠其他社区机构的介绍和纠纷当事人的自我介绍，这些项目通常由非营利性的社区机构资助。适用替代的纠纷解决方式不要求法院的参与，但仍然防止了冲突的升级，也在一定程度上节约了法院的诉讼资源。

在所有项目中最常用的替代的纠纷解决方式就是调解。双方当事人和中立的第三方在针对相关问题讨论之后，努力找到让各方都能满意的解决方案。需要注意的是，由于许多当事人不能到场或者不能达成一致，导致许多纠纷不能被解决。替代的纠纷解决方式确实能较好地解决一部分纠纷，但并不是全部。

（三）　认罪答辩程序（Arraignment）

当大陪审团起诉书或检察官起诉书提交到法院之后，检察官对被告人提出普通起诉之后，或者大陪审团对被告人提出公诉之后，法院应当根据大陪审团的公诉书或是检察官的普通起诉书，尽快传唤被告人到庭接受讯问。尽管每个地区的程序不尽相同，但是在联邦传讯的程序中，都会有一些相同的程序，比如向被告人宣读其被指控的内容及性质、向被告人及辩护律师提供起诉书的副本、告知其应当享有的权利等，并且会要求被告人

---

① See. National Institute of Justice, "Towards the Multi-door Courthouse—Dispute Resolution Intake and Referral", *NIJ Reports*, No. 214, July 1986.

针对每一个指控做出自己的答辩。① 根据《联邦刑事诉讼规则》第 11 条的规定："被告人在认罪答辩程序中可以做出三种答辩：无罪答辩、有罪答辩或者有条件的答辩。"② 如果被告人是做有罪答辩，那么法官须确认其认罪的自愿性。如果法官查明被告人是自愿做出有罪答辩并且了解有罪答辩的后果及意义，那么法官可以接受该有罪答辩。法庭一旦确认有罪答辩，就意味着被告人选择直接进入量刑程序，放弃了由陪审团或者法庭正式审理的权利。与此不同，有条件的答辩是被告人可以在经过检察官的同意和法庭的批准之后，做出附条件的答辩或者不愿意辩护也不承认有罪的答辩。在被告人既不承认有罪又不愿意接受辩护之前，法官应当亲自讯问被告人，告知其相关事项，以保证该答辩是自愿的，而不是强迫或者威胁之后得到的答辩。此外，在一些州的司法区，被告人还可以以精神失常为由答辩无罪，这是在审判中提供精神失常的证据的先决条件。

（四）辩诉交易程序

辩诉交易出现于 19 世纪的美国，是指一旦检察官撤销指控、降格指控或是做出从轻判处刑罚的建议，则被告人承认其有罪，从而控辩双方达成协议。1970 年联邦最高法院在其判例中正式承认了辩诉交易的合法性。《联邦刑事诉讼规则》也明确规定了辩诉交易制度，该规则第 11 条规定，"检察官与辩护律师之间，或者当被告人自行辩护时，与被告人之间可以进行讨论以达成协议，也就是被告人对被指控的犯罪，或者轻一点的犯罪或者其他相关犯罪做出承认有罪的答辩或者做出不愿辩护也不承认有罪的答辩。检察官应当首先提议撤销其他指控，然后建议法庭判处被告人一定刑罚，或者同意不反对被告人请求判处一定的刑罚，并使被告人理解，检察官的建议或者被告人的请求对法庭均没有约束力"。

辩诉交易在美国刑事诉讼中被大量采用，90% 的案件都是通过辩诉交

---

① ［美］约书亚·德雷勒斯、艾伦·C. 迈克尔斯：《美国刑事诉讼法精解》，魏晓娜译，北京大学出版社 2009 年版，第 167 页。

② "有条件的答辩"的字面意思是"我对该指控不争辩"，虽然它不是认罪，但在刑事诉讼中与答辩有罪具有同样的效果。不争辩的答辩对于被告人的好处在于它在根据同一行为提出的民事诉讼中不能作为认罪使用。根据联邦规则，被告人只有在法庭同意的情况下，才能够做出不争辩的答辩，法庭要在考虑当事人的观点和有效执法方面的公共利益之后才能批准这种答辩。根据美国司法部指南，联邦检察官被指示不能接受不争辩的答辩，除非在正常情形下。即使在这样的情形下，也要得到华盛顿司法部的批准。

易的办法处理的。控辩双方达成辩诉交易之后，应当在传讯时或者在法庭确定的审判前的其他时间告知法庭辩诉交易的达成。法庭对是否接受辩诉交易有自主裁量权，既可以接受，也可以拒绝。如果法庭接受辩诉交易，那么应当通知被告人，按照辩诉交易所协议的内容进行定罪与量刑。如果法庭拒绝接受辩诉交易，那么应当通知被告人不接受辩诉交易并且记录在案。法庭应当在公开审理时告知被告人法庭不受辩诉交易的约束，如果被告人坚持有罪答辩，那么案件的处理结果将比辩诉交易中所协议的对其更为不利，并提供给被告人撤回有罪答辩的机会。在联邦法院系统，辩诉交易是在控辩双方之间进行的，法官不应当参与辩诉交易。但是在州法院系统则不受此限制，在有的州，法官可以直接参与辩诉交易，向被告人保证将要判处的刑罚。

尽管在美国对于辩诉交易的正当性仍然存在争议，褒贬不一，反对者认为辩诉交易出卖了司法的尊严，不利于司法公正的实现，而且在特定情形下，不利于被告人权益的保护，比如公设辩护人更愿意和检察官之间达成大规模的无差别的交易，被告人在这种交易中做有罪答辩然后自愿受罚，如此并不是因为被告人已然被法院认定为有罪，而是因为案件数量实在太多，积案所致。① 但是辩诉交易在美国能够普遍实行是具有其内在必然性的，美国的许多刑事案件以及陪审团审理案件的冗长、复杂都使得美国的刑事司法制度不堪重负，而辩诉交易能够迅速、高效地处理好大量刑事案件，从而有效减轻美国刑事司法系统所面临的压力。伯格大法官曾指出："如果将辩诉交易的量从现在的90%减少到80%，那么司法机关的人力和物力配置——法官、法院判决记录发布人员、法警、书记员、陪审员和审判法庭，就要增加两倍。"②

（五）恢复性司法

自20世纪70年代开始，恢复性司法异军突起，成为影响西方各国革新进程中最为迅猛的发展方向之一。恢复性司法在修复因犯罪行为造成的损害时，通常强调通过赔偿损失等比较实际的手段来修复，以使得犯罪人

---

① 陈瑞华：《美国辩诉交易程序与意大利刑事特别程序之比较》（上），《政法论坛》1995年第3期。

② ［美］伟恩·R. 拉费弗等：《刑事诉讼法（下册）》，卞建林、沙丽金等译，中国政法大学出版社2001年版，第1036页。

在承担其应当承担的刑事责任时还可以达到平衡社区关系、平衡被害人与犯罪人之间的关系的目的。一般来说，恢复性司法的主要参与人为加害人、被害人、社区以及包括检察机关在内的政府机构，因恢复性司法的具体项目设计不同，这些参与人参与恢复性司法的程度也不尽相同。严格地讲，恢复性司法与上述替代的纠纷解决方式存在一定交叉，但这并不妨碍恢复性司法在其发展过程中的推广完善。

在美国，恢复性司法肇始于"被害人与加害人调解"（victim-offender mediation，简称 VOM）和"服刑人员回归"（prisoner reentry program）两类政策性引导项目。[①] 历经 30 多年的发展演变，美国恢复性司法大体包括被害人与加害人调解、被害人与加害人和解、社区会议、社区服务、量刑圈、被害人赔偿等模式。其中，在被害人与加害人和解的过程中，给被害人提供了一个表达自己对犯罪行为切身感受的机会，向加害人发问并表达自己所受到的罪行带来的影响。而对于加害人而言，也可以获得向被害人忏悔、承担相应责任的机会。量刑圈模式则是指被害人、加害人及其双方亲朋好友和有关利害关系人、社区工作者等聚集在一起，寻求可为双方当事人接受的解决方案的过程。量刑圈不但考虑到犯罪人的需求，更将被害人及其家属与社区诉求纳入了考虑范围，目前已经被广泛运用于美国的刑事司法与少年司法之中。此外，还有社区会议，让被害人、犯罪人和数位社区成员聚集起来，由协调人主持讨论特定犯罪事实及其影响的过程。[②] 参与之人将研究出台可供加害人参考来弥补其过失的计划。这种社区会议不仅使得被害人有了更多接触刑事司法程序的机会，还给加害人提供了一个了解其不法行为是如何带给被害人及社区危害的机会。这些形式多样的恢复性司法项目都是为了寻求宽恕、寻求社区的积极参与，从而实现对刑事案件的分流，减轻审判系统的诉讼压力。

三　加拿大的简化审判程序

（一）简易罪的审判程序

《加拿大刑事法典》第 785 条对简易法院的范围做出了规定，是指在

---

① See Dorne, Clifford K, *Restorative Justioce in the United States. Upper Saddle River*, NJ: Pearson Education, 2008, p. 31.

② 张鸿巍：《美国检察制度研究》，人民出版社 2009 年版，第 206 页。

提起诉讼的区域内满足下列条件之一的法院：一是根据制定法的授权，对提起的诉讼有管辖权；二是制定法未明确规定被授权人的情况下，是法官或者省法院法官进行审判；三是制定法授权两个或者两个以上省法院法官的。根据第800条的规定，检察官和被告人到庭的，简易法院才应当开庭审理。被告人不到庭的，律师或代理人代为出庭亦可，简易法院也可以缺席审理并判决。但是，检察官必须要出庭，不然法庭可以驳回起诉或者宣布休庭。这不仅符合诉讼原理，还节省了诉讼资源、时间成本、人力、物力。法官对被告人针对控告书做出的有罪答辩或者无罪答辩作出裁定，在法官有权就该诉讼作出裁定的情况下，如果被告人做有罪答辩或者被告人提出的不应对他作出裁定的理由不充分的，简易法院应当对被告人定罪。被告人做出无罪答辩或者说明了不应对其做出裁定的充分理由的，简易法院应当继续审理。

（二）控辩协商程序

在加拿大，控辩协商程序的内容不仅包括被告人为换取好处而做的有罪答辩，还包括了在指控罪名、程序性问题、量刑、关于某一罪名的事实问题以及为加速审判程序进行的确定案件争议焦点的问题等方面的协商。而所有这些控辩协商活动，虽然有的时候法官也会参加，但基本上都是在控辩双方之间进行的。①

1. 指控罪名的协商

检察官和辩护律师可以就以下被指控的情况进行协商：一是将某一指控改为较轻的罪名或另一个包含罪名。包含罪名是主要罪名的一部分，但是缺少主要罪名的某些关键要素，如辩护律师可以提出让被告人就持有毒品罪做出有罪答辩，而要求检察官撤销关于被告人以贩卖为目的持有毒品罪的指控。持有毒品罪就是以贩卖为目的持有毒品罪的包含罪名。二是撤销或暂缓其他指控。三是与检察官达成不会继续进行某项指控的协议。四是与检察官达成暂缓或撤销对第三方进行指控的协议。五是与检察官达成将一系列指控减为某一"合一指控"（one all-inclusive charge）的协议。被告人可能会面临多项相关联的、类似的或同一的罪名的指控。例如，在毒品买卖的犯罪中，被告人可能被提出好几项关于买卖毒品的指控，检察

---

① See Milica Potrebic Piccinato, *Plea Bargaining*: *The International Cooperation Group*, Department of Justice of Canada, 2004, p. 233.

官出示了在连续几天内该被告人在不同地点向不同的顾客贩卖毒品的证据。此时，辩护律师和检察官便可以达成协议，被告人承认在几天之内一直在贩卖毒品，但这只是一个合一的罪名，检察官要撤销另外几项在其他地点向其他人贩卖毒品的指控。再比如，如果某一个被告人被指控了源自同一事件的一系列罪名，包括性侵犯、性暴力侵犯和性虐待等，在此类案件中，如果被告人就合一的性侵犯罪名做出有罪答辩的话，检察官可以同意撤销暴力犯罪和性虐待的指控。六是与检察官达成协议，暂缓对特定罪名的指控，继续对其他罪名的指控，被暂缓罪名的有关材料可以作为加重量刑的证据使用。

2. 程序性问题的协商

辩护律师可以就程序性问题与检察官进行协商，主要包括以下内容：一是就对案件提起简易程序还是作为可诉罪进行起诉的问题与检察官协商；二是如果被告人在公开的法庭上表示放弃审判的权利，则辩护律师应当与检察官协商在某一特定日期处理该案件；三是就将案件从某一司法管辖区移送到另外的司法管辖区的问题与检察官进行协商。

3. 量刑的协商

就量刑问题与检察官协商，是辩护律师维护被告人权利的重要手段，包括以下内容：一是辩护律师可以就检察官提出的就某一罪行处以何种刑罚或某一范围内的刑罚的有关建议进行协商；二是与检察官做出如何量刑的协商；三是与检察官协商不会对辩护律师提出的量刑建议的承诺表示反对；四是要求检察官承诺不会向法官请求额外的惩罚措施，如禁酒令或者财产没收令等；五是要求检察官承诺不会在法庭上请求科以被告人更重的刑罚等。[①]

总体而言，加拿大的多数案件都是通过被告人做出有罪答辩的方式而解决，但是审判法官也可以决定不接受被告人的有罪答辩。在加拿大，法官既不会对被告人的有罪答辩的自愿性有要求，也不会要求被告人的有罪答辩具有事实基础。检察官也无须提供证据证明有罪答辩是符合实际情况的。即使该有罪答辩存在非自愿等问题，也可以接受。[②] 此外，加拿大对

---

① 宋世杰：《外国刑事诉讼法比较研究》，中国法制出版社 2006 年版，第 193 页。

② See Brosseau (1969) 3 C. C. C. 129 (S. C. C)；Adgey (1973) 13 C. C. C. 177 (S. C. C.).

于控辩协商持一种比较宽容的态度，无论是关于定罪还是量刑的控辩协商都可以公开进行，并且受到鼓励。越早做出有罪答辩，越有可能被判处较轻的刑罚。但是，在进行控辩协商的过程中，一定要保证被告人的律师在场，否则就侵犯了其获得律师帮助的权利。在加拿大的审判程序的分流中，律师也起到了一定的作用。一般来说，值班律师仅仅接触的是指控后的程序分流。是否将案件交付刑事诉讼之外的其他手段解决是检察官决定的事项，值班律师在此过程中的作用主要是向被告人解释程序分流的具体含义和程序、被告人在此过程中需要履行的义务以及可供被告人选择的事项。如果值班律师认为某案件适宜运用其他非司法手段解决的话，也可以向检察官提出建议。

四 德国的简化审判程序

（一） 审判过程中的协商

在德国，刑事诉讼中实行的是法院调查原则，即法庭可以依职权自发主动地调查犯罪事实，并自行决定是否相信当事人的主张和意见，自行决定是否调查证据，而不受诉讼参与人的陈述尤其是被告人的有罪供述的约束和影响。同时，法院对于检察官和被告人都提出的证据也可以主动调查，而不受检察机关和被告人提出的调查申请的约束。基于此，法院的这项调查权可谓毫无限制，自由度过大。如此虽有利于查明案件真相，但也容易使得法院承担过多查明事实真相的责任而本末倒置。① 事实上，一个国家的司法资源是有限的，法官的认知能力也不可能是无限的，客观上刑事案件往往又是错综复杂的，有时候甚至是无法彻底查清事实真相的，尤其是在一些经济犯罪、环境犯罪、涉毒犯罪中，被告人在案发之后往往就会聘请经验丰富的辩护律师，并且自始就行使其沉默权，在审判前的侦查程序中就对侦查机关的侦查活动不予配合。因此，检察机关指控被告人的多项单独罪名大多是建立在间接证据和书证的基础上的，缺乏直接的、确凿的证据。被告人的辩护律师往往深知这一点，因此他们在审判程序中，经常向法庭提出大量的证据调查申请及可能中断诉讼的动议，拖延审判进度，导致在法庭上难以查清事实真相，无法对被告人定罪判刑，最终使法庭的审判活动陷入僵局。基于这一矛盾，德国刑事司法实践中，逐渐兴起

---

① 邵建东主编：《德国司法制度》，厦门大学出版社 2010 年版，第 298 页。

一种类似美国辩诉交易的在其审判过程中的协商活动。

对于审判程序中的协商，德国的联邦宪法法院在 20 世纪 80 年代中期的一则判例中认为，此类协商并非原则上不合法，但是同时也指出，法院不得违反《德国刑事诉讼法典》第 136 条的规定，损害被告人的意思决定自由和意思表达自由，也就是不得通过承诺给予被告人法律中从未规定的利益，或者通过欺骗的方式催促或强迫被告人承认有罪。法院不得疏于履行其依法负有的查明案件事实真相的义务。如果根据案情，法院显然应当继续进行查证的，就不得满足于被告人在法院作出较轻判决的承诺或预期的情况下所做出的有罪供述。在任何情况下，法院都必须是在现行法律的框架内，对罪犯进行追诉、判决，使他得到公正的惩罚。① 一直以来，德国的联邦最高法院都对审判程序中的协商持一种不确定的态度。直到 1997 年在一个案件的裁判中，德国联邦最高法院才承认了审判中的协商实践，并对这种协商提出了应当遵守的原则和规则：一是在刑事诉讼中以被告人有罪供述和应科处的刑罚为内容的协商，并不一定不合法。协商必须在全体诉讼参与人参与的情况下，在公开的审理中进行，但并不排除在审理之外进行先期对话。二是法院不得在审议判决之前对被告人承诺确定的刑罚，但可以在被告人做出有罪供述的情况下给出一个刑罚上限，并不得判处超过这个上限的刑罚。如果在后来的审判程序中出现新的重大不利于被告人的情形，法院就可不受该承诺的约束。三是法院在审判程序中进行量刑时需遵守罪责刑相适应的原则，被告人的有罪供述并不能使其减轻处罚。四是协商的结果必须作为规定的正式文件，在审判程序的笔录中加以记载。五是法院必须通过调查证据对被告人的有罪供述的可信度进行审查。六是在法院宣布判决前，与被告人达成放弃行使法律救济手段的约定是非法的。

需要注意的是，就协商的性质而言，它并不是正常诉讼程序之外的另一种程序。只有在德国刑事诉讼法规定的框架下才可以进行合法的协商。对于法院是否承诺一个刑罚上限，是否遵守该承诺，都取决于法院经过审查之后做出的最终决定，被告人不能对此做出要求，也不需要取得检察机关的同意。关于协商的内容有以下几点限制：协商只能适用于量刑，对定罪与否的裁判进行协商是不合法的；对案件事实的评价判断不适用协商；

---

① See. BVerfG NJW，1987，p. 2662.

协商中法院不能承诺一个确定的刑罚；判决宣告之前与被告人协商由其放弃法律救济手段也是不合法的，被告人表示放弃的，该表示无效；不得在协商过程中强行无理要求被告人从事某项行为；法院不得对被告人的意思形成自由和意思表达自由施加压力。

当然，尽管这种协商活动不是一个独立的审判程序，但其仍然是相对于裁判性司法而言的。事实上，在刑事诉讼的整个过程中，都会有不同的参与人，在不同的阶段、场合，就不同的内容发生协商行为。在侦查程序中，检察机关的不起诉活动以及法院的刑事处罚令活动，其实质都是一种基于协商的案件处理方式。这些协商处理的合法性是刑事诉讼法明文规定的。而我们这里的协商，是专门指在审判过程中发生的能够直接影响审判结果的协商。比如在上述类型的案件中，审判程序开始后不久，辩护律师就会和审理案件的法官接触。接触时检察官通常也会参与，因为对于部分指控的撤销需要征得检察官的同意。在此过程中，被告人的辩护人会提出自己会采取的辩护策略，法官则会询问被告人做出有罪供述的可能性。然后法官会向被告人的辩护律师通报在被告人做出有罪供述情况下可能被判处的刑罚。如果检察官不反对，被告人也同意法庭的处理意见，则被告人或者他的辩护律师随后会在公开的庭审中，做出有罪供述，声明其在犯罪中的作用。然后，其部分指控就会被撤销，但是被告人无法依照之前法庭的提议被判处较轻的刑罚。①

为了解决上述法院调查原则赋予法院太多权力和责任与司法资源、法官专业能力及认知能力的有限性之间的矛盾，就出现了审判程序中的协商这种新创立的制度。现行的《德国刑事诉讼法典》还没有对此做出明文规定。因此，对于有关协商的概念或术语还没有统一的说法。德国学术界对于这项制度有可能违反现行法律的情况，也存在争议。反对的人认为，协商与德国的职权主义诉讼模式相冲突，违反了调查原则、罪责原则、公开原则、言词辩论原则等一系列刑事诉讼的基本原则，其实质是在拿正义做交易。国家的刑罚权是不容许诉讼参与人和法院自由处置的。而在审判程序中的协商使得法庭判决根本不是建立在查明事实真相的基础上，而是基于假定的案件事实以及被告人对这种处理的认可上，直接导致的是审判的虚置。赞成审判中协

---

① ［德］托马斯·魏根特：《德国刑事诉讼程序》，岳礼玲、温小洁译，中国政法大学出版社 2004 年版，第 165 页。

商的人则认为，德国刑事司法机关的诉讼负担过重已经是不争的事实，而在审判过程中进行协商能够有效缩短审判时间，并使审判结果更加具有可预期性，处理结果是合理有效的。同时，辩护律师也可以充分发挥其作用，这不仅有利于调动辩护律师的积极性，还可以很好地保护被告人的辩护权利。实践中的许多律师、检察官、法官都对此表示赞成支持。现实的情况是，如果没有审判中的协商，早已经超负荷运作的德国刑事司法系统在处理大量的刑事案件过程中有很大的难度，尤其是大量的经济犯罪案件。尽管德国审判程序中的协商过程并没有法律的明文规定，同时还存在着争议和分歧，但可以确定的是，德国审判程序中的这种协商在缓解德国法院诉讼资源紧缺、提高诉讼效率、实现案件分流方面发挥着不可替代的作用。

（二）简易程序

简易程序也被称为快速审判程序。该程序被规定在《德国刑事诉讼法典》的第 417—420 条。简易程序是依照检察机关的申请，由法官和陪审法庭对案情比较简单的或者证据确实充分的案件，适用的简单审理程序。

设置简易程序的目的在于通过使用简单、快捷的方法对刑事被告人的罪与刑做出迅速判断，以使得程序简化，提高刑事诉讼的效率。简易程序的基本内容如下：一是简易程序的适用范围。德国的简易程序只能适用于案情简单或者证据清楚，适宜立即审理的刑事案件。如果案件事实复杂或者证据尚不能形成系统的链条，则案件不能快速裁决，就算公诉人提起了快速审判程序，法院也应当予以拒绝。二是检察院提起简易审判程序的方式。具有很大的灵活性，检察院可以根据案件的具体情况采用书面或是口头的方式来起诉。未提交起诉书时，检察院可以在审判开始的时候用口头方式起诉，起诉的内容由书记员在庭审笔录中予以记载。三是简易审判程序开启的高效快捷性。检察院在提起公诉后，法院可以直接或者在最短的时间内开庭，而并不需要先行作出开始审判程序的裁定。对被指控人一般不予传唤，除非被指控人不能自愿到庭或者没有将被指控人交解到法院，传唤的期限只能是 24 小时。在适用简易程序的过程中，如果德国的地方法院预计被追诉人可能会被判处剥夺至少 6 个月的自由刑时，则应当为没有委托辩护人的被追诉人指定 1 名辩护人为其辩护。四是庭审过程的相对简化。在法庭上，并不强求直接言辞原则的贯彻落实。对于证人、鉴定人、共同被告人进行询问或者讯问之时，可以在经过被告人及其辩护人、检察官的同意之后，以宣读之前的询问、讯问笔录或者其书面声明的文件代替现场询问或讯问。此外，也不强制公共部门、法医部门的工作人员亲自到庭，只需在法庭上宣读其依职务所做的调查文件即可。五是简易程序中一般被判处的刑罚。一般而言，准许剥夺驾驶权，但是不允许剥夺 1 年以上的自由刑或科处矫正刑、保安处分。一旦适用简易程序审理的被告人被判处 1 年以上的自由刑，则二审法院应当按照《德国刑事诉讼法典》第 419 条第 1 款的规定对被告人重新改判为 1 年以下的自由刑。六是关于简易程序的转化审。如果在审理中发现案件不适宜适用简易程序来处理的，则可以终止简易程序，被追诉人如果存在足够犯罪嫌疑的，则法院应当做出将简易程序转化为普通审判程序的裁定。

（三）处罚令程序

处罚令程序是指如果检察机关在审查之后认为被追诉人涉嫌的罪行没有提交法院进行审判必要的，则可以根据案件的侦查结果，向法院提出书面申请，法院不必事先听取被追诉人的陈述，该案件也不必经过审判，由法官、陪审法庭直接对被追诉人的行为做出处罚令的程序。适用处罚令程序的条件如下：一是被追诉人所涉嫌的犯罪必须是最高刑为 1 年以下的自由刑或罚金刑的较轻罪行。重罪是不能适用的。二是案件事实清楚，证据能够形成证据链，没有提交法庭审判的必要性。三是检察官必须向法官提交书面的处罚令申请书，而且其中需要写明请求法院判处的法律处分。四是法院能够适用处罚令程序判处的法律处分有"罚金、保留处罚的警告、禁止驾驶、追缴、没收、销毁、对法人或者联合会宣告有罪判决和罚款，在不超过两年的时间内禁止颁发驾驶执照以剥夺驾驶权；免于处罚；被追诉人有辩护人时，若是缓期执行交付考验的，也可以对他判处 1 年以下的自由刑。不过针对青少年和适用青少年刑法的未成年人，不能适用处罚令程序"①。

处罚令程序与德国的普通刑事审判程序相比较而言，最大的优势就在于快捷、高效。依据处罚令程序，法官无须对被告人进行讯问，讯问并不是必经步骤，同时法官还可以跨越庭审预审程序，不需要做出庭审预审裁定。在适用处罚令程序时，法官在量刑上的工作量会减少许多，因为检察官提出处罚令申请时，就包含了关于处罚方法的建议。②所以说处罚令程

---

① 左卫民：《简易刑事程序研究》，法律出版社 2005 年版，第 28 页。

② See Steuerrecht, Sozialversicherung, "Entwurf eines Gesetzes zur Entlastung der Rechtspflege", *Beruendung zum Gesetzentwurf des Bundesrates*, Vol. 27, No. 9, June 1991.

序是德国程序分流机制中不可缺少的一环，是体现程序经济原则的审判程序之一，对于缓解地方法院的刑事司法压力具有重要的意义。

检察院在向法院提出处罚令的申请之后，法院并不会必然开启处罚令程序。法院在处理检察院的处罚令申请时，主要是通过以下几种方式进行：一是法官按照检察官的申请签发处罚令。这种情况下，须得法官在审查证据材料之后，排除了合理怀疑，并内心确信被追诉人犯有罪行。二是法官拒绝检察官关于处罚令的申请，转而将处罚令视为起诉书，对案件开启审判程序。这种情况下，须得法官经审查材料之后认为案件的事实不清证据不足，需要进一步核查。三是法官直接驳回检察官的申请。这种情况下，法官既不认为被告人可以接受处罚令程序，也没有足够的理由对其进行审判，则法官可以驳回。当然检察官可以针对被法官驳回的申请向法院提出抗告。

其实在德国，处罚令程序可以算作一种速裁程序，其程序的主要特点就是快捷高效。即便如此，德国仍然在处罚令程序中注重对于被告人辩护权以及其他诉讼权利的保护。比如，法院一旦同意了检察官的处罚令申请，被告人又没有委托辩护人，则法官应当为其指定一名辩护人。再比如，如果被告人对处罚令有异议，则可以在收到处罚令之后的两周之内向签发处罚令的法院提出口头或书面的异议。被告人既可以对处罚令的全部内容有异议，也可以对处罚令的部分内容有异议。一旦两周之内被告人没有对此提出异议，处罚令就会产生与判决同等的法律效力，如果被告人对此有异议，则处罚令当即转为起诉书，整个程序转为普通审判程序，在普通审判程序中，由于实施全面调查的原则，所以法官有可能发现尚未发现的犯罪事实，被告人的刑罚也有可能被加重。但是只要没有发布判决，被告人就可以撤回自己对于处罚令的异议，从而使得处罚令仍然发挥法律效力。按照德国的法律规定，处罚令的内容不仅包括被告人及其他参与人、辩护人的具体情况，还包括被告人被指控罪行的具体情况、法律适用情况、提出异议的时间期限及方式等。然而在德国的具体司法实践中，被告人对处罚令提出异议的情况不到1/3。[①] 这主要是由于，一般而言，检察官与被告人及其辩护人在检察官提出处罚令申请之前，就已经达成了共

---

① See Vgl. Heina, Wolfgang, *Der Strafbefehl in der Rechtswirkli-chkeit*, in Festschrift fuer Heinz Mueller-Dietz, Muenchen, 2001, p. 304.

识，而且由于处罚令程序的方便快捷，长期以来该程序一直存在被滥用的情况。总体而言，"刑事处罚令不仅节省了司法系统的时间和精力，而且由于它避免了公开审判所引起的麻烦和影响名誉的后果，吸引了很多被告人"①。所以，面临现如今巨大的诉讼压力，在德国，刑事处罚令程序已经成为处理轻微刑事案件的不可或缺的主力程序之一。

（四）保安处分程序

如果被追诉人处于无刑事责任能力状态或者处于没有受审能力的状态，检察院无法按照正常的刑事诉讼程序运作时，德国法律对此做出了准许性规定。根据侦查结果表明被追诉人可能被判处矫正或者保安处分的，检察院可以向法院申请对被追诉人处以矫正以及保安处分。保安处分程序原则上参照适用刑事诉讼程序的规定，刑事诉讼法做出了例外规定的除外。检察院向法院提出书面的申请之后，保安处分程序即开启，此时检察院的申请书从内容到格式都符合起诉书的规定，也相当于起诉书。而且如果检察官没有在申请书中写清楚申请判处的矫正及保安处分，则法院可以驳回该申请。

在保安处分程序进行中，一旦被追诉人因精神、身体状况不适，或是一些公共安全秩序方面的问题，不能出席法庭的，法院可以对其进行缺席审判。在这种情况下，法院应当在审判进行之前，命令法官对不能出席法庭的被告人进行讯问，并通知检察院、辩护人和法定代理人，这些人可以不在场，但是鉴定人应当在场。缺席审判时，由于被追诉人无法出席法庭，无法贯彻直接言词原则，为了查明案件事实，可以宣读记载于法官笔录的被追诉人的先前陈述。经过法庭审理，如果被追诉人有责任能力，有受审能力，则应当区分为两种情况对待：一是如果法院没有对该案件的管辖权，则应当做出没有管辖权的裁定，并将案件移送给有管辖权的法院；二是法院如果有管辖权，则要提示被追诉人，案件已经进入刑事诉讼程序，给予其辩护的机会。综上，保安处分程序体现了通过正当程序实现正义的诉讼理念。对于保护处于无刑事责任能力状态或者没有受审能力状态的被追诉人的合法权益有重要意义。

---

① ［德］托马斯·魏根特：《德国刑事诉讼程序》，岳礼玲、温小洁译，中国政法大学出版社 2004 年版，第 212 页。

五　法国的简化审判程序

法国作为大陆法系的国家，其非正式的审判程序主要包括对于轻罪案件的审理程序，以及对于违警罪案件的简易程序两种。

（一）轻罪案件审理程序

在法国，轻罪案件按照是否预审分为两种，一种是不满 18 岁的未成年人实行的轻罪案件，这种案件必须进行预审；另一种是除此之外的其他轻罪案件，这种案件则可以有选择地进行预审。在后一种情况下，只有当案情复杂或是受害人成为预审法庭上的民事当事人时，才进行预审。

法国的轻罪法庭通过当事人自愿到庭、以传票传讯、以法庭笔录传唤、立即传讯或者根据预审法庭的移诉裁定这几种方式受理其职权范围内的犯罪案件。其中，关于预审法庭的移诉裁定，是指预审法官根据案件的具体情况可以展开补充侦查，也可以将案件移送检察官进行侦查。预审法官在补充侦查完毕之后，应当将符合法定条件的案件移送至轻罪法庭，由轻罪法庭审理。轻罪法庭由 1 名审判长和 2 名法官组成。对于支票方面的犯罪、运输协调方面的犯罪、农村法中有关狩猎和捕鱼的轻罪以及交通法典规定的轻罪等，法院院长可以决定由法官一人实行独任审理。但是，对于以上轻罪案件，如果被告人在出庭时已被先行拘押，或已经按照立即出庭程序受到追诉，或其实施的以上轻罪与其他轻罪有关联，则不得独任审理，需要合议庭进行审判。此外，轻罪法院的审理程序也相对简单。

（二）违警罪简易程序

在法国，违警罪是指法律规定处以不超过 3000 欧元的罚金刑的犯罪。由于违警罪只是被判处罚金，所以其适用程序相对于重罪案件审理程序和轻罪案件审理程序而言，有其特殊性，整个程序相对而言比较简单。涉嫌违警罪的案件专门由违警罪法庭管辖，该法庭由初审法院法官、1 名书记官和 1 名履行检察官职务的官员组成。违警罪法庭通过预审法庭移送、双方当事人自愿到庭、直接向犯罪行为人、民事责任人发出传票等方式受理其职权范围内的案件。被追诉人被指控的事实如果构成重罪或者轻罪，违警罪法庭应当宣布自己无管辖权，将案件移送至检察院，由检察院依法处理。如果违警罪法庭认为案件事实不构成任何罪行，或者案件事实无法认定，或者不应归咎于被追诉人的，应当驳回起诉。

此外，任何违警罪案件中，即使被告人是累犯，也可以按照违警罪的简易审判程序进行审理，但下列情形除外：劳动法典规定的罪行；被告人在犯罪时未满18岁，而且所犯是五级违警罪；受害人直接传唤了违警罪犯罪人到违警罪法庭受审。一旦检察院选择适用简易审判程序，就直接把起诉书等材料送到违警罪法庭，这个时候法官可以直接以处罚令判处罚金或是做出宣布释放被告人的刑事命令，而不用进行审理，法官对违警罪处罚的理由也没有义务进行说明。

六　日本的简化审判程序

（一）简易审判程序

一直以来，日本刑事司法的困境之一就是审判程序的拖延，日本民众也对此颇有微词。然而，司法实践中存在着大量没有争议或者情节轻微的案件，如果对于这些案件也同样适用严格复杂的诉讼程序，不但会使得审判程序拖沓迟延，产生大量诉讼资源的浪费，而且还会加重当事人的诉累。所以，日本为了提高审判程序的效率，也采取了一系列的改革措施，主要体现在2003年第107号法律——《关于裁判迅速化的法律》和2004年第62号法律——《修改刑事诉讼法等部分条文的法律》中。其中前者要求第一审程序需在两年内终结，并且尽可能迅速地终结。为此，不仅国家、政府及日本律师联合会进行了大量配合工作，法院也在努力的同时不忘赋予当事人和辩护人相应的诉讼权利。在此基础上，后者更是规定了许多详尽的有关迅速审判的具体措施。① 此外，日本刑事诉讼法还规定了针对情节轻微、无争议但需要经过审判的案件的简易审判程序，规定了针对不需要经过审判的轻微刑事案件的略式程序和即决裁判程序。

就日本的简易程序而言，若被告人在审判程序开始时做出有罪陈述，法院就可以此为依据，在综合听取检察机关、被告人及其辩护人意见的基础上，作出裁决，但是判处死刑、无期监禁刑以及最低刑期1年以上的惩戒或监禁的案件除外，适用简易程序审理的案件，不再适用禁止传闻规则，也就是说当事人只关注其将被如何量刑，审理程序原则上不适用传闻规则，同时，简易审判程序也不适用普通审判程序中的证据调查方式，而是比较简化地运用适当方法进行证据调查，以此缩短审判程序的时间。判

---

① 宋英辉：《日本刑事诉讼制度最新改革评析》，《河北法学》2007年第1期。

决书中也可以引用审判记录中的证据目录。① 日本的这种简易审判程序是一种具有本国特色的、受英美法系国家有罪答辩制度启发而设立的程序。②

英美法系国家的有罪答辩制度是指在认罪程序中，如果被告人做了有罪的答辩，法院可以不经过事实认定程序而直接进入量刑程序的制度，死刑案件除外，被告人的有罪答辩等于放弃对犯罪事实的审理，对被指控的事实全部承认，而日本的简易审判程序是对情节轻微案件的审理方式的简化，被告人承认有罪之后，则具有了对简易审判程序的选择权，但并未否认被指控的犯罪事实的发生，也并未说明其没有违法阻却事由或责任阻却事由。简而言之，被告人在简易审判程序中所做的有罪供述，只能说明被告人承认被指控的犯罪事实，并不代表被告人没有自己的辩护意愿和主张，简易审判庭的审判长应当确认被告人认罪、供述的自愿性，并告知其适用简易程序的后果及意义何在，依照法律规定只能在程序开始之时决定简易审判程序的日期，但依照创设简易审判程序的立法目的，被告人如果从一开始的否认犯罪事实转变为承认犯罪事实的，承认之后的程序仍然可以适用简易审判程序。③

简易程序与普通程序的不同之处在于：如果被告人及其辩护人未对传闻证据提出异议，那么这项证据可以不适用排除法则；可以简化有关调查证据的程序；法院可以在判决书中引用审判笔录中特定证据的目录，值得注意的是，刑事案件在适用简易审判程序之后，如果发现存在不符合法律规定或是适用不当的情况，比如被告人认罪后又翻供或是案件一旦不符合适用简易审判程序的标准，不适宜适用简易程序审理的，则可以不再适用简易审判程序。④ 简易程序中被告人所做的有罪供述有可疑之处的可以通过适用简易程序不当的程序来处理。

（二）略式程序

在此程序中，简易审判法院仅仅依照检察官提供的起诉案卷资料，对于所管辖的轻微刑事案件、判处 50 万日元以下罚金或罚款的小额财产刑

---

① 元轶、王森亮：《日本刑事程序分流制度研究》，《晋中学院学报》2013 年第 4 期。

② 彭勃：《日本刑事诉讼法通论》，中国政法大学出版社 2002 年版，第 332 页。

③ ［日］柏木千秋：《刑事诉讼法》，有斐阁 1970 年版，第 315 页。

④ ［日］高田卓尔：《刑事诉讼法》，青林书院 1984 年版，第 467 页。

案件进行不开庭审理。略式程序在日本刑事诉讼中起着非常重要的作用，实际中有大约 90% 的案件都经由这一程序得到解决。"日本的略式程序于 1913 年在学习参考德国的处罚令程序之后被创设，起初为独立的诉讼制度，后来被吸收进了刑事诉讼法中。"① 这一制度与宪法的关系曾经引起过争议，为此，日本最高法院在判例中指出："1. 略式程序是在被告人不提出异议的前提下解决纠纷的诉讼制度；2. 略式程序的刑罚符合现行法的科刑范围；3. 略式程序有助于提高法院的审判效率；4. 被告人也可以从该简易程序中受益。"② 也正因如此，略式程序被认为与日本宪法的法治原则相符，与公开审判原则、证人审问权等并不矛盾。

简易审判法院管辖的案件中应被判处 50 万日元以下罚金的案件，可以申请略式命令，并由区检察厅的检察官在提起公诉时，以书面形式先行向犯罪嫌疑人说明适用该程序的一些注意事项，请求略式程序令，告知其应当享有哪些权利，并确认其对适用该程序并无异议。③ 犯罪嫌疑人若没有异议，应当以书面形式明确其无异议。在司法实践中，虽然提起公诉与申请略式命令并不相同，但是却往往都是通过在起诉书中写明"提起公诉并申请略式命令"的方式提出的，同时，申请略式程序命令时，还需要与起诉书一同提交能够证明已经履行说明程序的文书，此外，该略式程序申请并不适用起诉书一本主义，需要在起诉的同时，向法院提交相关证据材料。④

法院在接到略式命令请求之后，对请求本身不合法或者不能通过略式命令处理的案件，比如未规定罚金的、应判处无罪的、驳回起诉的、没有管辖权的、被告人有争议的，或者不适合以略式命令处理的案件，都应当适用普通程序审判。同时还应当及时通知检察官，并根据起诉书一本原则将已经收到的证据材料归还。可以通过略式命令解决的案件，根据其性质，调查程序也会被简化。⑤ 被告人自行提出证据的，法院也没有理由拒

---

① 叶肖华：《处罚令程序的比较与借鉴》，《苏州大学学报》（哲学社会科学版）2010 年第 2 期。

② ［日］福岛至：《略式程序的研究》，成文堂 1992 年版，第 156 页。

③ 王清新、李蓉：《论刑事诉讼中的合意问题——以公诉案件为视野的分析》，《法学家》2003 年第 3 期。

④ 元轶、王森亮：《日本刑事程序分流制度研究》，《晋中学院学报》2013 年第 4 期。

⑤ ［日］田宫裕：《刑事诉讼法》，有斐阁 1996 年版，第 4114 页。

绝。① 略式命令，与正式程序的审判具有相同的效力，因此也具有一事不再理的效果，法院审查之后，如果认为请求是合法且合理的，则应当最迟于检察官提出申请请求之日起的 14 日内，按照略式程序做出 50 万元以下罚金的处罚，并且可以做出缓刑、没收或其他附加处罚，并告知检察官和被告人即日起 14 日以内可以请求正式审判。②

略式命令中应写明犯罪事实、适用的法律、科处的刑罚、附加的处分等内容，并将这些内容在 4 个月之内告知被告人，否则提起公诉的效力溯及无效，法院应当驳回起诉，检察官可以对该决定立即提起控告。接到略式命令的检察官和被告人即日起 14 日以内可以书面形式向做出略式命令的法院请求正式审判，法院接到正式审判要求后，应当迅速通知对方当事人，并将已经收到的书证物证归还检察官。③ 正式审判请求违反法律规定或者请求权已经消亡的，法院应做出驳回的决定，如果其请求合法，则按照普通程序进行审理，这时应当按照起诉书一本主义，而不受略式命令内容的约束，如果起诉书上记载的犯罪事实与略式命令的犯罪事实不一致的，审判对象为二者一致的部分。④

略式程序与即决裁判程序的区别在于，前者不需要开庭、不调查证据、不使用判决，而只是根据检察官提供的证据即可做出罚金刑的命令。在司法实践中，根据 20 世纪 90 年代的数据，在全部刑事案件中，由检察官做出略式命令的案件一般占一半以上，而日本简易法院审理的刑事案件几乎全部可以适用该程序。⑤ 由此可以看出，该程序在日本刑事审判程序分流中的作用是不容忽视的。

（三）即决裁判程序

当下，世界多国都遵循着"案件与程序相适应"的大原则，不同的刑事案件适用不同的审判程序，在原本传统的刑事普通审判程序之外，又

---

① ［日］铃木茂嗣：《刑事诉讼法》，青林书院 1990 年版，第 358 页。

② 陈定民、邢慧敏：《处刑命令程序的价值及其在我国的实现》，《中国刑事法杂志》2005 年第 4 期。

③ 高一飞：《论刑事简易程序中的被告人异议权》，《云南大学学报》（法学版）2003 年第 2 期。

④ 房国宾：《检察机关在简易程序救济中的作用探微》，《法制与社会》2007 年第 4 期。

⑤ 姜涛：《刑事程序分流研究》，人民法院出版社 2007 年版，第 35 页。

设立了灵活便捷的简易程序。① 以此使得审判资源的配置能够最优，从而提高审判效率。日本也不例外，日本在刑事普通审判程序之外，设置了上述的简易审理程序、略式程序，还在2004年修改《日本刑事诉讼法》后在第2编第3章之后又增加了第4章，针对轻微且无争议的案件设立了"即决裁判程序"，以促进这类案件得到快速审理。

即决裁判程序适用于轻微且无争议的案件，但是死刑、无期或最低刑期为1年以上的惩役或监禁的案件除外，检察官应通过书面形式确认犯罪嫌疑人是否同意适用即决裁判程序，以及是否同意适用该项程序的场合，如果犯罪嫌疑人已有辩护人，则检察官只能在辩护人同意适用该程序或保留意见的场合提出申请，如果犯罪嫌疑人因为贫困或其他原因没有辩护人，法官应当依照其请求为其指定辩护人。② 自此之后，法院应当尽快要求辩护人明确是否同意适用该程序，对于已经提出适用即决裁判程序申请的案件，被告人在程序开始时应当就起诉书指控的事实做出有罪陈述，检察官对于这些案件，应当依照《日本刑事诉讼法》第299条第1款的规定，尽可能迅速地给予被告人或者辩护人阅览书证的机会。法院在适用即决裁判程序审理案件时，可通过适当方式调查证据，且不受传闻证据规则的限制，但检察官、被告人或者辩护人对证据有异议时除外，适用即决裁判程序审理案件，原则上应该当日宣判，而且通过即决裁判程序审理的案件，不得以事实错误为理由提出上诉。③

即决裁判程序与简易程序、略式程序又有不同，即决裁判程序比简易审判程序和略式程序都更为具体、明确和具有可操作性，该程序尤其强调辩护人的参与，按照法律规定，"适用即决裁判程序需要辩护人的同意；如果嫌疑人因贫困等原因没有辩护人时，检察官应当告知嫌疑人可以申请国选辩护人，嫌疑人申请国选辩护人的，法官应为其指定；提出即决裁判程序的申请时，被告人没有辩护人的，审判长应及时地依职权为其指定辩护人；检察官对辩护人开始提供阅览书证的机会后，法院必须确认辩护人是否同意适用即决裁判程序审理；在即决裁判程序的审理日期内，没有辩

---

① 张吉喜：《被告人认罪案件处理程序的比较法考察》，《中国监狱学刊》2009年第1期。

② 宋英辉、刘兰秋：《日本1999—2005年刑事诉讼改革介评》，《比较法研究》2007年第4期。

③ 宋英辉：《日本刑事诉讼制度最新改革评析》，《河北法学》2007年第1期。

护人的，不得开庭审理"，而且，即决裁判程序的判决应当尽可能于当日宣告，如此也可以更有效地提高审判效率，对于判决所认定的犯罪事实，不能以事实认定有错误为由提出上诉，如此减少了上诉率，也在一定程度上加快了审判程序的进程。

综上，与简易审判程序和略式程序相比，即决裁判程序更有助于对简单案件进行繁简分流，同时也很好地保护了被追诉人的合法权益，减轻了其诉累。

七　意大利的简化审判程序

1988 年在《意大利刑事诉讼法典》被修订之后，意大利在刑事审判方式改革中引入了当事人主义，为刑事被告人提供了最大限度的程序保障。① 普通程序需要广泛的权利保障，却要耗费大量的人力、物力等诉讼资源，耗时也比较长，在目前司法资源相对紧张的情况下，普通程序的适用就变得具有局限性。因此，为了提高审判效率，缓解审判程序中积压案件、审判拖延的情况，意大利 1988 年颁布的《意大利刑事诉讼法典》规定了简易审判程序、依当事人的要求适用刑罚、快速审判、立即审判、处罚令程序等特别程序来实现审判程序的分流，这些特别程序简便、快捷、高效，在意大利的司法实践中，这些程序被广泛适用，"大约有80%的案件都是适用特别程序进行审理和裁判的，以提高审判效率，节省审判资源"②。

（一）简易审判程序

简易审判程序是指案件不进行对抗式法庭审理的审判程序。在预审阶段，预审法官可以根据侦查案卷作出裁决。而且被告人在经过公诉人同意之后，可以通过书面或口头的方式提出在初步庭审阶段就结束与自己有关的诉讼请求。开启简易审判程序必须是在被告人和公诉人都同意的情况下，被告人的简易审判请求和公诉人的同意意见应当一并在庭审 5 日之前存放在文书室内，若法官认为按现有材料能够结束审判，则可以作出适用简易审判程序的裁定，裁定应当至少先于庭审之日 3 日内存放在文书室，

---

① 林喜芬、成凯：《程序如何衍生：辩诉协商的制度逻辑与程序改良》，《厦门大学法律评论》2008 年第 1 期。

② 王国枢：《中外刑事诉讼简易程序及比较》，《中外法学》1999 年第 3 期。

如果被告人适用简易审判程序，那么在对其量刑时可以给予其一定的量刑优惠。[①] 在判处刑罚时，法官在综合考虑各种情节之后，应当将刑罚减少1/3。但值得注意的是，可能判处无期徒刑的案件不能适用简易审判程序审理。

简易审判程序与普通程序不同，其主审法官仍是负责初期侦查阶段的法官，审理也并不公开进行。此外，简易审判程序的开启并不以被告人是否认罪为前提条件，这点与英美法系的辩诉交易程序有所不同。对于依照简易审判程序所做出的判决，极大地限制了相关人员的上诉权。对于适用替代性刑罚的判决，被告人和公诉人都不得提出上诉，不得为了获取不同的法律处理而对开释判决提出上诉；被告人不得对不需要执行刑罚或仅处以财产刑的判决向上级法院上诉；公诉人不得对执行刑罚的判决向上级法院提起上诉，除非要修改罪名。

（二）依当事人要求适用刑罚程序

意大利的依当事人要求适用刑罚程序与英美法系的辩诉交易程序相类似，适用该程序的前提是控辩双方对被告人的量刑问题进行协商并达成了一致意见，根据双方提出的要求，对协议进行审查，并制作和宣布判决。值得注意的是，意大利在适用依当事人要求适用刑罚程序时，只能就被告人的量刑问题进行协商，不能对被告人是否构成犯罪、构成何种犯罪的问题进行协商，检察官无权以同意适用较轻的刑罚为条件来换取被告人的认罪，并将较重的罪改为较轻的罪。此外，并不是所有的案件都能够适用辩诉交易程序，《意大利刑事诉讼法典》第 444 条规定："能够适用辩诉交易程序的刑罚只能是替代性刑罚或者减轻三分之一的财产刑，或者是在减轻三分之一的刑罚后，不超过两年的有期徒刑或者拘役。"[②] 此外，对于没有提出简易审判要求的当事人，如果不应当对其宣告开释判决并且其本人表示同意的，法官在审查材料之后，认为当事人所犯罪行的性质和对其适用的法律是认定正确的，则可以判决其适用检方所提议的刑罚。

此外，检察官必须得到被告人的同意，方可提议适用该程序。然而，针对被告人提出的适用辩诉交易的申请，检察官并不是必须同意，一旦检

[①] 李国辉、莫志强：《对选择适用简易程序被告的"从宽性"研究》，《长春理工大学学报》（社会科学版）2014 年第 8 期。

[②] 冀祥德：《域外辩诉交易的发展及其启示》，《当代法学》2007 年第 3 期。

察官不同意，被告人可以自行向法官提出适用辩诉交易程序的请求，法官如果认为其请求合法，在对辩诉交易双方的协议进行审查，确认协议合法之后，可以直接作出判决。①

（三）快速审判案件程序

在意大利适用快速审判程序时，刑事案件可以不经过初步的庭审即预审程序，直接由公诉人将案件提交给法官进行审判。② 能够适用该程序的案件比较有限，主要有以下几类：一是讯问时坦白的被追诉人，公诉人可以适用快速审判，自登记犯罪消息之日起 14 日内可以传唤被告人出庭。二是被当场逮捕且应当被追诉的人，公诉人可以直接将其提交法官，法官应当在 48 小时内做出决定。如果法官对逮捕行为不认可，则应当将案卷等有关法律文书退回公诉人。如果被告人、公诉人都对适用快速审判无异议，则法官可以决定适用快速审判程序。如果法官认可逮捕，就立即进行快速审判程序。三是公诉人有充分证据能证明被告人实施了犯罪，但是没有当场逮捕的，公诉人提出要求且被告人同意的，可以适用快速审判程序，在快速审判程序中，被告人可以有不超过 10 天的准备辩护时间，而且被告人有权要求实行简易审判或者要求按照第 444 条的规定直接适用刑罚。③

（四）立即审判程序

在登记犯罪消息之后的 90 日之内，如果证据清楚，公诉人在预先讯问被告人之后可以要求适用立即审判程序，即要求预审法官不经过预审程序而将案件直接交付法庭审判，公诉人应当向法院移送关于立即审判的要求，以及含有下列材料的案卷：犯罪消息、有关已经进行的侦查工作的文件、在法官面前开展活动的笔录、与犯罪有关的物证、物品等。④ 如果在相互有牵连关系的犯罪中，部分犯罪案件不符合立即审判程序的条件，则应当对这些互有牵连关系的犯罪案件进行分案审理，如果必须并案审理，

---

① 张云玲：《辩诉交易制度及其在我国的借鉴意义》，《合肥学院学报》（社会科学版）2010年第 1 期。

② 刘本燕、谢小剑：《迅速起诉程序论》，《政治与法律》2005 年第 1 期。

③ 谢小剑：《公诉审查略式程序研究——省略我国审查起诉程序的思考》，《法学论坛》2005 年第 2 期。

④ 高一飞：《刑事简易程序审判中检察制度的完善》，《河北法学》2007 年第 4 期。

则无论如何都要优先适用普通程序。① 法官应当在 5 天内对公诉人关于立即审判的要求做出是否同意的决定。如果不同意立即审判的，应当将有关文书返还公诉人。同意立即审判的，应当至少先于审判之日 20 天将立即审判令通知公诉人，并向被告人和被害人送达，还应当通过立即审判令告知被告人，可以要求实行简易审判程序或者依照第 444 条的规定直接适用刑罚处罚。②

（五）处罚令程序

在意大利，适用处罚令程序时，法官可以直接依照检察官的请求，对被告人判处财产刑，而不经过预审和法庭审判，在公诉案件中，如果检察官认定被追诉人只应当适用财产刑或是替代监禁刑的财产刑时，可以在登记犯罪消息时起的 4 个月内，向法官移送卷宗材料，并提出处罚幅度和可能判处的附加刑，要求法官发布处罚令。③ 此时，检察官可以要求处刑的权力范围是适用相对于法定刑减轻直至一半的刑罚，但是如果对被追诉人适用了保安处分，则不能再对其适用处罚令程序。④ 根据《意大利刑事诉讼法典》第 459 条："当法官决定适用处罚令程序的，法官应当签发处罚令，该处罚令包含以下内容：1. 被告人的一般情况，其他有助于辨别被告人的人身情况，必要时还包括对财产刑承担民事责任的人的情况；2. 叙述事实和有关情节以及被违反的法律条文；3. 简要说明据以做出裁决的事实根据和法律根据，包括在法定最低刑以下减轻处罚的理由；4. 决定部分；5. 通知被告人和对财产刑承担民事责任的人可以在送达处罚令之后的 15 日内提出异议，被告人可以通过提出异议要求实行立即审判、简易审判或者依照第 444 条直接适用刑罚；6. 告诫被告人和对财产刑承担民事责任的人，如果不提出异议，处罚令将发生效力；7. 通知被告人和财产刑承担民事责任的人有权任命一名辩护人；8. 日期、法官及其助理的签名。"法官在适用处罚令程序时，可以依据检察官的要求适用刑罚，可以在法定刑以下的幅度内减轻处罚、有条件地暂缓刑罚的执行，

---

① 张泽涛：《刑事案件分案审理程序研究——以关联性为主线》，《中国法学》2010 年第 5 期。

② 高一飞：《论简易程序中被告人的选择权》，《西南政法大学学报》2000 年第 5 期。

③ 叶肖华：《处罚令程序的比较与借鉴》，《苏州大学学报》（哲学社会科学版）2010 年第 2 期。

④ 向泽选：《检察规律引领下的检察职权优化配置》，《政法论坛》2011 年第 2 期。

要求被告人承担诉讼费，裁定没收或返还被扣押物，在处罚令送达后的15日内，被告人可以向法官提出异议，要求法官适用立即审判或简易审判程序或直接按照第444条的规定适用刑罚，法官如果裁定异议不能成立，那么提出异议的人可以针对该裁定向最高法院提出上诉。[①]

意大利通过处罚令程序以及上述的各项程序对目前大部分的轻微刑事案件进行了分流。在保证司法公正的基础上彰显了诉讼经济原则，同时还有效地缓解了当下犯罪数量不断增长和审判资源相对有限之间的矛盾，保证了当事人的程序选择权，在很大程度上实现了刑事审判程序的分流，促进了司法资源的合理配置。

八　俄罗斯的简化审判程序

除了上述国家的分流程序之外，在法庭审理过程中，俄罗斯也采取了一些关于程序分流的特别措施，以实现在审判程序中的程序分流。

（一）　被告人同意指控时的法庭特别审理程序

对于俄罗斯刑事诉讼而言，这个程序是个全新的程序，因此俄罗斯的刑事诉讼对其还有一个适应的过程，且这种适应不仅仅在于这个程序的新颖性，还在于长期以来，俄罗斯国内刑事诉讼理论以及理论指导下的司法实践导致俄罗斯在尝试根据案件的复杂程度和所承担责任的严重程度对于刑事审判程序进行分流之时都是非常审慎的。20世纪80年代，由于大部分的法律工作者不能或者不想在数量极为有限的刑事案件诉讼中大量适用书面审理程序，所以就通过简易程序来进行刑事案件书面材料的审前准备工作。[②] 随着近年来，俄罗斯的犯罪率急剧膨胀，相关的法院和其他执法人员的编制扩充，随之而来的就是财政费用的极大增加，这些都迫使俄罗斯开始在程序分流的道路上进行探索。于是在这种环境下就产生了刑事被告人同意指控时法庭审理的特别程序。

依照现行《俄罗斯联邦刑事诉讼法典》第314条第1款和第2款的规定，适用该特别程序的条件如下："刑事被告人应当同意对其提出的指

---

① 李健：《浅谈我国刑事诉讼简易程序之不足——从处刑命令程序谈起》，《理论界》2009年第5期。

② 这种方式最初适用于19种犯罪的刑事案件，如小额盗窃国家和公共财产罪、轻微流氓罪、逃避支付赡养费罪等。后来适用的犯罪逐渐扩展到40余种。

控；刑事被告人应当申请对其案件不经过法庭审理做出刑事判决；对刑事被告人提出的犯罪指控，其剥夺自由的处罚不得超过 10 年；国家公诉人或自诉人或受害人应当同意满足刑事被告人的要求；刑事被告人应当清楚地意识到他所提出的请求的性质和后果。"特别是他应当知道，依照该特别程序，对他所处的刑罚不会超过法律对其所实施的犯罪相关条款规定的最高刑或者最大数额的 2/3，诉讼费用不用他来承担；而且被告人是向辩护人进行咨询之后自愿提出申请。① 反之，若法院审查确认之后，发现上述条件中有任何一项没有得到遵守，则应做出按一般程序进行法庭审理的决定。

关于被告人在该特别程序中的诉讼权利：被告人要求不经法庭审理即做出刑事判决的申请，应在其充分了解刑事案件材料时，或在庭前听证时提出，并且辩护人必须在场，一旦被告人及其法定代理人都没有聘请辩护人，其他人也没有依照他们的委托聘请辩护人，则法院应为其指派辩护人，并且法官应当在庭审中，对被告人进行询问，确认被告人对于其指控的了解程度，以及是不是同意这个指控、是否坚持不经法庭审理即做出刑事判决的申请、是否自愿、是否咨询过辩护人、是否明确适用该程序之后的后果。② 如果被告人、公诉人或自诉人、被害人反对不经法庭审理即做出刑事判决，则法官应做出终止法庭审理特别程序和按一般程序审理刑事案件的裁决，当然，该裁决也可以由法官主动做出。

俄罗斯的谢勒久可夫教授对 119 名法官、130 名检察机关工作人员，以及 94 名律师进行的关于该特别程序的问卷调查显示，"对于是否认可该特别程序的问题，有 98% 的法官、100% 的检察机关工作人员，以及 85% 的律师表示肯定；对于该程序是否能够保障辩护权的问题，有 84% 的法官、94% 的检察机关工作人员，以及 77% 的律师表示肯定；对于该程序相比一般程序是否会给受审人带来较轻的刑罚的问题，有 76% 的法官、89% 的检察机关工作人员，以及 85% 的律师表示肯定；对于公诉人在同意被告人关于特别程序的申请时是否有必要附加诸如要求受审人偿付诉讼费用的条件的问题，有 26% 的法官、55% 的检察机关工作人员，以及 9% 的律师

---

① 刘根菊：《俄罗斯联邦检察权的改革及借鉴》，《华东政法学院学报》2004 年第 4 期。

② 向燕：《俄罗斯辩诉交易制度及对我国普通程序简易审的启示》，《法治论坛》2008 年第 4 期。

表示肯定"①。综上可知，这种特别程序是在审判过程中当刑事被告人同意对他提出的指控时，法院作出判决的特别程序，该特别程序以相对简化的审判方式处理了轻罪、中等严重的犯罪以及重罪案件，不仅实现了较为快速高效的司法审判，也减轻了被告人的讼累。

（二）　和解法官审理刑事案件的特别程序

在俄罗斯，剥夺自由的刑罚不超过 3 年的刑事案件归和解法官管辖，在由于各种原因没有和解法官的地方，这类案件应由区法院或者同级法院审理。从犯罪的内容出发看，这类案件的数量极大。和解法官管辖的许多案件都是最为常见的犯罪，如盗窃、没有销售目的的非法取得或持有麻醉品等案件。和解法官对此类刑事案件应当按照一般程序审理。还有一类案件是和解法官审理的能够体现审判程序分流特点的案件，就是归其管辖的自诉案件。审理此类自诉案件时，和解法官应当在更短的期限内着手审理，应当在法院收到申请或者案件之日起的 3 日后 14 日前开始审理，且由于自诉案件经常会有被指控实施了犯罪的人提出对应申请，所以在审理此类案件时，法律允许将对应的申请与本案件并入一个程序，根据和解法官做出的裁决，允许在法庭调查环节开始前将两个申请合并进行审理，在将原始申请和对应申请并入同一个审判程序审理时，因为将两个申请合并审理，递交申请的人同时作为自诉人和受审人参加刑事诉讼，为了准备辩护，"根据提出的对应申请人的请求，刑事案件可以延期审理，但延长的期限不得超过 3 日"②。如果申请合并审理，在询问申请人时，涉及证明他们受到犯罪侵害的情节的，按照询问被害人的规则进行，涉及证明他们所实施的犯罪侵害的情节的，按照询问受审人的规则进行。和解法官在对自诉案件进行审理时，由自诉人在法庭支持起诉。且自诉案件的法庭调查开始于自诉人或者其代理人叙述自己的诉讼请求。在对首先提起本诉的指控和对应请求合并审理时，后者按照同样的程序在原请求之后叙述理由。

除此之外，在俄罗斯，自诉案件的程序也是刑事审判程序分流的一种表现。自诉人不仅有提出证据的权利，还有参与证据调查、向法庭陈述自己关于所指控罪行的性质、所适用法律的内容以及在法庭审理过程中的关

---

① ［俄］谢勒久可夫·C. B.：《速决审判》，法律书籍出版社 2006 年版，第 91 页。

② 元轶、王森亮：《俄罗斯刑事诉讼程序分流研究》，《北京政法职业学院学报》2013 年第 2 期。

于其他问题的权利。此外，自诉人还可以在不会恶化被追诉人状况也不会侵犯其辩护权的基础上，变更其指控。当然自诉人还可以放弃指控，一旦放弃，案件则立刻终止。由此可知，俄罗斯的和解法官在处理部分轻罪案件的自诉程序时，也会省略一般案件所必须经历的审前程序，审判程序也较其他程序更为简单直接，如此非常有助于实现俄罗斯审判程序的分流。

第三节　未成年人审判程序的比较法考察

针对未成年人审判程序，大多数国家都采取了分案处理原则，即案件类型须与诉讼程序相适应。任何诉讼形态都须遵循程序与案件相适应的原理。在刑事诉讼中，如上文所述，对于轻罪案件多适用简易程序，而对于重罪或者较为复杂的案件，则往往适用普通程序。对于未成年人的刑事案件，适用与其他审判程序不同的程序。《公民权利和政治权利国际公约》第 10 条第 2 款（乙）项规定："被控告的少年应与成年人分隔开，并应尽速予以判决。"一般而言，无论是英美法系国家还是大陆法系国家，法院都有专门针对未成年人的审判组织，并由专门人员对未成年人适用不同的审理方式，不宜分案的再一并审理。从而在一个侧面也体现出审判程序中的分流。

一　英美法系国家未成年人审判程序

（一）英国未成年人审判程序

直到 19 世纪，英国的立法和司法都没有明确区别未成年人案件和成年人案件的审理程序，一直适用同样的审理程序、量刑程序以及刑罚的执行程序。1847 年英国颁布了其史上第一部将未成年犯罪人与成年犯罪人加以区分的法令，《未成年犯罪人法》（*The Juvenile Offenders Act 1847*）规定，如果 14 岁以下的未成年人被指控实施了盗窃，并且认罪，则适用简易程序审理。之后，到 1879 年，英国又颁布了《简易审判法》（*The Summary Jurisdiction Act 1879*），并规定，"除被指控犯有谋杀罪以外，对于 12 岁以下的未成年人所实施的其他任何犯罪，都可以适用简易程序审理"[1]。

---

[1]　茹艳红：《英国未成年人刑事司法制度介评》，《铁道警官高等专科学校学报》2013 年第 1 期。

随着历史进程的推移，目前，英国有权审理未成年人刑事案件的机构包括少年法院、成年人治安法院以及刑事法院。

1. 少年法院审判

英国目前的未成年人刑事案件主要由治安法院当中的少年法院进行审理，专门负责 10—18 岁的未成年人的刑事案件，但并不像治安法院审理得那样正式。根据 1933 年《儿童与青少年法》第 46 条和 1963 年修改的《儿童与青少年法》第 18 条的规定："少年法院通常采用简易程序来审理未成年人刑事案件。法庭一般由 3 名至少有两年成年人刑事法院工作经验的治安法官组成，并且必须包含男法官 1 名，女法官 1 名。"[1] 少年法院的治安法官是非职业法官，从社区中没有法律资格但是自愿担任治安法官的人当中挑选，并要接受专门培训，以更好地履行职责。在治安法官审理未成年人案件时，由一名具有法律资格的书记员向他们提供法律意见，并向治安法官提示有关法律、量刑等。除了治安法官组成合议庭审理之外，未成年人案件也可以由 1 名专职的地方法官独任审理。一般而言，少年法庭的氛围相对轻松。

2. 成年人治安法院审判

在英国，未成年人刑事案件通常由上述的少年法院适用简易程序审理。但有一种情况除外，当未成年人是和成年人一起被提起指控，则可以在成年人治安法院审理。具体而言，有以下几种情况：一是未成年人与成年人一起被指控；二是未成年人被指控为主犯，成年人被指控为帮助犯、教唆犯等；三是如果指控是以成年人身份提出，虽然分开指控，但与未成年人的指控有相同或相关的情节；四是在启动简易程序时并未发现而在审理中发现被指控人为未成年人。[2]

3. 刑事法院审判

根据 1980 年的《治安法院法》第 24 条的规定，具有以下情形之一的未成年人刑事案件，可以由刑事法院进行审理：一是未成年人被指控的罪行是杀人罪；二是未成年人和成年人被共同指控，而且治安法官认为将他

---

[1] 茹艳红：《英国未成年人刑事司法制度介评》，《铁道警官高等专科学校学报》2013 年第 1 期。

[2] See Gary Slapper&David Kelly, *The English Legal System* (*2010—2011*), 11*th* *edition*, Routledge Publishing, 2011, p. 236.

们都移送正式审判符合正义目的；三是未成年人被指控犯有可能被判处至少 14 年监禁刑的罪行，或者涉嫌强制猥亵，或者年满 14 岁的未成年人被指控危险驾驶致人死亡或在醉酒或吸毒状态下疏忽驾驶致人死亡。一旦未成年人进入刑事法院接受审判，则适用与成年人相同的诉讼程序和规则。

4. 未成年人案件中的刑事和解

在英国，对于未成年人犯罪的，从侦查到起诉直到刑罚的执行都有可能进行刑事和解。在刑事审判阶段，"1999 年英国《青少年司法和犯罪证据法》中规定了移送案件令（refferral order），法庭可以根据这种移送案件令将有关案件移送青年罪犯专案组处理"①。专案组主要是为犯罪人制订改造计划而设立，与罪犯签订一个合同书，合同书涉及罪犯是否同意为受害人做出物质补偿或精神补偿或者为社区义务工作，并参加例行的调解会，这些都需经过受犯罪行为影响的所有各方同意。等于是为未成年犯罪人和被害人之间提供了一个沟通交流的平台，主要目的是预防未成年人犯罪或再犯罪。2000 年《刑事法院（量刑）权力法》规定："移送案件令应当成为少年法院或治安法院在审理未成年刑事案件时，对全部初次犯罪的未成年人的标准处理方法，除非他们的犯罪严重到必须予以关押，或者法院做出无条件释放或强制医疗的命令。"②

（二）美国未成年人审判程序

早期的美国未成年人司法在运作上实行的是非对抗制的诉讼模式，既没有担负指控责任的检察官，也没有担负辩护责任的律师。大多数情况下，由警察担负向法院指控不法未成年人的责任。③ 直到 20 世纪 60 年代，指控不法未成年人的起诉状才由发起诉求的人或者法庭监护人员或者法官来宣读。④ 随着美国犯罪率的不断攀升，未成年人所参与的各类刑事案件层出不穷，严重威胁着美国的社会治安。尽管未成年人的少年法院因其性质不同可实行与成人法院不同的程序，但一些基本正当程序，比如获悉被

---

① 刘方权：《恢复性司法：一个概念性框架》，《山东警察学院学报》2005 年第 1 期。

② Raymond Arthur, *Young Offenders and The Law*: *How The Law Responds to Youth Offending*, Routledge Publishing, 2010, p. 91.

③ Mays, Larry, Thomas Winfree, *Juvenile Justice*（2ⁿᵈ edition）, Long Grove, IL: Waveland Press, 2006, p. 143.

④ ［美］卡特考斯基：《青少年犯罪行为分析与矫正》，叶希善等译，中国轻工业出版社 2009 年版，第 261 页。

控罪名权、通知其父母聘请律师权、质证权、不得自证其罪权等还是应该贯穿诉讼始终。①

在美国刑事诉讼分流的各种机制中，未成年人分流已经成为其中最为重要的组成部分。美国的所谓未成年人分流，又称为非正式缓刑（informal probation），转介处分或者司法外处分，是指伴随未成年人从少年法院移转至替代措施而产生的由正式司法程序到非正式司法程序转化的过程。主要的措施有暂缓起诉、缓刑、假释等。② 之所以称为"非正式"缓刑，是因为通常情况下，只有在未成年人认罪伏法时，收案官或检察官才会考虑不起诉处分，以附条件的非诉讼解决方式取代正式诉讼，这些条件已经以书面的方式详细列明，并由缓刑官或者其他人员予以监督。倘若未成年人没有遵守，则可视为违反了规定，并恢复启动对其的诉讼程序。分流可以出现在未成年人司法程序的各个主要阶段，并不仅仅局限于审前程序，还包括警察拘捕到法院受理案件等各个阶段。③ 警方、检察官及法院均有权做出分流决定，警方可以通过非正式的手段采取申诉控告等司法程序以外的措施来处理案件，但是相对而言，法院在做出该决定时往往显得比较审慎。一般来说，所有的分流活动必须获得问题少年和其家庭以及被害人的肯定才可以实行。在具体实施的过程中，为确保问题少年可以在社会和社区实现矫正，分流通常有上述提到的替代纠纷解决方式和社区项目两种主要形式，后者主要包括社区服务、赔偿、致歉函以及参加各类社区活动等形式。分流的具体条款要求会以书面的形式详细列出，一旦问题少年遵守，则有关机关将撤回相关文书，一旦其不遵守，缓刑官通常会再给其一次机会或者启动正式程序将问题少年交付法院审理。除此之外，检察官可以在筛选及起诉阶段启动分流程序，当然这一自由裁量权的行使也可以在提审之前或者指控之后做出。分流之后，被判定为身份过错犯的未成年人通常被划分为以下几类：一是需监督之少年（Persons in need of supervision，简称 PINS）；二是需监督之未成年人（minors in need of supervision，简称 MINS）；三是需监督之孩童（children in need of supervision，简

---

① 程晓璐：《中国少年检察官的角色变迁与定位》，《预防青少年犯罪研究》2013 年第 4 期。

② See Shelden, Randall, "*Thinking Out of the Box: The Need to Do Something Different*", In Randall Shelden and Daniel Macallair（eds.），*Juvenile Justice in America: Problems and Prospects*, Long Grove, IL: Waveland Press, 2008, p. 139.

③ 张鸿巍：《未成年人刑事处罚分流制度研究》，《中国刑事法杂志》2011 年第 6 期。

称 CHINS），需监督之孩童是指 18 岁以下对父母、监护人合理管教不予理会或逃学的未成年人。这类问题少年又包括两种：一种是"需帮助之孩童"，即未成年人应当上学接受义务教育而擅自逃学或者离家出走；还有一种是"需监督之孩童"，即未成年人在其家中恣意妄为，不服父母管教急需社区援助。一旦警方抓获此类少年，少年法院一般不对其作严格限制，而是直接将其送回父母处严加管教。如果效果不佳，法官则会考虑交由其近亲属看管。如果亦不能见成效，法官可以酌情将未成年人判以缓刑或交付不同的社会福利机构进行针对性矫正，比如吊销驾照、强制戒毒、心理咨询、社区服务以及赔付被害人损失。① 鉴于此类行为的危害性不大，分流起来会格外小心谨慎，需仔细甄别，以免给未成年人过早地贴上不利标签。

作为审判程序的替代措施，对于未成年人审判程序的分流基于"除刑不除罪"的理念，其目的在于以便捷的非正式程序取代较为复杂烦琐的正式程序。② 解决相对并不很严重的未成年人案件，降低未成年人司法体系中的正式干预，以保存更多的司法资源审理应对更为严重的案件，通过提供非羁押的替代方式如社区重建等更有效、更经济的措施，来减少未成年犯罪人的再犯率。或者可以通过培训或者向失业的人提供工作机会以使社会从中受益。有关未成年人矫正的研究表明，未成年人越早介入刑事司法过程，其被标签为罪犯的概率以及其自身对此的认可度就会越高，未来成为惯犯的可能性也就越高，越不利于其改过自新。对未成年人犯罪进行程序上的分流，不仅可以避免审判将其标签化，还可以减少不必要的拘留监禁，以社区为导向，减少其再犯率，帮助问题少年与被害人及其他利害关系人的和解，从而降低司法成本，减轻整个司法体系的负担。③

二　大陆法系国家未成年人审判程序

（一）德国未成年人审判程序

德国少年犯罪案件诉讼程序的主要依据是 1953 年生效的德国《少年

---

① See National District Attorneys Association, *National Prosecution Standards* (2 nd edition), Alexandria, VA: National District Attorneys Association, 1991, p. 135.

② 顾海宁、王静松：《附条件不起诉司法实务中适用境遇研究——未成年人附条件不起诉启动机制辨析》，《吉林广播电视大学学报》2014 年第 2 期。

③ See Ferro, Jeffrey, *Juvenile Crime*, New York: Facts on File Press, 2003, p. 83.

法院法》，"该法主要适用于犯罪时已满 14 岁不满 18 岁的少年和犯罪时已满 18 岁不满 21 岁的年轻成年人的犯罪行为"①。在德国，少年法院并不是普通法院之外的特殊法院，而是普通法院，即区法院和地方法院中的一个部门。具体表现为少年法官，少年参审法庭、少年刑庭。② 参审法庭由 1 名担任审判长的少年法官及 1 名男性参审法官和 1 名女性参审法官组成。③ 参审法官只参与审判程序，其他有关侦查、起诉等程序的决定都由担任审判长的法官做出。少年刑庭则既可作为一审法庭，也可作为上诉法庭。对案件进行一审的刑庭，由 3 名职业法官及 2 名参审法官组成。而当少年刑庭作为上诉法庭时，受理对参审法庭做出的判决提起上诉的案件，由 1 名职业法官担任审判长，2 名参审法官参与审判程序。④ 未成年人案件只有在罪行特别严重或者案情特殊时才由地方法院的少年刑庭进行一审。其他由区法院管辖的一审案件中，涉及未成年人的轻微案件，比如根据案情预判只需要适用教育措施、惩戒措施、附加刑或吊销驾照的案件，少年法官可以独立审判。

　　德国还设有少年福利局，以此保护、帮助失足少年。福利局有权参与未成年人案件的诉讼，并担任少年法官的助理，调查未成年人的性格、家庭、社会关系、成长经历等可能影响定罪量刑的情况，制作调查报告交给法官，帮助其判断未成年人精神上和性格上的特点，为其做出决定提供支持和建议。此外，福利局被通知开始程序并介入案件之后，应迅速审查是否有合适的帮助措施可以适用，如果有就促成其适用，法官就可以尽早通过非正式方式结束案件。在整个刑事审判程序结束之后，还可以对未成年人予以照顾，这种照顾主要是为了排除或者减少社会舆论的影响和干扰，尽量将刑事审判程序带给未成年人的负面影响降到最小，并帮助未成年人

---

　　①　徐美君：《未成年人刑事诉讼特别程序研究：基于实证和比较的分析》，法律出版社 2007 年版，第 9 页。

　　②　少年法庭，由少年刑事法官独任；少年合议庭由 1 名少年法官和 2 名少年陪审员组成，少年法官任首席法官；少年刑事法庭由 3 名法官和 2 名陪审员组成，其中 1 名法官任首席法官。

　　③　［德］汉斯·约阿希姆·斯纳德：《德意志联邦共和国少年法院的动向》，卢英译，《国外法学》1982 年第 4 期。

　　④　林立、严伟青：《德国少年刑事诉讼程序、实体处置特点研究与借鉴》，《法制与社会》2010 年第 19 期。

尽快重新回归社会。[①]

（二）法国未成年人审判程序

法国对于未成年人犯罪问题的关注较早，对于未成年犯罪的处理模式属于惩罚和保护并重的双重模式，既承认未成年人是犯罪的责任人，又注重对其采取教育保护的措施。"法国在 1912 年 7 月时设立了少年法庭组织，之后在 1945 年又在每个初审法院内部设立了少年法官和少年法庭。"[②] 此外，在上诉法院中也有任命 1 名法官作为专门负责未成年人保护的法官。在未成年人刑事犯罪率上升的情况下，少年法庭和少年法官的设置及其专业化都使得法官可以在审判程序中更加深入地调查未成年人案件。[③] 如此加强了刑事审判实践中的未成年人案件处理的娴熟程度，能够更好地审理未成年人犯罪问题，还非常有利于缓解越来越大的诉讼压力，实现刑事审判程序分流。

少年法官可以裁定采取宣告训诫或者监视自由等一系列措施，还可以根据未成年人的具体情况裁定采取适合其矫正的保护、教育措施。[④] 除此之外，必须经过预审的未成年人案件还包括未成年人实施的重罪、轻罪和第五级违警罪。一般而言，其中的重罪和较为严重罪行的预审由预审法官负责进行，轻罪和第五级违警罪的案件由少年法官负责预审。预审结束之后，"预审法官可以依据事实证据作出以下裁定：一是作出不移送起诉的裁定；二是作出向违警罪法院移送的裁定，经过预审一旦认为未成年人构成违警罪，则应作出向违警罪法院移送的裁定；三是作出向少年法官或少年法庭移送的裁定，即若未成年人构成第五级违警罪或者构成轻罪，则作出向少年法官或少年法庭移送案件的裁定；四是向少年法庭移送案件的裁定，即未成年人已满 16 岁且可能被判处 7 年或以上刑罚，则必须向少年法庭移送案件；五是向未成年人重罪法院提出指控的裁定，即如果在涉及未满 16 岁的未成年人的重罪案件中，则应当移送案件至少年法庭或者向

---

① 宋英辉等编：《外国刑事诉讼法》，法律出版社 2006 年版，第 442 页。

② 高晓莹、李雅楠：《少年犯罪刑事政策的国外审视与中国选择》，《内蒙古大学学报》（哲学社会科学版）2011 年第 2 期。

③ 赵钟、陶志蓉：《完善未成年人审判制度的思考》，《河南司法警官职业学院学报》2008年第 3 期。

④ 王江淮：《未成年人审前羁押制度比较与借鉴》，《预防青少年犯罪研究》2014 年第 6 期。

重罪法院提出控告"①。基于未成年人的特殊性，如果其案件进入重罪法院，又与成年人的重罪法庭审理程序有所不同：首先，手续比较简化，并不要求未成年人全程参与诉讼，保护未成年人避免其受到其他干扰。其次，禁止公开整个审判程序，以保证未成年人的身心健康。

三　混合制国家未成年人审判程序

（一）日本未成年人审判程序

在日本，对于未成年人的法律制度主要包括《刑法》《少年法》和《儿童福祉法》三部法律，其中《少年法》是核心。② 《少年法》主要针对的是未满 20 周岁的实施了违反或者可能违反刑罚法令行为的未成年人。从由国家对犯罪的未成年人进行制裁的角度出发，少年法是刑事特别法；从对未成年人进行强制再教育的角度出发，少年法又是教育法。

少年司法程序的中心机关是家庭法院，由其对未成年人案件进行调查和审判，并决定如何处罚。在日本，一般成年人的审判采用检察官与被告人、辩护人对抗的方式进行，但在家庭法院的未成年人审判中，原则上采用由法官一方判断未成年人的犯罪事实和保护性的职权主义的审判模式。虽然采用职权主义的审判构造，但由于要适用处罚的程序，所以适用不告不理的原则。属于家庭法院审理的少年案件为少年保护案件。在家庭法院审理的未成年人保护案件中，审判程序与调查程序大致相同，但与一般的普通刑事审判程序还是有诸多不同，主要不同在于在审判期日由法官对少年进行直接见面的审理，即少年必须出庭。③ 收集认定未成年人是否具有犯罪事实和是否要被保护的资料。该审判程序相比于调查更能发挥少年法的司法职能，同时该审判程序还要承担教育的职能。该审判程序适用非公开原则和直接审理原则。经过审判之后，对少年做出处理决定。如果经过审判，不需要处罚，则做出不处罚决定，该少年完全脱离法律体系。如果需要处罚，则进入处罚阶段。如果认为不适合作为少年保护案件按照少年司法程序处理，则转入刑事程序。

这里的适用刑事程序的案件就是针对未成年人的，除了家庭法院之外

---

① 宋汶沙：《法国未成年人刑事司法制度评介》，《中国刑事法杂志》2011 年第 11 期。

② 姚建龙：《论〈预防未成年人犯罪法〉的修订》，《法学评论》2014 年第 4 期。

③ 刘胜飞：《论未成年人刑事审判制度的独立性》，《河池学院学报》2009 年第 2 期。

的另一类案件，即移送检察官，请求刑事处分的"少年刑事案件"。与成年人的刑事案件不同的是，一方面，被移送的未成年人案件，将作为刑事案件向法院提起公诉，按照刑事审判程序进行审理，适用关于刑事诉讼程序的一般规定，比如，在公开的法庭进行审判。另一方面，由于少年法的理念和目的是对未成年人进行强制再教育，所以并不是所有的特别程序都被排除。作为特殊规则，少年法明确规定了少年被告案件与其他关联被告案件（包括少年案件）需要分别审理（《少年法》第49条第2款），以及其他特别的审理方针（《少年法》第50条）。此外，《日本刑事诉讼法》第277—282条还专门规定了"少年案件的特别程序"。日本针对未成年人刑事案件中犯罪种类特定的案件还创设了裁判员审判制度，"符合《裁判员法》第2条第1款规定的适用对象的少年刑事案件接受裁判员审判"①。具体而言，由于故意犯罪行为导致被害人死亡的大多数移送到刑事审判程序的未成年人案件，都适用裁判员制度。②该项制度是以成年人的刑事审判为前提的，国民作为裁判员参与刑事审判的程序，而少年刑事案件在其审理过程中，要求反映少年法的特有理念及目的，因此，产生了少年刑事案件适用裁判员制度是否合适的问题。按照刑事审判程序进行的少年刑事案件的结果并不全是刑事处分，适当时还可能再移送家庭法院。从这点看，少年刑事案件还是与通常的刑事案件有很大的不同。

（二）俄罗斯未成年人审判程序

俄罗斯的未成年人刑事案件诉讼程序也是为俄罗斯分流程序贡献力量的一种程序，这种程序适用的是犯罪时未满18岁的人的案件。③一般而言，如果未成年人和成年人一起犯罪需要分案处理的，最好能在侦查阶段就分开，如果将未成年人分案处理可能对全面、充分和客观地调查案情造成重大阻碍，因此对与成年人一案的被追究的未成年刑事被告人，就适用未成年人的特殊诉讼程序，以保证在分流的同时，查明案件事实真相。④

综上可知，域外的少年司法制度一般都已有几十年甚至上百年的发展

① 房国宾：《德、日两国民众参与刑事审判制度比较研究》，《世纪桥》2007年第1期。

② 黄蓬威：《中国陪审制度适用的价值追求》，《理论学习》2014年第7期。

③ 《俄罗斯联邦刑事诉讼法典》，苏方遒、徐鹤喃、白俊华译，中国政法大学出版社1999年版，第222页。

④ 马柳颖：《未成年人刑事司法程序制度的构建与完善——以对未成年人特殊保护为视角》，《南华大学学报》（社会科学版）2008年第1期。

历史，积累了丰富的经验，对刑事审判程序的分流进程有不可或缺的作用。不论基于何种制度模式，其对于程序分流的价值是不变的，而且还有一些共同的特征，都注重保护、教育和矫正，辅之以惩罚。各国在不同的历史时期虽然对少年司法都做过调整，但却像钟摆一样，始终在"保护和惩罚"之间寻求一个最佳平衡点。各国基本都已有了专门的立法针对少年刑事案件，如美国、英国、德国、日本等国都已制定了相应的法律，在普通审判程序之外设置适合未成年人的特别程序，加强犯罪的预防和矫正。① 而且设有专门机构、专门法官负责案件的审理。如此做不仅符合未成年人的心理特征，有利于其服判和改造，更是达到刑事审判程序的分流目的，使得审判资源得到了最优化的配置。反观我国，随着 2012 年《刑事诉讼法》的颁布和实施，专章规定了未成年人刑事案件诉讼程序，确立了"教育、感化、挽救"方针和"教育为主、惩罚为辅"的原则，建立了社会调查制度、合适成年人参与诉讼制度、轻罪犯罪记录封存制度等。② 这种状况较之前虽然已经取得了很大改善，但仍有进步空间。目前我国兼职型少年司法机构及人员较多，专职人员数量不足，最高人民法院在《关于审理少年刑事案件的若干规定（试行）》中要求，"少年法庭的审判长应当由知识面广、业务素质好，熟悉少年特点，善于做失足少年思想教育工作的审判员担任，明确各级法院应当设立少年审判专门机构，并对机构设置要求和人员配备有明确的规定"③。但在司法实践中，普遍存在虽然有合议庭和专人审判的形式，但专门机构缺乏的情况，因而合议庭和专人审判也极易受到其他审判工作的影响。建议今后基层法院普遍建立独立建制的未成年人案件审判庭，有条件的地方可以成立综合审判庭，让专门化审判机构的设置达到一定的比例，对于未成年人犯罪案件相对较少的地区，可以指定一个基层法院对未成年人犯罪案件进行集中管辖，集中审理。④ 并在加强机构建设的同时，加大对少年法官专业培训的力度，以

---

① 叶国平、陆海萍、尤丽娜等：《涉罪未成年人社会观护体系的实践研究》，《青少年犯罪问题》2014 年第 2 期。

② 石小娟、赵慧慧：《论我国未成年犯罪人人权保护的不足与完善》，《法制与社会》2010 年第 12 期。

③ 袁汝中：《论未成年人司法的专门化》，《法制与社会》2013 年第 18 期。

④ 赵秉志、彭新林：《我国当前惩治高官腐败犯罪的法理思考》，《东方法学》2012 年第 1 期。

此保证审判力量的合理化分配，实现更好的刑事审判程序的分流。

第四节　各国刑事审判程序分流的共性与特点

诉讼文明的发展进步和诉讼观念的转变，以及世界各国刑事诉讼法的发展潮流的震荡，使得各国的刑事诉讼法在呈现自己特色的同时，又与世界各国有关刑事诉讼程序的普遍规定和趋势相靠近。近年来，世界各国的经济有了较大的发展，相对出现了一个较长的和平发展时期。在这种环境下，各国之间互相渗透和交流的增多，文化观念和信息的相互传播，使得各国不断吸取外来的法律思想。同时，经济发展导致不同国度之间的发展水平的差距相对缩小，相互影响也逐渐加强。出于政治、经济、文化的原因，立法逐步走向趋同，国际干预也因此加强，国际的立法影响到国内的立法，所以许多国家在近年来都根据形势的发展和需要对本国的刑事诉讼法进行了相应的修改。随着犯罪率的攀升和犯罪形式的多样化，各国都出现了诉讼资源紧缺、审判效率低下等问题，为了缓解这种现状，各国都在诉讼制度上制定了各种能够实现诉讼中对于审判程序分流的制度，以缓解司法机关的巨大压力，满足当事人越来越多样化的需求，在提高司法效率的同时保证司法公正。综观世界各国，可以发现，在审判程序分流机制的构建上，过去那种严格的界限由于目前各国法律的变更逐渐淡化了，民族的、个性的东西在慢慢减少，逐渐显现出以下共性和特点。

一　刑事审判程序分流从理念上得到认可

近年来，欧洲大陆的许多国家都对本国的刑事诉讼进行了改革，其改革方向主要是吸收当事人主义的观念和方式，特别是强化法庭审判中的控辩对抗，扩大对被告人的保护，同时，最明显的就是简化程序，提高效率。比如，法国、德国都改革了自己的简易程序，推行法庭协议，使得许多问题通过控辩双方的协商而获得解决。这是吸收美国的辩诉交易做法的结果，使英美法系特有的方式通过适宜自己本土的改变后，移植到大陆法系国家，从而缩小了两大法系的差别。特别是意大利，其改革的步伐更大，由过去典型的职权主义改革为近似于当事人主义的混合制模式，大量吸收了英美法系的做法。欧洲许多国家按照过去要好几个月才能审理完结的案子，现在甚至几个小时就可以结案，大大提高了办案速度、审判效率。同时，各国都将更多诉讼资源用在需要普通审判程序的重大疑难复杂的案件中去。

二　程序环节和诉讼步骤简化，保障案件审理的迅速快捷，提高司法效率

英美法系国家刑事诉讼制度的变化，明显受到了大陆法系国家的影响，英国以前没有类似大陆法系国家的检察官起诉制度，刑事案件的起诉主要是由警察和大陪审团来实现，但自1985年《英国刑事诉讼法》施行之后，英国改变了这一做法，从1986年开始普遍建立了检察机关，同时取消了大陪审团制。美国虽然仍保留了大陪审团审查起诉制度，但其范围已经受到很大的限制，只有重罪案件才由大陪审团审查起诉，轻罪案件由检察官享有独立的起诉权。此外，英美法系的国家慢慢开始感到它们的诉讼程序确实非常繁复，如此繁复严格的程序有助于保护人权，但会影响到诉讼效率的提高。于是这些国家都普遍通过辩诉交易制度来起到简化诉讼程序的作用，"美国在州和联邦两级，全部刑事案件中至少有90%没有进入审理阶段"①。鉴于辩诉交易制度在司法实践中比较成功的应用，大陆法系的国家也开始引进了英美法系国家中对抗制的诉讼机制，比如，这些国家普遍都建立了预审法官制度来限制审判法官对于证据的调查权，以保障法官在审判过程中的中立性，并通过加强辩方的权利来实现控辩平等，通过贯彻直接言词原则给予双方平等的质证权，通过扩大检察机关的起诉裁量权，提高控辩双方在程序中的参与性和主体地位。

各国的刑事司法都面临着犯罪数量不断增长、犯罪类型不断多样化与仍然紧缺的诉讼资源之间的矛盾，为了解决这个问题，很多国家都设立了简易程序或是其他相类似的简化程序，试图将大部分案件通过这种比较节省诉讼资源的程序予以解决。② 英国在第二次世界大战以前，对于简易罪审判程序和可诉罪审判程序的划分比较严格，但是从20世纪70年代开始，即使是犯有可诉罪的被告人在做出有罪答辩的前提下，也可以选择适

---

① 宋冰编：《读本：美国与德国的司法制度及司法程序》，中国政法大学出版社1998年版，第395页。

② 王以真主编：《外国刑事诉讼法学》，北京大学出版社2004年版，第66页。

用简易审判程序，所以由此可以得知，英国的简易审判程序的适用有逐步扩大的趋势。美国在第二次世界大战以前，就在诉讼中出现了辩诉交易的做法，但其被广泛采用是在 20 世纪 70 年代以后的事情，1970 年，联邦最高法院通过布雷迪案件承认了辩诉交易的合法性。① 此后，辩诉交易便在联邦和各州的法院中被广泛适用，如上所述，现在有90%以上的刑事案件都是通过辩诉交易结案的。在法国，"从 1972 年开始，对违警罪的初犯实行简易处罚令程序，对涉税案件和吸毒案件规定了和解程序"②。德国设置了处理轻微刑事案件的处罚命令程序，目前依照此类程序审理的刑事案件占德国整个刑事案件的15%，此外，还设立了治安案件诉讼程序和加速程序。日本的简易审判程序规定有简易程序、略式程序和即决裁判程序三种形式。③ 意大利修订后的刑事诉讼法典对于简易程序的规定更为丰富，除了一般的简易审判程序之外，还有依当事人的要求适用刑罚程序、快速审判程序、立即审判程序、处罚令程序等。

再以英俄两国的司法改革为例，它们都是在向追求效率价值的方向努力着，"英国对效率的追求明显体现为陪审团审理范围的缩小与治安法官量刑权力的扩大；俄罗斯对效率的追求体现为对于轻罪或者中等严重的犯罪在调查、侦查中双方和解或者犯罪嫌疑人悔罪就可以终止刑事追究；受审人认罪案件法庭审理程序的取消以及和解审理程序的建立"④。由此可知，"总体而言，公正第一，兼顾效率，这似乎应当是世界各国司法改革的共同价值取向"⑤。

三　在刑事审判程序分流过程中都非常重视对被告人基本权利的保障

当今世界已经进入一个新的时期，世界各个国家都处于一个对于刑事司法全面调整和修正的过程中，而在这个过程中最主要的问题之一就是保

---

① See. Brady v. United States, 379 U. S. 742（1970）.

② 汪建成、黄伟明编：《欧盟成员国刑事诉讼法概论》，中国人民大学出版社2000年版，第162页。

③ 程荣斌主编：《外国刑事诉讼法教程》，中国人民大学出版社2002年版，第530页。

④ 吴国贵：《刑事和解制度化之法理维度探讨》，《福建法学》2006年第4期。

⑤ 陈光中、郑旭：《追求刑事诉讼价值的平衡——英俄近年刑事司法改革述评》，《中国刑事法杂志》2003年第1期。

障人权问题。围绕这一问题，各国彼此优化，克服极端，努力实现人权和惩罚之间的平衡。自 20 世纪末开始，由于保障人权的理念开始受到世界各国的重视，同时，由于刑事犯罪又表现出新的特点：国家化、集团化的加强，犯罪方式的多样化，使得人们不得不开始反思，在针对不同形式的犯罪，采取不同审判方式的同时，如何做到在不适用普通程序的情况下也能很好地保障被告人的合法权益。大陆法系国家特别注意吸收引进英美法系国家的人权保护机制，一直以来，人们都普遍认为在大陆法系的职权主义诉讼中，重视查明案件事实真相胜于保障人权。第二次世界大战以后，这种局面也在逐渐改变，大陆法系国家开始逐渐学习借鉴英美法系国家中的人权保护机制，逐步扩大被告人辩护权、沉默权制度的引进。也正是由于上述原因，从 20 世纪 80 年代起，大陆法系国家开始对刑事诉讼法典进行修订，特别需要提及的是日本和俄罗斯，其在第二次世界大战之前是大陆法系国家，第二次世界大战期间饱受战争的痛苦，也使得它们认识到保护人权的重要性，第二次世界大之后，在美国的影响下，也开始借鉴许多当事人主义的做法，开始在刑事诉讼中加入保障人权的元素，并建立了各种促进保障人权的机制。主要体现为：普遍建立了法律援助制度，为那些因为经济困难而无力聘请律师的犯罪嫌疑人或者被告人，提供免费的辩护律师帮助制度。英国在 1949 年颁布了《法律补助和咨询法》，规定："凡是无力聘请律师的被告人，可以向法院申请，经法院审查合格后签发法律补助令，补助其全部或部分律师费用。"美国在第二次世界大战以前就有公设辩护人制度，在战后这一制度得到了加强，几乎所有无钱聘请辩护律师的被告人都能得到公设律师的帮助。日本也设立了国选辩护人制度。德国也规定了强制辩护制度，还扩大了刑事辩护人在诉讼活动中的活动范围、提高了其地位，普遍将辩护人介入诉讼的时间提前到侦查阶段。并对审前羁押予以了严格的控制，将被告人的消极沉默权逐渐转化为一种国家的告知义务。此外，还对未成年人犯罪案件中的未成年被告人给予了许多特殊的保护。然而，人权保护在各个国家实现刑事审判程序分流的过程中，是一把双刃剑，不能毫无顾忌，还是应当受到一定制约。大陆法系国家在强化对被追诉人的权利保障的同时，也在关注被害人的权利保障，适当制约被告人权利的过度扩张，更多地研究其保障的适度问题，兼顾社会安全，如此才能促进控辩双方在诉讼中的权利都得到很好的保障。

四　刑事审判程序分流的适用呈现扩大化的趋势

第二次世界大战以后，西方国家刑事诉讼法的发展趋势之一就是逐步扩大简易程序和其他速决程序的适用范围。这一方面是由于犯罪率的不断上升，案件迅速增多，另一方面是由于如果所有案件都按照正规程序审结，则会耗时费力，使积案过多。① 为此，大陆法系国家的刑事诉讼法都规定了多样化的简易审判程序以提高诉讼的效率。例如，1988 年意大利在刑事审判方式改革中引入了当事人主义的改造，但是普通程序需要耗费很多的人力和物力，在司法资源相对紧张的情况下，普通程序的适用有其限制性。为此，《意大利刑事诉讼法典》规定了简易审判程序、依当事人的要求适用刑罚程序、快速审判程序、立即审判程序、处罚令程序等特别程序。这些程序都具有简便、快捷的特点。在司法实践中，意大利大约有80%的案件是按照特别程序进行审理和裁判的。② 再例如，德国规定了处罚令程序、保安处分程序、简易程序等。综上，大陆法系简易程序的广泛适用极大地提高了刑事诉讼的效率，符合诉讼经济原则，是一种较为成功的立法尝试。

五　刑事审判程序分流的形式趋向多元化

目前，由于各种复杂的社会原因，犯罪形势越来越严峻，为了有效打击和遏制犯罪，各国刑事诉讼在完善保护人权机制的同时，也在审判程序分流的过程中注重分流形式的多样化，以应对多种多样的犯罪案件。对一些特定的重大犯罪规定不同于一般案件的诉讼程序。比如在法国，为适应同一些特定重大犯罪行为做斗争的需要，专门规定了经济犯罪的诉讼程序、恐怖犯罪的诉讼程序、毒品犯罪的诉讼程序等，法律规定在一般犯罪案件的诉讼程序之外，可以采取一些特殊的诉讼程序，比如安排熟悉业务的法官、比如延长拘留时限。③

此外，各国对于未成年犯罪案件中的未成年被告人的人权保护问题都

---

① 程味秋：《〈意大利刑事诉讼法典〉简介》，载黄风译《意大利刑事诉讼法典》，中国政法大学出版社 1994 年版，第 6 页。

② 宋世杰：《外国刑事诉讼法比较研究》，中国法制出版社 2006 年版，第 320 页。

③ 舒瑶芝：《刑事简易程序价值定位分析》，《学海》2001 年第 6 期。

给予了高度的关注。出于对未成年人的特殊保护，也是出于对诉讼程序的分流考虑，世界各国都对未成年人刑事案件设置了特殊的程序，从历史进程的角度来看，有关未成年人犯罪的司法程序在一些国家中早就存在，[①]然而在世界范围内开始全面关注未成年人的刑事程序却是第二次世界大战之后了。一般而言，都会由专门的审判机关或者专门的机构负责对未成年犯罪人的审判工作，比如，法国设立了专门的少年法院或未成年人重罪法庭负责审理。美国也专门设立了与普通法院相分离的少年法院。日本则由家事法院或家庭法院审理未成年人案件。当然也有在普通法院内部设立专门机构的做法，比如英国，就在治安法院内部设立了少年法庭。但是各国在审理方式上，不管是什么样的审判机构审理未成年人的案件，都规定不能公开审理未成年人犯罪案件。

---

① 例如，早在 1899 年美国的伊利诺伊州就制定了《少年法庭法》。

第三章

我国刑事审判程序分流的
起源、发展与改革

法治远远不只是一个法律结构，而是需要深入一个社会的文化基础中去，以寻找支持法律本身所需要的力量。刑事审判程序分流的产生和发展会受到政治制度、经济状况、文化背景、历史传统、社会发展等多种因素的影响和制约，因而刑事审判程序分流是一项较为复杂的司法制度。这从上文中各个国家实行的不尽相同的刑事审判程序分流的举措就可以看出。刑事审判程序的分流并不是杂乱无章的，而是会遵循着历史的轨迹，体现出一定的规律性。因此，有必要对我国刑事审判程序分流的历史轨迹进行系统研究，从而为进一步发展和完善我国的刑事审判程序分流机制总结经验，奠定基础。

第一节　我国刑事审判程序分流的起源

一　概述

从新中国成立到 1979 年的 30 年间，我国没有制定刑事诉讼法典，只在《宪法》《人民法院组织法》《人民检察院组织法》《逮捕拘留条例》等若干法律法规中规定了司法机关体系及若干刑事诉讼原则和程序。1951年中央人民政府委员会颁布了《人民法院暂行组织条例》《中央人民政府最高人民检察署组织通则》和《各级地方人民检察署组织通则》。这些法规规定了人民法院、人民检察署的组织原则和组织形式，规定人民法院为县级人民法院、省级人民法院和最高人民法院三级，并设立专门人民法院，还确立了审判公开、以民族语言文字进行诉讼等诉讼原则，规定了就地调查、就地审判、巡回审判、人民陪审等诉讼制度。1954 年 9 月，第一届全国人民代表大会第一次会议在制定颁布宪法的同时制定颁布了《人民法院组织法》和《人民检察院组织法》。同年 12 月颁布了《逮捕拘留条例》。这些法律明确规定："人民法院、人民检察院和公安机关分别行使审判权、检察权、侦查权；人民法院独立进行审判，只服从法律；对于一切公民在适用法律上一律平等；公开审判；被告人有权获得辩护；各民族公民都有权使用本民族的语言文字进行诉讼。"以上这些法律就回避、陪审、合议、两审终审和死刑复核等诉讼制度、诉讼程序做出了规定，成为当时开展刑事诉讼活动的重要依据。1955 年，由于第二次肃反运动中实施的宽大政策，有大量的反革命分子投案自首，使得组建还不满一年的检察机关倍感压力，有的地区甚至在 1956 年时还没有检察机关，在法院也是如此。在人员少、工作繁重的情况下，就催生了免予起诉制度，试图通过免予起诉制度及时处理当时数量巨大又需要宽大处理的刑事案件，对审判程序进行分流，避免不必要的诉讼资源浪费的同时，扩大当时宽大政策的影响和感召力。

与此同时，我国对于刑事诉讼法的起草工作也从未停歇，"1954 年中央人民政府法制委员会草拟了《中华人民共和国刑事诉讼条例（草案）》"[1]。1956 年 10 月最高人民法院又下发了《各级人民法院刑、民事案件审判程序总结》。在此基础上，1957 年，最高人民法院在进一步梳理理论制度、总结司法实践经验和借鉴域外立法情况的基础上拟出了《中华人民共和国刑事诉讼法草案（草稿）》，分 7 篇，共 325 条，并于当年 6 月拟出了《中华人民共和国刑事诉讼法草案（初稿）》，"1962 年 6 月，中央政法小组又广泛征求意见，在 1957 年草稿的基础上反复修改，于 1963 年 4 月成文《中华人民共和国刑事诉讼法草案（初稿）》，共 7 编 18 章，200 条"[2]。但是这一法律起草活动随着极"左"思潮的日益加剧而被迫停止，在"文化大革命"期间，更是无从谈起。直到 1976 年"文

---

① 陈光中主编：《刑事诉讼法》，北京大学出版社、高等教育出版社 2013 年版，第 53 页。

② 徐鹤喃：《从始点到起点——刑事诉讼法学 50 年回顾与前瞻》，《国家检察官学院学报》2000 年第 1 期。

化大革命"结束之后，刑事诉讼法的制定才又重新开始，1979 年 6 月，《刑事诉讼法草案》（修正二稿）提请第五届全国人民代表大会第二次会议审议，于 1979 年 7 月 1 日正式通过，7 月 7 日公布，1980 年 1 月 1 日起施行。至此，我国才有了第一部刑事诉讼法典。1979 年我国第一部《刑事诉讼法》结束了我国治罪没有法律的历史，在我国刑事法治进程中具有里程碑意义。在 1979 年《刑事诉讼法》中，也有关于审判程序分流的体现，比如第 108 条，按照该条规定，法院对检察机关起诉的案件审查后应分别根据不同情况做出三种处理，"第一种是对于犯罪事实清楚、证据充分的刑事案件，法院应当决定开庭审判；第二种是对于主要事实不清、证据不足的刑事案件，法院可以退回人民检察院补充侦查；第三种是对于不需要判刑的刑事案件，法院可以要求人民检察院撤回起诉"①。由此可知，1979 年《刑事诉讼法》第 108 条实际上也是一种刑事审判程序的分流。然而，根据 1979 年的《刑事诉讼法》，不仅在公诉审查时实行全案移送制度，进行实质性审查，而且审查材料的法官与庭审的法官也并无变化。② 如此法官会因为提前对案件进行实质性审查而产生先入为主的预断，失去中立性，从而影响司法公正，庭审时由于法官心中已有定论而容易不再重视法庭调查和辩论环节，致使庭审虚化，沦为走过场。所以，虽然 1979 年《刑事诉讼法》第 108 条对审判程序的分流有所体现，但这种分流只是一种不符合诉讼规律的、先定候审的分流。因此，在 1996 年对《刑事诉讼法》修改时，为了改变这种状况，将法官的庭前审查，由"全案移送制度"改为了"主要证据复印件制度"，将实质性审查改为了程序性审查，在一定程度上防止了法官的庭前预断。然而由于审查法官与庭审法官的同一性仍然存在，所以法官预断不能完全避免，也由于只是程序性审查，所以不能很好地防止检察机关滥诉的现象。此外，庭前准备的不足导致迅速审判的实现比较困难。当时除了对公诉案件和自诉案件设立的审判程序之外，针对情节相对轻微的案件，并无类似简易程序的任何诉讼程序，所以也不能很好地缓解法院的巨大压力。尽管

---

① 1979 年《刑事诉讼法》第 108 条规定："人民法院对提起公诉的案件进行审查后，对于犯罪事实清楚、证据充分的，应当决定开庭审判；对于主要事实不清、证据不足的，可以退回人民检察院补充侦查；对于不需要判刑的，可以要求人民检察院撤回起诉。"

② 田力男：《论公诉审查程序中法官角色的改革》，《中国刑事法杂志》2013 年第 5 期。

如此，免予起诉制度的出现以及第 108 条的尝试，却都是中华人民共和国成立初期，一直到《刑事诉讼法》制定之后，我国在立法上最初对刑事审判程序分流的体现和尝试。

综上可知，从新中国成立一直到 1979 年《刑事诉讼法》颁布之后的很长一段时间里，我国刑事诉讼审判程序的分流一直处在一种起始状态。在此期间，最能够体现刑事审判程序分流的举措就是上述的免予起诉制度和刑事调解制度的创立。1979 年第一部《刑事诉讼法》颁布，不仅结束了我国长期没有正式确立刑事诉讼法典作为刑事诉讼程序根据的状况，而且在刑事审判程序分流的路上也向前跨进了一步。

二 免予起诉制度：对不必要审判案件的程序分流

（一）免予起诉制度的产生

根据统计，"1956 年到 1957 年，全国约有 19 万名反革命分子投案自首"[1]。按照当时的政策要求，须对其中一部分人按照"坦白从宽、抗拒从严、立功折罪、立大功受奖"的政策予以宽大处理甚至免除刑罚。宽大政策的兑现和刑罚一样，都贵在及时。关于如何处理这些数量巨大又亟待宽大处理的刑事案件，各地在摸索的过程中，逐渐形成三种观点。一是由人民法院处理，即人民法院直接受理判决无罪，或人民检察院起诉到法院之后法院判决无罪；二是由人民检察院处理，即人民检察院自行侦查后做出免予起诉的决定，或公安机关做出免于起诉书报请人民检察院，然后人民检察院做出免予起诉的决定；三是由公安机关代表政府决定宽大处理，不追究刑事责任。在司法实践中，逐渐发现，第一种做法会浪费审判程序的资源，既然已经知道无罪，就没有再起诉到法院的必要。第三种做法由公安机关决定是否对犯罪人宽大处理也是不符合法治原则的。因此，实践中还是选择了第二种做法，由检察院做出免予起诉的决定。在当时，免予起诉的出现不仅得到了司法实践的广泛采用，也得到了立法机关的认可。此外，我国在处理在押日本战犯时也采取了特别宽大的政策，"1956 年 4 月 25 日全国人民代表大会常务委员会通过了《关于处理在押日本侵略中国战争中战争犯罪分子的决定》"[2]。这个决定对于日本战犯的处理是非

---

① 应后俊：《我对"免予起诉"的看法》，《法学》1957 年第 6 期。

② 崔敏：《为什么要废除免予起诉》，《中国律师》1996 年第 7 期。

常宽大的，但并不是毫无原则的，对于次要的、在押期间悔罪表现良好的，实行免予起诉，予以释放。对于罪行严重的，就交付审判，予以惩处。这也是免予起诉制度在法律上最初的源头。[1] 到 1979 年时，颁布的《刑事诉讼法》第 101 条规定："依照《刑法》规定不需要判处刑罚或者免除刑罚的，人民检察院可以免予起诉"，正式以法律的形式将免予起诉确定下来。总之，进一步宽大、给予出路、坦白从宽是第二次肃反工作的特点。正是在这些思想的指导下，产生了免予起诉制度。可以说免予起诉制度是进一步宽大的产物，是从宽处理的一种表现形式，更是我国对于刑事诉讼审判程序分流的初尝试，是对于不必要进行审判的案件进行分流、过滤的一种制度。

（二）免予起诉制度的界定

所谓免予起诉，就是犯罪嫌疑人的行为已经构成犯罪，但是由于有悔罪、立功的表现或者其他原因，按照法律和政策可以免于对其处以刑罚，由检察机关对其做出免予起诉的决定的情况。此处需要注意到，"不受刑罚处罚"与"不追究刑事责任"是两个不同的概念，比如经法院审判免于刑事处罚的，仍然视为被定罪，视为承担了刑事责任。同理，免予起诉只是不再受刑罚处罚，不能说免除其刑事责任。在法律上，免予起诉仍然是一种定罪行为，因而也是一种特殊的刑事责任方式，因此"免予起诉"已被 1996 年《刑事诉讼法》所废除。而且，"免予起诉"与目前检察院的"不起诉"在原则上是有区别的。"不起诉"的决定虽然也是由检察机关做出，但却和免予起诉不同。根据 2012 年的《刑事诉讼法》，应当不予起诉的案件仅包括 2012 年《刑事诉讼法》第 15 条规定的犯罪嫌疑人不构成犯罪，或因多种原因依法不追究刑事责任的情形。[2] 而属于依照《刑法》规定不需要判处刑罚或者免除刑罚的案件，检察机关则仅仅是可以做

---

[1] 王和利、张家安、赵兴文：《特别军事法庭在沈阳审判日本战犯始末》，《协商论坛》1999 年第 12 期。

[2] 2012 年《刑事诉讼法》第 15 条规定："有下列情形之一的，不追究刑事责任，已经追究的，应当撤销案件，或者不起诉，或者终止审理，或者宣告无罪：（一）情节显著轻微、危害不大，不认为是犯罪的；（二）犯罪已过追诉时效期限的；（三）经特赦令免除刑罚的；（四）依照刑法告诉才处理的犯罪，没有告诉或者撤回告诉的；（五）犯罪嫌疑人、被告人死亡的；（六）其他法律规定免予追究刑事责任的。"

出不起诉的决定。① 免予起诉适用于已经构成犯罪而免于刑罚处罚的案件，人民检察院做出免予起诉的决定，是在构成犯罪，但案件具有可以免除刑罚的情节，依法可以对其免于刑罚处罚的情况下做出的，免予起诉的初衷是省刑、宽大、回避刑罚。

当时的免予起诉制度对于提高人民检察院、人民法院的工作效率，使它们能够集中力量去应对那些应该而且必须起诉和进行审判的案件是非常有利的。"起诉"这一概念从其本质来考察，是公诉机关提请法院对案件进行实体审理的一种诉讼行为。而"免予起诉"则是有权起诉的机关免予提请法院对案件进行实体审理的一种诉讼行为。就其内容而言，这种免予起诉的行为是人民检察院在查清案情之后，对案件所做的一种结论。说明被告人的行为具有犯罪构成，本应被起诉接受审判，但是根据具体情况可以决定"免予起诉"，免予刑事处罚，终止诉讼。这在很大程度上减轻了审判机关的办案压力，实现了审判程序的分流，促进了审判效率的提高。

然而，依照刑事诉讼的理论来说，犯罪人的刑事责任在刑事诉讼的一切阶段中，不论从哪个方面来看，都是侦查机关、检察机关、法院的活动对象。免予起诉的案件既然在实际上不会对被告人产生适用刑罚的后果，那么即使起诉到法院进行实体审判，也是不会适用刑罚的，如此只会造成法院诉讼资源的浪费。此外，由于免予起诉的决定在内容上与法院对某些案件所做的免予处罚的判决相类似，实际后果也相同，免予起诉的决定就具有与人民法院的定罪免刑判决相同的法律效力。在 1996 年对《刑事诉讼法》修改之前，二者都属于对犯罪人的定罪行为，本质上是一样的。有学者认为免予起诉制度不符合现代法治的原则，破坏了人民法院统一独立行使定罪权和公检法三机关分工制约的宪法原则，在实践中也存在着许多弊端，应当予以废除。② 我国 1996 年《刑事诉讼法》采纳了这一意见，

---

① 2012 年《刑事诉讼法》第 173 条规定："犯罪嫌疑人没有犯罪事实，或者有本法第 15 条规定的情形之一的，人民检察院应当作出不起诉决定。对于犯罪情节轻微，依照刑法规定不需要判处刑罚或者免除刑罚的，人民检察院可以作出不起诉决定。人民检察院决定不起诉的案件，应当同时对侦查中查封、扣押、冻结的财物解除查封、扣押、冻结。对被不起诉人需要给予行政处罚、行政处分或者需要没收其违法所得的，人民检察院应当提出检察意见，移送有关主管机关处理。有关主管机关应当将处理结果及时通知人民检察院。"

② 李喜春：《英国起诉自由裁量权之借鉴》，《国家检察官学院学报》2004 年第 6 期。

废除了免予起诉制度，扩大了不起诉的适用范围，将原来适用于免予起诉的一些情形归入不起诉的范围内。[①] 同时在基本原则部分增加规定："未经人民法院依法判决，对任何人都不得确定有罪。" 这样，既吸收了免予起诉的合理因素，又维护了人民法院行使审判权的统一性，同时也符合现代法治的基本原则。我国 2012 年《刑事诉讼法》保留了这一做法。

（三）免予起诉制度对程序分流的意义

免予起诉制度是我国创造的一个制度，虽然长期以来学界都对其争论不休，但不能否认的是免予起诉制度是我国在新中国成立之后的一个能够体现程序分流的制度。从刑事审判程序分流的视角看，免予起诉具有双重意义：一方面从主观上而言，免予起诉属于审前程序的分流，是检察机关行使起诉裁量权的结果，减少了检察机关向法院起诉案件的数量。在诉讼程序的分流中最重要的一个体现就是起诉的裁量原则，也就是起诉便宜主义，在我国历史上出现的免予起诉制度，就是起诉裁量原则最初的一个体现。起诉裁量原则是现代刑事诉讼立法上所采取的原则之一，按照起诉裁量原则，检察机关可以根据自由裁量权，对满足起诉条件的案件，酌情决定是否起诉，如此可以在一定程度上弥补起诉法定主义的不足，若完全按照起诉法定主义起诉，那么检察机关将把所有符合起诉条件的案件起诉至法院，没有裁量的余地。[②] 这种有罪必诉是刑罚报应观念下有罪必罚的产物，虽然对于惩罚犯罪有合理的一面，但丝毫不考虑犯罪人的具体情况和罪行的轻重、案情的复杂与否，以及追诉之后的实际社会效果如何，就一律追诉，不仅会与我国宽严相济的刑事政策以及刑事诉讼惩罚犯罪、保障人权的目的不符合，而且会造成诉讼资源更加紧张的状况。如果采用起诉裁量原则，对于某些犯罪情节比较轻微，并无追诉必要，一旦追诉反而不利于教育感化犯罪人的案件，便可以不予起诉。这样不仅符合诉讼经济原则和诉讼合理原则，还可以节省诉讼资源，提高法院的工作效率，实现程序分流的同时，降低此类犯罪的发生率。1979 年的《刑事诉讼法》第101 条关于免予起诉制度进行了规定，"依照《刑法》规定不需要判处刑

---

① 杨建广：《日本起诉犹豫制度对完善我国不起诉制度的启示》，《中山大学学报》（社会科学版）1997 年第 1 期。

② 柯葛壮：《论起诉裁量原则与免予起诉》，《政治与法律》1992 年第 2 期。

罚或者免除刑罚的，人民检察院可以免予起诉"。这就表明，检察机关具有自由裁量权，对于某些案件，可以提起公诉，也可以不提起公诉，由于是否需要判处刑罚或者免刑，是弹性很大的，需要检察官做出自由裁量，所以说，免予起诉制度就是我国起诉裁量原则在刑事诉讼法上的一个重要体现，是在审判之前对于刑事案件的一次分流。

另一方面，从客观上而言，虽然免予起诉不属于进入审判程序之后的分流，但它的存在确实减少了进入审判程序的案件，减轻了审判机关的压力，实质上也是对审判程序的分流。根据当时免予起诉制度产生的时代背景，1954年《检察院组织法》中还没有检察机关行使免诉权的规定，由于第二次肃反运动中的政策就是进一步宽大的政策，所以有大量的反革命分子和其他犯罪分子自首，这些案件的数量巨大，却又都是犯罪事实清楚，在构成犯罪上无争议的案件，有限而宝贵的人力和时间都必须用到起诉这些案件的工作上。在宽大的政策形势之下，在当时的法院建制力量不足的情况下，如何处理这些案件成为一个棘手的问题。免予起诉的出现不仅符合了宽大的刑事政策，而且作为一种非刑罚化的处理方式，其不需要启动审判程序的特点，使得审判机关的压力被大大地缓解，特别是在犯罪数量增加的时期更能感受到免予起诉制度对于审判程序分流的巨大作用。通过免予起诉制度，这些案件不仅得到了及时处理，而且也赋予了这些犯罪人悔过自新的机会，给予他们时间成为有益于社会的人。综合以上这两个方面看，免予起诉制度对于刑事审判程序的分流确实有其可取之处。

三　刑事调解制度

（一）刑事调解制度的产生及发展

新中国成立之后，国民党的"六法全书"被全面废除，司法工作开始以新的法律法规作为依据。新民主主义革命时期的刑事调解经验得以继承下来。1950年7月27日，中央人民政府政务院政治法律委员会副主任兼中央人民政府法制委员会主任委员陈绍禹在第一届全国司法会议上做了题为"关于目前司法工作的几个问题"的报告，其中就肯定了对民事案件和轻微刑事案件进行调解的工作经验。只是更加强调调解的自愿和合法原则，不能无原则地"和稀泥"，也不应把调解作为诉讼的必经程序，并且提出："从过去和现在的各地经验来看，如果区、村人民政府和人民法院能把调解工作建立起来，并做得合情合理，对各方面都有好处。"① 最高人民法院 1951 年 2 月 27 日给察哈尔人民法院《对起诉到法院的轻微刑民事案件不能拒不受理》的函复中指出："加强区、村调解组织，其作用之一就是在一般民事或者轻微刑事案件，未进入审理阶段以前，加强其调处工作，以减轻司法工作上的负担。"这也肯定了审前由村组织对轻微刑事案件进行调解的合法性。另外，1952 年 12 月 29 日的《华北区司法改革运动总结报告》也提到，拟建立群众性组织，即基层调解委员会，以调解民事纠纷和轻微刑事纠纷。基层调解委员会在农村以乡为单位，在城市以街为单位，受同级政府委员会以及县法院的领导。委员由群众选举，并注重吸收民政、妇联及其他部门的代表参与。调解工作要依据政策，遵守双方自愿原则，不得扣押、处罚和强制调解。同时，一审、二审法院的民事及轻微刑事案件应当尽可能采用集体与联村调解办法，而且调解要与判决结合进行。② 1954 年 3 月 22 日，政务院颁布了《人民调解委员会暂行组织通则》。该通则第 3 条规定："调解委员会的任务是调解民间一般民事纠纷与轻微刑事案件，并通过调解进行政策法令的宣传教育。"这是新中国成立后首次以行政法规的形式确立人民调解委员会可以调解轻微刑事案件。《人民调解委员会暂行组织通则》规定："调解委员会的建立，城市一般以派出所辖区或者街道为单位，农村以乡为单位。""凡人民中政治面貌清楚、为人公正、联系群众、热心调解工作者，均得当选为调解委员会委员。""基层人民政府及基层人民法院，应加强对调解委员会的指导和监督，并帮助其工作。"在进行调解工作时，首先必须以遵守法律法规为前提，而且必须征得双方当事人的同意，不能强迫双方进行调解。没有经过调解或是调解未果的案件，当事人还可以向法院起诉。同时，调解委员会调解案件时，应利用生产的空隙时间进行工作，应倾听当事人的意见，深入调查研究，弄清案情，以和蔼耐心的态度、说理的方式，进行调解。案件调解成立后，得进行登记，必要时得发给当事人调解书。调解委员会调解

---

① 陈绍禹：《关于目前司法工作的几个问题》，载武延平、刘根菊等编《刑事诉讼法教学参考资料汇编》，北京大学出版社 2005 年版，第 679 页。

② 参见《华北区司法改革运动总结报告》，载武延平、刘根菊等编《刑事诉讼法教学参考资料汇编》，北京大学出版社 2005 年版，第 753—754 页。

案件，如有违背政策法令的情形，人民法院应予以纠正或撤销。根据上述可知，新中国成立后的刑事调解在适用案件的范围上是比较有限的，仅限于轻微刑事案件。另外，上述这种调解制度存在的时间非常短暂，伴随着十年"文化大革命"的兴起，正常的刑事司法活动被阶级斗争和群众运动所取代，即便是对于轻微刑事案件的调解工作，也都没有继续进行。

"文化大革命"结束后，随着"拨乱反正"工作的开展，刑事司法工作也开始慢慢回到正轨，刑事调解工作也重新开始进行，但是这时的刑事调解仅仅针对自诉案件。1979 年 7 月颁布的《刑事诉讼法》第 127 条又规定："人民法院对自诉案件，可以进行调解；自诉人在宣告判决前，可以同被告人自行和解或者撤回自诉。"从这时起，一直到 1996 年《刑事诉讼法》第一次修改之后，关于调解的规定就没有再发生过任何变化。直到 2012 年《刑事诉讼法》第二次修改之后，在第 206 条对自诉案件的调解进行了明确规定："原判决、裁定适用法律确有错误的，不能适用调解。"① 值得注意的是，规定对自诉案件可以进行调解是由其案件本身的性质所决定，这并不会因为案件到达二审程序而有所改变，只要是一审判决未生效，人民法院就可以进行调解，这种观点的法律依据是 1957 年 5 月 13 日最高人民法院发布的《关于上诉审法院主持成立的调解的效力等问题的批复》，其中指出："由人民法院主持成立的调解，与判决有同等的效力。"这一点对上诉审法院在审理上诉案件时主持成立的调解同样适用，双方当事人在上诉审中达成调解之后，诉讼程序即结束，调解书的效力等同于判决。②因而，尚未生效的原审判决也就无须再予以撤销。如此看来，对于自诉案件的调解制度，从一审到二审程序，都很好地缓解了法院的审判压力，减少了当事人的诉累。

关于附带民事诉讼案件的调解问题，从刑事诉讼法的立法看，根据 1979 年《刑事诉讼法》的规定，"被害人有权提起附带民事诉讼，

---

① 2012 年《刑事诉讼法》第 206 条规定："人民法院对自诉案件，可以进行调解；自诉人在宣告判决前，可以同被告人自行和解或者撤回自诉。本法第 204 条第三项规定的案件不适用调解。"

② 陈卫东：《谈谈刑事自诉案件中的调解》，《法学杂志》1985 年第 4 期。

但该诉讼应当同刑事案件一并审判"①。1979 年的法条中没有关于针对附带民事诉讼案件调解的规定。直到 1986 年 12 月 31 日,最高人民法院研究室在给天津市高级人民法院的《关于刑事附带民事诉讼民事部分是否适用民事诉讼法问题的电话答复》中指出:"在人民法院审理附带民事部分时,当事人可以自行和解;原告人可以撤回诉讼;人民法院也可以调解。"到此为止,人民法院除了可以对自诉案件进行调解之外,还可以对刑事附带民事诉讼进行调解。此后,在 1996 年第一次对《刑事诉讼法》修改之后,1998 年《最高人民法院关于执行〈刑事诉讼法〉若干问题的解释》第 96 条,又在立法上对此加以明确规定。② 2012 年对《刑事诉讼法》进行了第二次修改,在第七章附带民事诉讼部分,也明确规定人民法院可以对附带民事诉讼进行调解。

此外,关于轻微刑事案件的调解问题,1998 年《最高人民法院关于执行〈刑事诉讼法〉若干问题的解释》第 197 条规定:"人民法院对告诉才处理和被害人有证据证明的轻微刑事案件,可以在查明事实、分清是非的基础上进行调解。自诉人在宣告判决前可以同被告人自行和解或者撤回起诉。"这才重新使得轻微刑事案件自"文化大革命"之后再次被纳入刑事调解的范围。1989 年 6 月 17 日国务院发布并实施了《人民调解委员会组织条例》,取代了 1954 年 3 月 22 日由中央人民政府政务院公布的《人民调解委员会暂行组织通则》,并规定"人民调解委员会可以在双方当事人自愿平等的基础上对民间纠纷进行调解",但在条文中不再有"轻微刑事案件"的表述,这实际上取消了人民调解委员会调解刑事案件的权力。据此,刑事调解只能由人民法院进行,新中国成立初期被赋予刑事调解权的人民调解委员会则不再对轻微刑事案件享有调解权。

---

① 1979 年《刑事诉讼法》第 53 条规定:"被害人由于被告人的犯罪行为而遭受物质损失的,在刑事诉讼过程中,有权提起附带民事诉讼。如果是国家财产、集体财产遭受损失的,人民检察院在提起公诉的时候,可以提起附带民事诉讼。"第 54 条规定:"附带民事诉讼应当同刑事案件一并审判,只有为了防止刑事案件审判的过分迟延,才可以在刑事案件审判后,由同一审判组织继续审理附带民事诉讼。"

② 1998 年《最高人民法院关于执行〈刑事诉讼法〉若干问题的解释》第 96 条规定:"人民法院审理附带民事诉讼案件,除人民检察院提起的以外,可以调解。调解应当在自愿、合法的基础上进行。调解书经双方当事人签收后即发生法律效力。"

（二）　刑事调解制度的界定及性质

在域外恢复性司法兴起的背景下，犯罪者和被害人之间进行调解的方式慢慢成为各个国家解决轻微刑事案件的主要方式之一。21 世纪初，恢复性司法的理论被引入我国。① 国内的学者对恢复性司法的理论基础与司法实践、概念、运用、具体内容、历史渊源、优劣利弊等进行了全面的研究及评价。在我国，刑事调解，在其基本的运行结构上，与一般的社会纠纷调解或者民事诉讼调解并无二致，只是调解的纠纷性质不同而已。刑事调解是在中立的第三方的帮助下，使刑事案件的被害人和加害人自愿进行对话并协商解决因犯罪引发的相关问题的过程，调解人在此过程中通过传递信息或者提供解决方案的方式来促进双方协议的达成，而不是强制双方达成协议，所谓"调解的过程"就是在中立第三方主持下，双方当事人交换意见和信息从而达成合意的过程。②

除了缩短办案周期外，根据案件情况对案件进行繁简分流也是提高司法效率的重要途径。因此，对于有些案件进行非罪化处理，或者将案件解决在起诉环节，或者案件在一审后无须进入二审审理，或者案件在判决后不必在监狱内执行等，都可以节约刑事司法资源，促进对于案件的分流。根据 2008 年 3 月 10 日最高人民检察院检察长贾春旺向全国人大所作的工作报告，2003—2007 年，检察机关共批准逮捕各类刑事犯罪嫌疑人4232616 人，提起公诉 4692655 人，比前五年分别上升 20.5% 和 32.8%。③数量如此巨大的犯罪嫌疑人和案件数量，所要耗费的司法资源可想而知。如果各类犯罪势头得不到有效遏制，今后一段时间内犯罪案件的数量还将继续上升。特别是经济较发达地区和人口相对比较集中的大中城市，因检察机关和法院的刑事办案负荷较重，导致对批量犯罪嫌疑人、被告人超期羁押。因此，为了集中司法力量处理好大案要案，检察机关和审判机关在

---

① 参见吴宗宪《恢复性司法述评》，《江苏公安高等专科学校学报》2002 年第 3 期；张庆方《恢复性司法——一种全新的法治模式》，载陈兴良主编《刑事法评论》第 12 卷，中国政法大学出版社 2003 年版，第 442 页；宋英辉、许身健《恢复性司法程序之思考》，《现代法学》2004 年第 3 期。

② ［日］棚濑孝雄：《纠纷的解决与审判制度》，王亚新译，中国政法大学出版社 1994 年版，第 13 页。

③ 参见贾春旺《最高人民检察院工作报告——2008 年 3 月 10 日在第十一届全国人民代表大会第一次会议上》，http://www.spp.gov.cn/spp/gzbg/201208/t20120820_2495.shtml。

提高办案效率的同时，有选择地将一些犯罪情节轻微、社会危害性不大的刑事案件做程序分流处理。在起诉阶段，检察机关灵活运用酌定不起诉的裁量权，对涉嫌犯罪的未成年人，坚持教育为主、惩罚为辅的原则，对犯罪情节轻微且主观恶性不大的未成年人案件、轻微刑事案件以及初犯、过失犯等，通常对犯罪嫌疑人决定不起诉。在审判环节，法院则依据从轻或者减轻处罚的量刑裁量权，对犯罪情节轻微的被告人做出缓刑、免予刑事处罚或者实行社区矫正的判决。

在这样的背景下，我国的刑事调解也随之产生，其产生主要立足于当事人尤其是被害人的受损权利的修复。无论以何种方式进行调解，都应当从国家的角度出发，服从国家大局。以调解的方式处理刑事案件，更有助于维持国家的整体社会秩序和安全。在我国刑事调解的进行中，与调解程序本身相比，对于调解所获得的结果更为看重。刑事调解的最终目的就是修复当事人受到损害的权利、受到损害的社会关系，如果强制调解，则势必成为对当事人权利的另一种侵犯。在刑事调解进行的过程中，应当在注重调解结果、及时解决纠纷、修复社会关系的同时，重视对当事人物质上和精神上的保护。

（三）刑事调解制度对于刑事审判程序分流的意义

刑事调解制度作为新中国成立之后刑事审判程序分流的起源制度之一，其对于审判程序分流的意义是不言而喻的。根据上文可知，新中国成立初期，1954年《人民调解委员会暂行组织通则》中，就有通过调解委员会这样的调解组织对轻微刑事案件进行调解的规定。人民调解组织在贯彻落实这项规定的时候，不仅增进了人民内部的团结，维护了当事人的合法权益，而且，有效地减少了诉讼，防止了矛盾的激化。在当时存在大量轻微刑事案件，并且调解组织完全可以对这些案件进行调解的情况下，通过调解的方式进行结案，不仅及时解决了纠纷，而且预防了案情向更坏的方向去发展，大大减少了当事人的诉累。[①] 可以说，新中国成立初期调解组织对于轻微刑事案件的调解就是我国刑事审判程序分流的源头之一。

到了1979年，根据《刑事诉讼法》的规定，法院对于自诉案件也可以进行调解。进一步扩大了刑事调解的适用范围。自诉案件不仅包括告诉才处理的案件，也包括其他不需要进行侦查的轻微刑事案件，被害人和其

---

① 邓树华：《浅谈轻微刑事案件及调解》，《山东法学》1987年第1期。

法定代理人可自行向法院起诉，一般而言，这类案件都是案件事实清楚，是非曲直明了，群众也比较了解情况的案件。一般犯罪情节也是比较轻微的，更多涉及的是个人的名誉、尊严、婚姻自由、家庭关系等问题，不具有太大的社会危害性，正因为如此，所以规定可以对这些案件进行调解。① 在自诉案件中，调解需要双方自愿才可进行，调解并不是必经的程序，若当事人不愿进行调解或调解不能达成合意的，人民法院须得依法判决，不能强制调解，但是一旦调解成功，则法院不可再行判决。调解一旦达成合意，就与判决具有了同等的效力。② 对于自诉案件进行调解，不仅在审判实践中被证明是切合实际、简便易行的做法，而且还有助于缓解法院的审判压力，及时解决纠纷，减少当事人的诉累。

任何一个国家的刑事司法资源都是有限的。在确保诉讼公正的前提下，如何提高刑事司法效率是各国都必须面临的问题。一般来说，减少诉讼环节、降低诉讼成本、缩短诉讼周期，都是提高刑事诉讼效率的主要方式。办案效率的提高，意味着可以在费用总额不变的情况下处理更多的刑事案件，直接降低单个案件的司法成本，也是提高诉讼效率的体现。据上文可知，在刑事发案率相对比较高的一些西方国家，提高刑事司法效率的措施可以运用于诉讼的各个环节。比如，对于某些危害性不大的轻微案件直接予以转处，即通过刑事调解方式做出非罪化处理；进入正常司法程序的案件，可以通过辩诉交易来提高犯罪控诉的成功率；对于事实清楚、争议不大的案件适用速裁程序或者简易程序，提高审判效率；为了控制行刑成本，对人身危险性较小的犯罪允许进行社区矫正，降低罪犯的再犯率。考虑到对被追诉人进行从宽处理的同时，还应当考虑到对被害人受到损害的情绪进行缓解，否则酌定不起诉的决定或者轻罪判决就很难受到被害人的认可。自诉讼制度产生之日起，人们对公正有了最基本的追求，并且把公正与否作为评价诉讼制度的首要标准。当然，公正的实现还应当讲求效率。迟到的公正或者不计成本的公正，也是一种非正义。③ 在刑事诉讼法中，效率则是指刑事司法程序中投入的司法资源，包括人力、物力、财力

---

① 陈卫东：《谈谈刑事自诉案件中的调解》，《法学杂志》1985 年第 4 期。

② 范建友：《调解不是审理离婚案件的必经程序》，《法学》1987 年第 8 期。

③ 李晓明、辛军：《诉讼效率：公正与效率的最佳平衡点》，《中国刑事法杂志》2004 年第 1 期。

等，与所取得的成果之间的比例。① 通过调解的方式让犯罪人向被害人赔礼道歉、承担责任、赔偿损失并接受法律教育，可以在提升诉讼效率的同时弥补被害人受到的伤害、补偿其损失。司法实践中，法院着重对刑事自诉案件进行调解，在很大程度上也有尽早化解矛盾的功利性考虑。调解所涉及的案件并不重大复杂，若一定要经过一审、二审甚至强制执行，则会造成审判资源的浪费。将部分案件通过调解的方式解决，不仅能够及时、灵活地处理纠纷，还能实现程序分流，提高司法效率。因此，在我国犯罪率不断攀升的情况下，通过刑事调解这种方式不仅能缓和司法机关的巨大压力，还可以降低罪犯的再犯率，保持社会稳定，在一定程度上对降低犯罪率，从根本上解决诉讼资源与犯罪率增长之间的矛盾也是大有裨益的。

然而，在 1979 年《刑事诉讼法》颁布之后，我国在立法上仅仅规定对自诉案件可以进行调解，对于附带民事诉讼案件并未有明确规定可以进行调解，对于轻微刑事案件的调解，也尚未在刑事诉讼的立法中明确。而这些案件的危害性小，在促进审判程序分流的情况下，是可以通过刑事调解的方式解决的。这些问题都有待进一步的发展，有很大的进步空间。

第二节　我国刑事审判程序分流的发展

随着我国社会主义市场经济的建立，社会主义民主和法制建设不断发展，社会形势尤其是犯罪和与犯罪做斗争的形势不断发生变化，我国在1996 年对《刑事诉讼法》进行了第一次修改。在这次修改之后，出现了很多对审判程序分流很有意义的程序、机制，体现出我国刑事诉讼包括审判程序分流的进一步发展。

一　简易程序的设立

1996 年修改后的《刑事诉讼法》在第 3 编第 1 章第 3 节，一共用 6 条规定了简易程序，这也是立法上首次对简易程序的确立。② 当时设置简

---

① 陈光中、汪海燕：《刑事诉讼中的效率价值》，载樊崇义主编《诉讼法学研究》第 1 卷，中国检察出版社 2002 年版，第 4 页。

② 刘斌：《刑事诉讼简易程序的实施构想——繁简分流》，《行政与法》1996 年第 4 期。

易程序的目的主要在于缓解审判机关的繁重任务与诉讼资源有限之间的矛盾。据统计，1980 年，全国法院受理一审刑事案件 19.7 万件，而到 1995 年《刑事诉讼法》修改之前增加至 49.6 万，上升了 2.5 倍。[①] 而且，刑事案件数量的这种增长势头不仅没有减弱，还逐渐开始出现了新型犯罪，如此一来，审判机关的业务难度之高和压力之大可想而知。要想解决这种矛盾，就必须在诉讼程序上删繁就简，达到在保障公正的前提下多办案、快结案的目的。此外，简化某些轻微案件的审判程序也有利于让整个审判程序更加科学化、合理化。实行繁简分流，才能节省一定的人力、物力，就不同性质的案件科学分配审判力量。

从字面上就不难理解，所谓简易程序，是一种比普通程序更为简化的、针对情节轻微的刑事案件适用的审判程序。这种简化体现在审判程序的各个方面，比如审判组织的简化、法庭调查程序的简化、审理期限的缩短等。如此，使得刑事案件在审判程序上实现繁简分流，使得审判人员能够被合理、科学地分配，办理更多的案件，也更为迅速地办理案件，节省紧缺的审判资源，在实现刑事审判程序分流的情况下更好地完成审判任务。1996 年《刑事诉讼法》第 174 条对简易程序的适用范围进行了详细的规定："人民法院对于下列案件，可以适用简易程序，由审判员一人独任审判：（一）对依法可能判处三年以下有期徒刑、拘役、管制、单处罚金的公诉案件，事实清楚，证据充分，人民检察院建议或者同意适用简易程序的；（二）告诉处理的案件；（三）被害人起诉的有证据证明的轻微刑事案件。"从上述具体规定可知，适用简易程序的案件有两大类：一类是检察机关起诉并提出建议的或者审判机关决定适用并征得检察机关同意的公诉案件；另一类是由人民法院直接受理并决定适用的自诉案件。第一类案件属于公诉案件，需要检察机关根据案件事实来判断该类案件中的被告人是否可能被判处 3 年有期徒刑以下的刑罚，以及案件事实是否清楚、证据是否确实充分。如果案件事实清楚、证据确实充分，而且判处的刑罚不超过 3 年有期徒刑的，检察机关可以在向审判机关提起公诉的同时提出适用简易程序的书面建议。可以看出，检察机关在对案件提起公诉的过程中已经开始进行繁简分流，将审查之后可以适用简易程序的案件分流出来，制作《适用简易程序建议书》，与起诉书一起移送审判机关。审判机

---

① 高憬宏：《简捷、高效的简易程序》，《人民司法》1996 年第 5 期。

关审查之后，如果同意该建议，则直接适用简易程序开庭审理案件。审判机关不同意适用简易程序的，则应当书面通知检察机关，并适用普通审判程序审理案件。对于检察机关没有建议适用简易程序的刑事案件，审判机关受理案件之后，经过审查认为该案件应当适用简易程序审理的，可以向检察机关提出《适用简易程序意见书》，检察机关同意之后，审判机关可以适用简易程序审理案件。可以看出当时对于适用简易程序审理案件的决定权完全交由检察院和法院，并不考虑当事人的意愿，体现出了明显的职权主义色彩。根据上文，适用简易程序审理的第二类案件，是由人民法院直接受理的自诉案件。一般而言，这些案件事实比较清楚，性质并不严重，诉讼关系也相对简单，甚至其中大部分的案件可能被判处的刑罚也比较轻。所以适用何种程序审理此类案件，完全可以由人民法院自行决定，如此也有利于实现审判程序的繁简分流。

刑事诉讼中的简易程序已经在当今世界各国被广泛适用，适用的比例一直在不断扩大。[1] 据统计，1933 年的英国适用简易程序处理的案件达到案件总数的 67%，到 1978 年甚至达到 98%，1982 年的日本共审理刑事案件 230 万件，按简易程序审理的就有 215 万件，占案件总数的 94%。[2] 从我国 1996 年《刑事诉讼法》中对简易程序的规定可知，有关简易程序的适用范围，立法的态度还是非常审慎小心的，只有上述案件可以适用。简易程序是诉讼经济原则在刑事诉讼中的体现，对于完善刑事司法制度意义重大。随着日益增长的犯罪率与审判资源、诉讼费用的紧缺之间矛盾的加剧，适用简易程序审理案情相对简单的案件就成为能在保证司法公正前提下提高诉讼效率的良好途径。对于审判机关而言，不仅可以从各个方面减少审判机关的支出，对于当事人而言，也可以减少诉讼成本、减少诉累。虽然简易程序是在 1996 年《刑事诉讼法》中首次规定，适用范围也非常小，尚有一些问题亟待完善，但其设立对于我国刑事审判程序分流的重大意义和对于刑事诉讼所产生的效益是不可低估的。

二　普通程序简化审的出现

如上文所述，基于犯罪率的日益上升及国外对抗式诉讼模式的影响渗

---

①　夏成福：《刑事诉讼法的重大修改及其意义》，《现代法学》1996 年第 5 期。

②　陈光中主编：《外国刑事诉讼比较研究》，法律出版社 1988 年版，第 30 页。

透，我国在 1996 年《刑事诉讼法》中对刑事审判程序进行了分流，增设了简易程序。① 由于立法者对适用简易程序的审慎小心和司法者受以往审判传统和审判理念的影响，使得简易程序在审判实践中的适用率一直不高，一般只有 5% 左右。② 如此低的适用率很难实现当初设立简易程序实现繁简分流、节省审判资源的初衷。因此，2003 年 3 月 14 日，最高人民法院、最高人民检察院、司法部制定颁布了《关于适用普通程序审理"被告人认罪案件"的若干意见》，使得"普通程序简化审"在司法实践中实现了合法化，并被推向全国。③

所谓"普通程序简化审"，就是针对一些适用普通程序审理的刑事案件，在案件事实清楚、证据充分、被告人做出有罪供述的情况下，对部分审理程序进行简化，使得案件得以快速审结的一种新型审理方式。④ 依照《关于适用普通程序审理"被告人认罪案件"的若干意见》，普通程序简化审对于审判程序的简化主要包括：首先是对审理范围的简化，也就是说除了法律规定可以适用简易程序的案件，以及《关于适用普通程序审理"被告人认罪案件"的若干意见》第 2 条规定的"不适用"的案件外，其他第一审的公诉案件都可以适用普通程序简化审，可以看出适用普通程序简化审的案件范围非常广泛。⑤ 其次对适用条件的简化，只要是"事实清楚、证据确实充分，可能被判处 3 年以上有期徒刑、无期徒刑的案件，或是被告人自愿认罪，对于所指控的犯罪事实及适用普通程序简化审进行审

---

① 陈光中、严端主编：《中华人民共和国刑事诉讼法修改建议稿与论证》，中国方正出版社 1999 年版，第 316 页。

② 樊崇义主编：《刑事诉讼实施问题与对策研究》，中国人民公安大学出版社 2001 年版，第 512 页。

③ 参见樊崇义《刑事诉讼法修改专题研究报告》，中国人民公安大学出版社 2004 年版，第 517 页；徐志梅等《公诉案件简化审及存在的问题》，《中国司法》2003 年第 2 期；袁文雄等《论刑事案件普通程序简化审》，《国家检察官学院学报》2003 年第 3 期。

④ 李玲等：《刑事案件普通程序简化审理检索》，《人民检察》2000 年第 10 期。

⑤ 《关于适用普通程序审理"被告人认罪案件"的若干意见》第 2 条规定："不适用普通程序简化审的案件包括：（1）被告人系盲、聋、哑人的；（2）可能判处死刑的；（3）外国人犯罪的；（4）有重大社会影响的；（5）被告人认罪但经审查可能不构成犯罪的；（6）共同犯罪案件中，有的被告人不认罪或不同意适用普通程序简化审的；（7）其他不宜适用普通程序简化审的。"

理均无异议的情况下"，均可适用普通程序简化审。[①] 最后是在程序上的简化。关于程序上的简化主要规定在《关于适用普通程序审理"被告人认罪案件"的若干意见》的第 7 条。[②] 综上可知，普通程序简化审其实是对普通程序的一种简化，并不是一种在普通程序、简易程序之外另外设立的新程序，而且适用普通程序简化审的案件都是应当适用普通程序审理的。在当下犯罪数量增长、控辩式诉讼进一步发展的情况下，当时已有的简易程序难以有效地实现程序分流。所以最高司法机关就试图以"普通程序简化审"的方式促进对刑事案件的繁简分流，最终达到提升审判效率，优化司法资源配置的目的，其良好意愿并不难于理解。但是，当时"普通程序简化审"却受到了来自学界和各方的质疑。主要有如下的意见：首先，"普通程序简化审"的设立虽然是以尊重被告人的主体地位为前提的，需要被告人自愿认罪，但是在实际运行中，对被告人所应当享有的诉讼权利的保障却不够，特别是对被告人程序选择权的保障不足。[③] 在普通程序简化审中，在检察院提起公诉时书面建议法院适用普通程序简化审的情况下，并没有规定被告人的程序选择权，即征求被告人的同意，此外，对于被告人变更重新适用普通程序的权利、获得律师帮助的权利也缺乏相应的规定。普通程序简化审中庭审程序的简化，也限制了被告人诉讼权利的行使，比如质证权和辩护权，在当时我国辩护律师参与诉讼率比较低下、在侦查阶段不能介入的情况下，犯罪嫌疑人、被告人的人身权利、诉讼权利都不能得到很好的保障。此外，《关于适用普通程序审理"被告人认罪案件"的若干意见》规定法院可以提起普通程序简化审程序，法官

---

① 《关于适用普通程序审理"被告人认罪案件"的若干意见》第 1 条规定："被告人对被指控的基本犯罪事实无异议，并自愿认罪的第一审公诉案件，一般适用本意见审理。对于指控被告人犯数罪的案件，对被告人认罪的部分，可以适用本意见审理。"

② 《关于适用普通程序审理"被告人认罪案件"的若干意见》第 7 条规定："适用普通程序简化审进行审理，在程序上可作如下简化：（1）被告人可以不再就起诉书指控的犯罪事实进行供述；（2）公诉人、辩护人、审判人员对被告人的讯问、发问可以简化或者省略；（3）控辩双方对无异议的证据，可以仅就证据的名称及所证明的事项作出说明。合议庭经确认公诉人、被告人、辩护人无异议的，可以当庭予以认证。对于合议庭认为有必要调查核实的证据，控辩双方有异议的证据，或者控方、辩护要求出示、宣读的证据，应当出示宣读，并进行质证；（4）控辩双方主要围绕确定罪名、量刑及其他有争议的问题进行辩论。"

③ 周国均、李静然：《试析普通程序简化审及其完善》，《法律适用》2004 年第 12 期。

甚至可以在庭前全面阅卷，庭审中对无异议证据可不经质证而当庭予以认证。但是，法官在庭前的司法审查本来是为了保证被告人认罪的真实性、自愿性的，如此一来，审判机关对该类案件的审查预防作用必将大打折扣，也使得法官更容易产生臆断，控辩双方在庭审中的法庭辩论质量也得不到保证。普通程序简化审的出现恰好满足了部分司法人员，害怕风险、不求进取、安于现状的不良心态，这对司法改革来说都是不利的。① 其次，由于在当时尚未建立非法证据排除规则，所以非法取证的现象还是时有发生，"普通程序简化审"对于庭审的简化不仅不利于案件事实真相的发现，不利于保护被告人的合法权利，还有可能加剧我国本已比较严重的违法取证现象，使得被告人认罪的自愿性、真实性难以保证，因此应慎行。②

笔者认为，应当辩证地看待"普通程序简化审"。一方面，该程序是司法实务部门以提升审判效率为出发点，积极探索刑事审判程序繁简分流工作的努力成果，其出发点是正确的，是值得肯定的，也是我国在刑事审判程序分流上迈出的一大步。同时，它的问世正是由于1996年《刑事诉讼法》增加的简易程序具备的局限性不能适应司法实践对审判程序分流的客观要求。此外，它还表现出在程序分流中对当事人意愿的适当尊重和对当事人权利的保护，具体表现在适用该程序的过程中，需要以当事人主动认罪为前提。所以，在很多方面可以看出，"普通程序简化审"对于促进刑事案件的繁简分流，促进有限司法资源的合理配置，促进审判效率的提高都是大有裨益的。不仅符合各国刑事诉讼的发展趋势，也符合当时我国的刑事诉讼发展的客观需要。另一方面，"普通程序简化审"还有其不足之处。根据程序法定原则，普通程序简化审只是最高人民法院、最高人民检察院和司法部联合颁布的意见规定的，我国的《刑事诉讼法》中并无此程序的规定，使得其无疑成为一种法律之外的司法行为。虽然普通程序简化审程序的本意是尽可能地提高诉讼效率，但是在普通程序的运行范

---

① 参见周国均、李静然《试析普通程序简化审及其完善》，《法律适用》2004年第12期；王超《普通程序简易审质疑》，《法商研究》2002年第3期；刘根菊、黄新民《从普通程序简化审看我国刑事速决程序的建构》，《法学评论》2005年第6期。

② 参见瓮怡洁《普通程序简便审理应慎行》，《律师世界》2002年第3期；黄淳《"普通程序简化审"质疑》，《天府新论》2003年第4期。

围内对本应适用的普通程序予以过分简化,[①] 不但不利于保障程序的正当性, 也不利于保护当事人的诉讼权利, 更不能从根本上提高诉讼效率, 因为, 该程序并不是相对于普通程序的一种独立程序,"在庭审中对控辩双方无异议的指控事实还需要进行调查, 对无异议的证据还需要对证据的名称及所证明的事项做出说明"[②]。由此可知, 其效率价值还没有得到充分发挥。如果被告人的认罪并非其本意, 在审理过程中翻供, 程序又要转换为普通程序进行审理, 从而使得时间成本更大, 程序更为烦琐。此外, 在普通程序简化审中, 并不限制适用上诉和抗诉, 因此一旦控辩双方有一方反悔, 可以提出上诉或抗诉, 对于被害人的申诉也没有限制。以上这些情况显然都不利于诉讼效率的提高。

三　人民检察院快速办理轻微刑事案件的工作机制

2006 年 12 月 28 日, 最高人民检察院第 10 届检察委员会第 68 次会议通过了《最高人民检察院关于依法快速办理轻微刑事案件的意见》, 并于 2007 年 2 月予以发布, 其目的是通过创新轻微刑事案件快速办理机制, 进而使得办案效率有所提升, 能够让司法机关将更多的力量和资源投入到更复杂更需要的案件当中去, 以达到公正和效率的统一, 同时及时解决社会矛盾, 达到办案的法律效果与社会效果的有机统一, 实现以人为本、保障人权的司法理念, 贯彻落实宽严相济的刑事政策, 达到构建和谐社会的客观目的。我国在刑事立法和司法上并没有对轻罪和重罪明确划分。一般而言, 轻微刑事案件, 多指"可能判处 3 年以下有期徒刑、管制、拘役或者单处罚金刑的主观恶性不大、社会危害较轻的案件"[③]。根据《最高人民检察院关于依法快速办理轻微刑事案件的意见》可知,"依法快速办理轻微刑事案件, 是针对案情简单、事实清楚、证据确实充分、犯罪嫌疑人、被告人认罪的轻微刑事案件, 在遵循法定程序和期限、确保办案质量

① 徐美君:《重罪简易程序研究——以〈若干意见(试行)〉为考察对象》,《法商研究》2006 年第 2 期。

② 刘根菊、黄新民:《从普通程序简化审看我国刑事速决程序的构建》,《法学评论》2005 年第 3 期。

③ 北京市朝阳区人民检察院课题组:《轻微刑事案件快速办理机制》,《国家检察官学院学报》2009 年第 10 期。

的前提下，简化工作流程、缩短办案期限的工作机制"①。《最高人民检察院关于依法快速办理轻微刑事案件的意见》共 12 条，规定的内容虽然主要是从检察院的角度出发的，但可以在诉讼阶段上向前或向后延伸，也就是说，检察院可以根据案件的实际情况建议侦查机关快速移送审查起诉，或者建议法院按简易程序快速审判。由此可知，该机制虽是由最高人民检察院单独制定，以检察机关的职能为基点，但是检察机关再根据这个机制，科学分流刑事案件、提高办案效率的同时，也须得加强同公安机关、审判机关的联系与配合，共同构建依法快速办理轻微刑事案件的工作机制。检察机关按照该工作机制的规定，"根据案情不同的繁简程度，对刑事案件实行繁简分流，分工办理，指定人员专门办理轻微刑事案件，具备条件的可以在侦查监督部门和公诉部门成立相应的办案组"。对于具体案件是否适用快速办理机制，由承办部门的负责人决定。确定为快速办理的案件，办案人员经审查发现不符合快速办理条件的，应当及时报告部门负责人决定，转为按普通审查方式办理。检察机关对于符合适用简易程序的轻微刑事案件，应当建议人民法院适用简易程序审理。对于适用普通程序审理的被告人认罪的轻微刑事案件，应当建议人民法院简化审理。

因之，该机制在运行的过程中，与审判程序的关系也是极为密切的，轻微刑事案件快速办理机制不仅需要检察机关的参与，也需要公安机关、审判机关的紧密配合，方可环环相扣、见其成效。在人民检察院的轻微刑事案件快速办理机制运行之后，确实在一定程度上起到了有效分流案件、提高诉讼效率、节约诉讼资源、及时化解矛盾的作用，在促进刑事审判程序分流方面，也有很大成效。首先，诉讼效率确实得到提高。该项工作机制的实施，使侦查、审查逮捕、审查起诉乃至法院审判的各个环节的诉讼时间都明显缩短，诉讼效率显著提高。有数据显示，"在轻微刑事案件快速审理机制实施之后，全程快速办理的轻微刑事案件，从刑事拘留到法院判决的时间平均为 43 天，比以往缩短约 90 天，缩短幅度达四分之三"②。可以看到，诉讼周期有所缩短，如此可以有效减少犯罪嫌疑人翻供、串供

---

① 《最高人民检察院关于依法快速办理轻微刑事案件的意见》第 1 条规定："依法快速办理轻微刑事案件，是对于案情简单、事实清楚、证据确实充分、犯罪嫌疑人、被告人认罪的轻微刑事案件，在遵循法定程序和期限、确保办案质量的前提下，简化工作流程、缩短办案期限的工作机制。"

② 孟昭文：《依法快速办理轻微刑事案件的实践操作》，《人民检察》2008 年第 18 期。

现象的发生，并降低证据湮灭等情况的风险，从而反向推动了案件审判效率的提升。其次，该机制使得司法资源得到更为有效的配置。即使是在目前犯罪多元化、犯罪数量增加的情况下，轻微的刑事犯罪案件仍然占其中的大多数，如果在处理刑事案件时，不根据案件的具体性质、情节轻重分配诉讼资源，而是盲目投入大量诉讼资源，则不仅会浪费本就紧张的司法资源，案多人少的矛盾还不能得到缓解。通过实施该机制，有助于对轻罪案件和重罪案件进行繁简分流，对案情复杂程度不同的案件进行快慢结合地处理，从而使司法资源的投入和产出更加合理化，也有助于被轻微犯罪破坏的社会秩序、社会关系及时得到恢复，尽可能快地化解社会矛盾，降低被追诉人的再犯率，减小被告人刑罚执行完毕后回归社会的难度，从而有效保障司法公正和效率得到统一。最后，该机制的推进使得轻微案件的被告人能够迅速接受审判，遏制了审前羁押时间过长或实际羁押时间超过判决刑期的现象发生，同时还使得羁押场所周转速度加快，羁押场所的压力得到缓解。

然而，在实践运行中，该工作机制仍有不足亟待完善。首先，公安机关、检察机关、审判机关在诉讼过程中的有效沟通不足，很多不同的意见和分歧很难得到调解，使得轻微刑事案件快速办理机制的实施效果不佳。由于是检察机关一家出台的文件，该机制对于公安机关和审判机关而言，并不具有约束力，所以在司法实践的操作中，三个机关往往会存在分歧，如果缺乏相应的沟通协调机制，该机制是非常难以付诸实践的。如此并不利于审判机关按照该机制适用不同的审理程序对案件进行繁简分流。其次，该机制在立法上不具有正当性。最高人民检察院出台的《关于依法快速办理轻微刑事案件的意见》目前已被废止，即便当时该意见明确了轻微刑事案件的范围、条件、原则等内容，却没有规定程序上该如何简化、应该简化的程度等。如果按照原来的程序办案，则会使得短时间内的工作量加剧，增加办案人员的工作压力，反而不利于提高其适用该机制的积极性。况且该意见仅仅对于检察机关有约束力，没有到达立法的层面，所以缺乏强制力。最后，对办案人员的监督比较缺乏。实践中，难免存在办案人员不能准确理解宽严相济的刑事政策的情况，可能就会出现对轻微案件的处理不够重视或是徇私枉法、任意扩大轻微刑事案件范围、滥用轻缓刑事政策的情况。这些都将从根本上不利于对刑事审判程序分流的促进。简化办案程序的初衷是好的，但不能由于缺乏监督机制导致司法上的偏差。

在提高审判效率的同时，一定不能损害司法公正，否则将得不偿失。

四 "认罪轻案办理程序"的实施

尽管我国在 1996 年《刑事诉讼法》中创立了简易程序，但由于其适用面比较窄，适用率比较低，所以越来越多的轻微刑事案件得不到有效的处理，1996 年《刑事诉讼法》中，针对轻微刑事案件，除了在审判程序中规定了简易程序之外，并无其他规定。在这之后，如上文所述，检察机关对轻微刑事案件，采取的分类处理、快速处理的探索，已在多地初见成效。因此，与实施人民检察院快速办理轻微刑事案件的工作机制的目的一样，为了解决案多人少的固有矛盾，使得宽严相济的刑事政策得到更好的落实，缓解司法机关面临的巨大办案压力，节约司法资源，加快办案速度，对一些较轻微的刑事案件分流处理，检察机关又开始了"认罪轻案办理程序"的试点工作。

2008 年 7 月，最高人民检察院发布了《认罪轻案办理程序实施方案》和《认罪轻案办理程序实施细则》，并以全国 8 家基层人民检察院作为试点单位进行改革试点，以求能够对轻微刑事案件快速处理机制进行进一步完善。① 《认罪轻案办理程序实施细则》是检察官协会"辩诉交易制度研究"课题的阶段性成果，经征求最高检有关部门的意见，才选定了该 8 个基层检察院进行试点。② 《认罪轻案办理程序实施细则》规定："适用认罪轻案办理程序的刑事案件，要同时符合三个条件：事实清楚，主要证据确实充分；犯罪嫌疑人、被告人自愿认罪；依法可能判处 3 年以下有期徒刑、拘役、管制或者单处罚金。"各试点单位与当地审判机关、公安机关、司法行政机关协商，会签《认罪轻案办理程序实施细则》后，于 2008 年 8 月 1 日正式实施，试点工作覆盖了整个政法系统，延伸至刑事司法全过程。③ 虽然这项改革是立足于检察机关自身的，只对侦查监督部门、公诉部门的审判时限做了规

---

①   8 家试点检察院包括：包括北京市东城区、石景山区检察院，河北省承德县检察院，重庆市合川区检察院，江西省婺源县检察院，江苏省苏州市吴中区检察院，无锡市惠山区检察院，浙江省绍兴市上虞市检察院。

②   参见吴晓锋、马培训、马国琴《认罪轻案程序已在全国八个基层检察院开始试点》，http://www.gov.cn/gzdt/2008-08/25/content_1078494.htm。

③   李明耀、朱家春、卢叶青：《苏州吴中：认罪轻案办理程序试点报告》，《检察日报》2009 年 9 月 11 日第 2 版。

定，对侦查与审判机关不作硬性要求。但在各个试点检察院联合公安、法院会签之后，大多都规定了更为详细的细则：检察院可以保证该程序向前或向后延伸，向前延伸即检察院可以督促侦查机关将案件快速移送审查起诉，向后延伸即检察院可以建议法院快速审判。同时规定审判时限有所缩短，法院在审判阶段对被告人认罪的自愿性、证据材料、检察院的建议进行审查，并按照简易程序审理，酌定从轻处罚，当庭判决。如此不仅提升了整体的办案效率，也提升了审判效率，对缓解办案压力，实现司法资源的优化配置很有好处。[1] 这对于促进审判程序的分流而言，无疑也是意义重大的。不仅办案效率得到明显提高，而且认罪轻案程序更有助于对被追诉人的教育，既是对其自愿认罪行为的一种肯定和鼓励，也是对其认罪伏法的一种教育，尊重了被追诉人的诉讼主体地位，减少了被追诉人抵触刑事追诉的情绪，有利于他们回归社会，修补被破坏的社会关系，具有良好的社会效果。此外，之所以在认罪轻案办理程序中对诉讼程序有所简化、对诉讼标准有所降低，主要因为被追诉人对被指控的犯罪事实做出了承认。可以说，自愿认罪是该程序的核心。因此，也使得服判率比较高，减少了上诉率，也缓解了法院的审判压力。[2] 所以综上可以得知，认罪轻案办理程序的试点工作，虽然只是阶段性的试点试验工作，却有助于司法机关根据案件繁简程度和被告人认罪态度对刑事案件实行分类和分流。适用认罪轻案办理程序，可以使得侦查阶段、审查起诉阶段和审判阶段的许多工作环节都得以简化，从而在很大程度上缩短办案周期，同时，也有利于对司法资源进行合理配置，减少诉讼成本，将有限的司法资源更多投入到重大、复杂案件的处理上。如此不仅有利于刑事审判程序的分流，而且也为日后速裁程序的试点工作、认罪认罚从宽的试点工作，打下了坚实的基础。

　　然而，在司法实践中，从刑事审判程序分流的角度而言，认罪轻案办理程序的适用尚有一些不足，存在着一定的问题。认罪轻案办理程序之所以能实现对案件程序的简化、缩短办案时间，是以被告人做出认罪答辩为基础的，但在该程序的试点工作中，却缺乏对认罪答辩的法律拘束力，被

---

　　① 庄建南、沈雪中、杨国章等：《认罪案件程序改革的实践与探索》，《法治研究》2009 年第12 期。

　　② 邓楚开、杨献国：《构建中国式认罪协商制度的实践探索——浙江省绍兴市基层检察机关认罪轻案程序改革实证分析》，《中国刑事法杂志》2009 年第 2 期。

追诉人可以如同在普通刑事程序中一样翻供，且翻供后即转变为普通程序。如此，较短的诉讼周期将不利于查明案件的事实真相，也会变相增加审判机关的压力。

五　"辩诉交易制度"争论的兴起

由于犯罪率的攀升，审判机关审理案件的压力也是与日俱增，虽然在1996 年修改《刑事诉讼法》之后新增了简易程序试图缓解审判机关的审判压力，但由于在司法实践中适用率较低，所以未能很好地发挥其提高诉讼效率、缓解审判机关压力的作用。在这种情况下，我国学界从 20 世纪90 年代起便逐渐开始对英美法系国家适用的辩诉交易制度产生了浓厚的兴趣。① 甚至在 2002 年，司法实践中还出现了所谓的我国"辩诉交易第一案"。② 该案于 2002 年 4 月 11 日在牡丹江铁路运输法院进行审理并作出判决，当时引起了学界和司法界的广泛关注。由于辩诉交易制度在我国的立法上并无依据，该案也引发了我国对于辩诉交易制度更为激烈的讨论和更为深入的研究，对于辩诉交易这一"舶来品"到底能否洋为中用，却是褒贬不一，莫衷一是。③ 争论的观点主要有以下几种。一种观点认为，辩诉交易制度具有可借鉴性，其在中国成长发展已经成为司法制度改革的必然之势。④ 原因在于当下犯罪数量上升与司法资源有限之间的矛盾不能

---

① 参见陈瑞华《美国辩诉交易程序与意大利刑事特别程序之比较》，《政法论坛》1995 年第 3 期；魏晓娜、马晓静《美国辩诉交易根由之探析》，《研究生法学》1998 年第 2 期；曾坚《公平与效率的选择——简评美国司法中的辩诉交易》，《贵州大学学报》（社会科学版）1999 年第 4 期。

② 参见郭毅、王晓燕《国内辩诉交易第一案审结》，《法制日报》2002 年 4 月 19 日第 1 版。2000 年 12 月 18 日，犯罪嫌疑人孟某同被害人王某因车辆争道发生争吵，最后引发多人互殴，致王某重伤，案发 15 个月公安机关未能抓获孟某同案的其他人。公诉机关牡丹江铁路检察院欲以故意伤人罪起诉孟某。辩护人认为该案事实不清，证据不足。由于本案证据收集困难重重，控辩双方意见严重分歧。后经双方协商：辩方同意认罪，并自愿承担民事责任，控方同意建议法院对被告人适用缓刑从轻处罚。2002 年 4 月 11 日，牡丹江铁路运输法院开庭审理此案。法庭休庭合议后，当庭宣判：孟某犯故意伤害罪判处有期徒刑三年缓刑三年。

③ 冀祥德：《辩诉交易中国化理论辨析》，《中国律师》2003 年第 6 期。

④ 参见刘根菊《确立中国式辩诉交易程序之我见》，《政法论坛》2002 年第 6 期；刘根菊《中国式辩诉交易程序之确立》，《黑龙江省政法管理干部学院学报》2003 年第 1 期；陈卫东《从建立被告人有罪答辩制度到引入辩诉交易——论美国辩诉交易制度的借鉴意义》，《政法论坛》2002 年第 3 期。

得到有效缓解的现状需要引进辩诉交易制度，且辩诉交易制度不仅可以有效节约诉讼成本，还可以给予犯罪嫌疑人、被告人一定的程序选择权，被追诉者可以以其认罪答辩为条件与检察机关达成辩诉交易，达到对审判程序的程序分流，从而减轻审判机关的压力，提高诉讼效率，兼顾到惩罚犯罪和保障人权。另一种观点则认为，辩诉交易在中国不具备引进的土壤和条件，既缺乏引进的理论基础，又与我国长期以来的诉讼观念不符合，甚至有学者明确提出了"珍视正当程序，拒绝辩诉交易"①。"辩诉交易"的积极意义对于我国而言比较有限，应当警惕"辩诉交易"所可能引发的对于司法公正的损害，而且辩诉交易是与刑事法律制度的整体情况相配套的，牵一发而动全身，要在我国引入辩诉交易制度，就必然在刑事法律制度及刑事法律观念等诸多方面进行相应的调整，从这个意义上说，需要进一步探讨并应予以解决的问题还很多。② 此外，我国的诉讼模式不能为辩诉交易中的被告人提供充分的保护，在当前情况下，即使引进辩诉交易，也无法达到保障人权、提高效率的效果。③ 而且还破坏了司法公正，助长了检察官的懒惰和擅权。④ 此外，还有一种观点属于折中渐进的观点，认为我国随着犯罪类型多样化的出现，提高诉讼效率的要求也是愈发明显。从职权模式向对抗模式过渡的趋势已经势不可挡，所以引入辩诉交易已是必然，但从具体国情出发，司法实践中存在一些客观障碍，诉讼观念的转变、建立完善的保护被追诉人的机制都需要时间，因此在引入辩诉交易制度时需要慎之又慎，对辩诉交易的主体、案件范围等都应加以合理限制。⑤

　　根据上述我国学界对于辩诉交易的争论、研究可知，对于辩诉交易是否应当引入我国，仍然未得出定论。笔者认为，"辩诉交易"之所以能够在英美法系的代表国家美国产生并得到长足的发展，甚至成为审判机关处理案件的最常见方式，必有其原因。只是一味猛烈抨击辩诉交易，认为辩

---

① 孙长永：《珍视正当程序，拒绝辩诉交易》，《政法论坛》2002 年第 6 期。

② 王敏远：《"辩诉交易"及其借鉴分析》，《政法论坛》2002 年第 6 期。

③ 易延友：《辩诉交易应当缓行》，《法学》2003 年第 12 期。

④ 参见谢佑平、万毅《中国引入辩诉交易制度的三重障碍》，《政治与法律》2003 年第 4 期；郑丁足《美国辩诉交易制度的无奈》，《政治与法律》2002 年第 5 期。

⑤ 冀祥德：《辩诉交易：移植与本土化———一种考量中国国情的叙事》，《当代法学》2004 年第 1 期。

诉交易只会严重亵渎司法权威、有损司法公正，未免过于片面。如此片面的批判与美国"辩诉交易"的实际运行情况也并不相符。美国人自己对此的分析和研究表明，辩诉交易虽与司法的严肃性不符，表面上也有悖于公正，但实践却表明，辩诉交易的结果基本符合司法实体公正的要求。①如果只是为了贪图效率，而完全不顾司法公正，对"辩诉交易"生出仿效之意，却又是从一个极端走向了另一个极端，过于盲目和冒失。因此，在我国刑事审判程序分流的发展进程中，应对辩诉交易进行全面认识。辩诉交易兴起于美国，在美国的司法实践中也非常有效地节省了审判机关的诉讼资源，提高了诉讼效率，加速了诉讼进程。而且辩诉交易制度赋予当事人更多程序性权利，充分凸显和发挥了被追诉人的程序主体的地位和作用。审判程序本身并不是诉讼的最终目的，而只是为保持社会秩序稳定而服务的、以实现社会纠纷矛盾尽快得到解决的社会目的。②辩诉交易鼓励被追诉人积极做出有罪答辩以换取较为宽大的处理，除了能对审判程序进行分流，还可以激励被追诉人以后更加自律。就比如 2002 年我国的"辩诉交易第一案"中，黑龙江省高级人民法院刑事审判第一庭在写给院党组的报告中认为："通过本案的审理，有以下几点收获：1. 保证了司法公正。通过辩诉交易，使事实证据存有缺陷的案件以被告人做出有罪供述并接受审判结果得以审结，从某种意义上说，对国家、对社会、对民众乃至对犯罪人都是一种现实的公正。2. 提高了诉讼效率。一起诉辩双方对事实证据有严重分歧的案件，能用短短 25 分钟的时间迅速审结，充分体现了制度创新的效益，体现了诉辩交易快捷高效的特点。3. 节约了诉讼成本。通过诉辩交易，案件得以迅速审结，且无上诉、抗诉、申诉，节省了大量的人力、物力、财力，使诉讼经济原则得以切实的落实。4. 实现了多方满意的效果。以本案讲，当庭宣判后，处理结果达到了公诉方、被告方、辩护方、被害方及旁听群众的五满意。合议庭的法官们也从中体会到了作为一名裁判者公正、快捷执法的满足感。"③由此，可以看出，辩诉交易在我国的先期探索，确实体现出了该制度的诸多益处，也是对刑事审判程序分流的一次新鲜尝试，对于我国刑事审判程序分流的进程是意义重

①　[美] 艾伦·德肖微茨：《最好的辩护》，唐交东译，法律出版社 1994 年版，第 7 页。

②　宋英辉：《全面认识辩诉交易》，《人民检察》2002 年第 7 期。

③　冀祥德：《辩诉交易中国化理论辨析》，《中国律师》2003 年第 6 期。

大的。

　　然而，任何事物都具有两面性，辩诉交易制度也并不是尽善尽美的。比如说，辩诉交易有可能会使得事实真相无法查明，使原本需要被判处重罪的罪犯因做出有罪答辩同意辩诉交易而被轻判，使无辜的本应轻判的人，由于害怕面对陪审团或者在检察机关的游说下做出有罪答辩的，从而蒙上冤屈，损害其本人以及社会的利益。查明事实真相本就是刑事诉讼的目标之一，如果辩诉交易因其独特的交易性质致使被追诉人在定罪量刑上得不到平等，那公平正义又该如何实现？再比如，虽然辩诉交易能够提高诉讼效率，减少审判机关的审判压力，但是由于交易仅仅是在检察官和被追诉人之间进行，没有严格的审判程序保护被追诉人的诉讼权利，所以很有可能会侵害到被追诉人的诉讼权利，最终导致司法效率是通过牺牲公平正义而得到的结果。因此，应当对辩诉交易制度辩证看待，取其精华，去其糟粕。

第三节　我国刑事审判程序分流的现状与改革

　　在上述立法、司法、理论研究积累的基础上，我国的《刑事诉讼法》在 2012 年迎来了又一次修改，随着这次修改，我国的刑事诉讼程序分流包括刑事审判程序的分流工作又得到了进一步的深入发展。在党的十八大召开之后、十八届四中全会《中共中央关于全面推进依法治国若干重大问题的决定》颁布之后，我国在推进以审判为中心的诉讼制度改革的同时，也进行了刑事审判程序分流的一系列新探索、新实践。

一　2012 年《刑事诉讼法》中与刑事审判程序分流相关之修改

　　2012 年 3 月，我国对于《刑事诉讼法》进行了又一次修改。这是继1996 年之后对《刑事诉讼法》第二次大的修改。这次修改着力于解决当时司法实践中迫切需要解决的问题。修改后的《刑事诉讼法》，进一步强化了《刑事诉讼法》在惩罚犯罪、保障人权方面的功能，使得宪法中尊重和保障人权的原则得以进一步彰显和落实，同时，适应了加强和创新社会管理、维护社会秩序的需要，进一步为执法机关提供了惩治犯罪的法律武器和必须遵循的规范，为维护公民的诉讼权利和其他合法权利提供了保障。这次修改在程序的设立、司法机关的权力配置以及刑事诉讼的具体规范方面都进行了更加科学、合理的修改，充分体现了我国《刑事诉讼法》分工负责、互相配合、互相制约的原则，体现了公正与效率的结合，是对我国刑事诉讼制度的重要改革和完善。其中在刑事诉讼程序分流包括审判程序分流方面也跨上了新的重要的台阶。

（一） 对简易程序之改革完善

在 2012 年《刑事诉讼法》的修改中，审判程序的修改是一个重点也是一个亮点，得到了全方位的修改完善。就刑事审判程序分流而言，对于简易程序的修缮无疑是意义非凡的。1996 年修改《刑事诉讼法》时，针对改革开放后经济发展迅速的情况下案件数量增加的现象，为了减轻诉讼当事人的诉讼负担，合理配置诉讼资源，使办理疑难复杂案件的程序和办理简易案件的程序有所区别，才在《刑事诉讼法》中专门规定了简易程序，试图以此实现刑事审判程序的分流。但是，如前所述，在司法实践中简易程序的适用率比较低，同时又产生了"普通程序简化审"这种并不符合程序法定原则的"变异程序"。此外还有诸多其他问题。于是 2012年在修改《刑事诉讼法》时，为了在进一步保证司法公正的前提下，对于案件做到繁简分流，就在总结了 1996 年《刑事诉讼法》实施后出现的问题、吸收了司法实践中的有益经验的前提下，对简易程序进行了较大幅度的修改，包括：将适用简易程序审判的案件范围扩大至基层人民法院管辖的符合条件的所有案件，不再受可能判处刑罚限度的制约；赋予检察机关适用建议权；明确法院审级、审判组织和公诉人出庭义务；增设法官对被告人自愿认罪和选择简易审判的确认程序等。就刑事审判程序的分流而言，对于简易程序的修改无疑是最引人注目的。设置简易程序的目的就在于简化法庭审理的诉讼程序，缩短诉讼时间。对于简易程序的完善，具体而言，包括以下几个方面。

首先，关于适用简易程序的案件范围。公诉案件普通程序与简易程序的受案范围从前大后小变为前小后大。将适用简易程序的案件范围修改为"基层人民法院管辖的案件"。这主要是考虑到基层法院审理的案件大部分是轻罪轻刑案件，并且大部分被告人是愿意认罪的。同时，随着经济社会的不断发展，刑事犯罪的情况也出现了新的变化，不但案件的种类在增多，案件的数量也是有增无减。司法实践中，虽然案件类型呈现多样化的趋势，但被告人认罪的轻微案件还是占刑事案件的大多数的，如若对认定的犯罪事实、情节无争议，却都按照普通程序审判，就会使有限的司法资源更为紧张，也没有这个必要。为了更好地保证诉讼效率和案件质量，在法定的期限内审结案件，可以通过采取繁简分流的原则，及时有效地打击犯罪，让司法资源得到合理配置，审判人员也可以集中精力审理一些被告人不认罪和疑难复杂的案件。因此，2012 年才会将适用简易程序的案件范围扩大到由基层人民法院管辖的案件范围。此外，1996 年《刑事诉讼法》并没有对在符合案件适用范围的前提下哪些案件不适用简易程序做出列举式规定，2012 年《刑事诉讼法》在新增的第 209 条则列举式地规定了不适用简易程序审理的各种具体情形，① 主要包括：第一类，"被告人是盲、聋、哑人，或者是尚未完全丧失辨认或者控制自己行为能力的精神病人的"。虽然 1996 年《刑事诉讼法》没有对此做出规定，但是 1998 年《最高人民法院关于执行〈刑事诉讼法〉若干问题的解释》第 222 条，以及最高法、最高检、司法部联合颁布的《关于适用简易程序审理公诉案件的若干意见》第 2 条都对此做出了规定。因此，2012 年《刑事诉讼法》规定"被告人是盲、聋、哑人，或者是尚未完全丧失辨认或者控制自己行为能力的精神病人的，不适用简易程序"，是对已有司法解释规定的吸收。盲聋哑人或是尚未丧失辨认或控制自己行为能力的精神病人，与正常人相比，理解能力和判断能力都要受到限制，简易程序中很多诉讼程序的简化，则会更加妨碍到其权利的行使，因此，为保障其公正审判权的获得，如此规定是十分必要的。第二类是"有重大社会影响的，不适用简易程序"。有重大社会影响的案件一般而言都是案情复杂、性质严重的案件，对这类案件适用普通程序审理，更能够充分对其事实证据进行调查核实、准确认定，如此也能更好地确保司法公正。此外，这类案件受到社会的广泛关注，更应当确保其当事人的权利得以实现，案件结果是公平公正的。因此，对此类案件不适用简易程序审理，不仅十分必要，也在一定程度上可以使得社会公众对于司法权威、法律制度有很好的了解。第三类是"共同犯罪案件中部分被告人不认罪或者对适用简易程序有异议的"。在

---

① 2012 年《刑事诉讼法》第 209 条规定："有下列情形之一的，不适用简易程序：（一）被告人是盲、聋、哑人，或者是尚未完全丧失辨认或者控制自己行为能力的精神病人的；（二）有重大社会影响的；（三）共同犯罪案件中部分被告人不认罪或者对适用简易程序有异议的；（四）其他不宜适用简易程序审理的。"

这类案件中，由于被告人之间还存在异议，并没有全部认罪，所以就需要通过严格的庭审程序对事实证据进行调查和辩论，方能查明事实真相。所以，如果部分被告人不同意适用简易程序，就应当采用普通程序进行审理。此外，考虑到司法实践和办案的实际情况，针对其他不宜适用简易程序审理的案件，法院可以自由裁量适用何种审判程序。

其次，关于适用简易程序审理案件的条件。虽然简易程序的适用范围扩大到基层法院管辖的案件，但并非所有案件都可以适用简易程序，只有符合特定条件的案件才可以适用。为此，2012 年修改后的《刑事诉讼法》规定了以下三个条件：一是案件事实清楚，证据充分。即人民法院根据所指控的事实，认为案件事实清楚，证据也确实充分，足以定罪。二是被告人认罪，对所指控的犯罪事实无异议。即被告人对于所指控的犯罪事实、证据和罪名均无异议。这里的指控既包括公诉案件起诉书中的指控，也包括自诉案件起诉书中的指控。三是被告人对适用简易程序审理没有异议的。即被告人可以根据该条的法律规定和自己所犯罪行的情况进行考虑和权衡，为自己做出公平公正且最有利的最后选择。[①] 由此可知，被告人在适用何种审判程序上已具有程序选择权。上述这些条件需同时具备，并且不存在法律规定的例外情形，才能适用简易程序。否则就应当按照普通程序进行审理。不仅如此，即使在已经启动简易程序审理的案件中，还要注意听取被告人的意见，只要被告人提出异议，即使案件事实清楚，证据充分，也不应当适用简易程序进行审判。该项修改是在总结我国自 1996 年起适用简易程序和普通程序简化审理的司法实践经验的基础上，对简易程序审理范围的扩大，对简易程序适用条件的明确，尤其是对尊重被告人选择权的强调，使得简易程序的适用条件更为科学化、合理化，更加符合诉讼中公正优先兼顾效率的理念。

最后，关于简易程序的审判组织的规定。审判组织的简化是简易程序相对于普通程序简化的表现之一。为了保证案件的审判质量，2012 年《刑事诉讼法》的第 210 条又根据可能判处的刑罚不同将简易程序区分为

---

① 2012 年《刑事诉讼法》第 208 条规定："基层人民法院管辖的案件，符合下列条件的，可以适用简易程序审判：（一）案件事实清楚、证据充分的；（二）被告人承认自己所犯罪行，对指控的犯罪事实没有异议的；（三）被告人对适用简易程序没有异议的。人民检察院在提起公诉的时候，可以建议人民法院适用简易程序。"

审判组织有所不同的两种子程序。将 1996 年规定"由审判员一人独任审判"改为"对可能判处 3 年有期徒刑以下刑罚的，可以组成合议庭进行审判，也可以由审判员一人独任审判。对可能判处有期徒刑超过 3 年的，应当组成合议庭进行审判"①。如此也是对简易程序内部又进行了一次审判程序的分流。根据上述简易程序适用范围被扩大的情况，使得适用简易程序审理的案件不仅包括可能判处较轻刑罚的案件，同时也包括可能判处较重刑罚、较长时间剥夺被告人人身自由的案件，而对于这类案件，为确保公正审判，体现慎重原则，规定应当组成合议庭进行审理。对于"可能判处 3 年有期徒刑以下刑罚的案件"，通常案情比较简单，可能判处的刑罚也较轻，由审判员一人独任审判，不仅不会影响到审判质量还可以节省资源、提升效率。然而，并不是所有可能判处 3 年有期徒刑以下刑罚的案件都是这样的，有的案件可能案情相对复杂、证据关系也比较复杂，适用合议庭审理会更好。正因如此，2012 年《刑事诉讼法》才会有此规定，"对可能判处 3 年有期徒刑以下刑罚的，可以组成合议庭进行审判，也可以由审判员一人独任审判"，可根据案情和办案需要，由人民法院自行决定。另外，第 210 条也规定了"适用简易程序审理公诉案件时，人民检察院必须派员出席法庭"。如此也能更好地保护被告人的诉讼权利，发挥人民检察院支持公诉和法律监督的职能作用。

然后，在第 211 条新增了对适用简易程序审理条件进行审查的程序规定，关于此主要有三个方面的内容：一是"听取被告人对起诉书指控的犯罪事实的意见"；二是"告知被告人有关法律规定"。② 根据案件的实际情况，将适用简易程序审理的规定告知被告人，比如审判组织的规定，是适用审判员一人独任审判，还是组成合议庭进行审判，告知被告人在法庭上有陈述权、辩护权以及与公诉人互相辩论的权利，再比如告知被告人适用简易程序与适用普通程序的不同之处，适用简易程序审理案件，证人、鉴

---

① 2012 年《刑事诉讼法》第 210 条规定："适用简易程序审理案件，对可能判处三年有期徒刑以下刑罚的，可以组成合议庭进行审判，也可以由审判员一人独任审判；对可能判处的有期徒刑超过三年的，应当组成合议庭进行审判。适用简易程序审理公诉案件，人民检察院应当派员出席法庭。"

② 2012 年《刑事诉讼法》第 211 条规定："适用简易程序审理案件，审判人员应当询问被告人对指控的犯罪事实的意见，告知被告人适用简易程序审理的法律规定，确认被告人是否同意适用简易程序审理。"

定人可以不出庭或者不受送达期限、出示证据等普通程序审理规定的限制。三是"确认被告人是否同意适用简易程序审理自己的案件"。在审判人员明确告知了被告人相关情况之后，被告人需要明确表示同意适用简易程序与否。① 经过上述审查核实程序，人民法院才可以决定是否适用简易程序。经过审查，一旦不符合适用简易程序的条件，则改为适用普通程序审理。如此，也保证了简易程序适用的准确性，体现了对被告人诉讼权利的尊重和保护。

　　除此之外，2012 年的《刑事诉讼法》还在第 212、213 条对适用简易程序审理案件的庭审程序等做了修改。增加了"适用简易程序的公诉案件，人民检察院应当派员出席法庭"的规定，不管是公诉案件还是自诉案件，只要适用简易程序审理，被告人及其辩护人都可以同公诉人、自诉人及其诉讼代理人互相辩论。如此不仅有利于被告人诉讼权利的保护，也有利于查明案件的情况，正确定罪量刑。综上，简易程序的简化办案程序，提高办案效率的做法是对审判程序的一种有效分流，由于适用简易程序审理的案件相对而言都是案情简单、事实清楚、证据比较充分且被告人认罪的案件，因而审理中对讯问被告人、询问证人、鉴定人、出示证据、法庭辩论程序不一定都要按照普通程序进行，在保证查清案件事实的基础上，依照法律的规定，该简化的就予以简化，在其各个环节上，应当尽可能地符合简化和高效的要求。因此 2012 年《刑事诉讼法》第 213 条新增了"适用简易程序审理的案件不受法定送达期限的限制"的规定。如此规定，符合《刑事诉讼法》中确立简易程序的立法初衷，当繁则繁，当简则简，保证有限的审判资源被合理地分配到不同的审判程序当中，也符合我国司法实践的需要。程序上的简化是可以的，但要以保障最低限度的正当性为前提。在繁简分流的背景下，在简易程序适用的过程中，要保障被告人认罪认罚的自愿性、真实性、明智性，法官应当对被告人认罪认罚的真实性、自愿性、明智性进行严格审查。

（二）建立当事人和解的公诉案件诉讼程序

　　1979 年《刑事诉讼法》和 1996 年《刑事诉讼法》都只对自诉案件的和解程序做了规定，却没有对公诉案件的和解程序加以规定。长期以来，公诉案件被认为是司法机关代表国家执行法律，追诉犯罪的诉讼，被害人

---

① 郎胜主编：《中华人民共和国刑事诉讼法释义》，法律出版社 2012 年版，第 458 页。

的诉讼地位和精神、物质方面损失的补偿没有得到应有的重视。2012 年修改《刑事诉讼法》时，采纳各方意见，吸收了司法实践中的有益做法，在新增的第 5 编 "特别程序" 中，用第 2 章一章的内容对公诉案件当事人和解程序的适用条件、案件范围以及除外情况、和解协议的形成、和解协议的法律效果等做出了明确规定。第 277 条规定了当事人和解的主体为 "犯罪嫌疑人、被告人与被害人"；和解的方式主要是 "犯罪嫌疑人、被告人先行自愿真诚悔罪，并通过赔偿损失、赔礼道歉等方式获得被害人谅解"，在被害人自愿谅解的基础上双方当事人进行和解；当事人和解的范围包括："（一）因民间纠纷引起，涉嫌刑法分则第四章、第五章规定的犯罪案件，可能判处 3 年有期徒刑以下刑罚的；（二）除渎职犯罪以外的可能判处 7 年有期徒刑以下刑罚的过失犯罪案件。但是，犯罪嫌疑人、被告人在 5 年以内曾经故意犯罪的，不适用本章规定的程序。" 第 278 条规定了 "公安机关、人民检察院、人民法院审查当事人和解的自愿性、合法性，并主持制作和解协议书"。第 278 条还规定了 "公安机关、人民检察院、人民法院根据其职权可以对达成和解的案件犯罪嫌疑人、被告人做出从宽处理的建议、决定或裁决"。

　　由于犯罪数量的逐年增长，被害人的数量也在不断增加。被害人和犯罪人的权利保护问题经常是同一枚硬币的两面，刑事司法制度为犯罪人提供了正当程序，也必须为被害人提供相应的新规则和新规定。[1] 就被害人的角度而言，对被告人适用刑罚是满足其复仇的报应心理，但是除此之外还有物质赔偿和精神赔偿的具体需要，而且对于被害人而言，后两种赔偿才是最实际的。在我国，被害人在损失的赔偿方面，物质损失请求赔偿的判决常常会因为犯罪人的履行能力低下而落空。现实中，被害人因权利保护不力而上访的事件更是时有发生，严重影响了社会的稳定。而公诉案件和解制度不仅对于保护被害人的这些权利大有裨益，对于目前刑事审判程序的分流也有很重要的意义，主要包括两个方面。一是在检察机关起诉前已经达成和解协议并起诉至法院的案件，基层法院可以适用简易程序审理，中级法院即使仍然适用普通程序审理，由于被告人认罪而且与被害人达成和解协议，在审判的实际过程中也会相对简单，不需要证人等出庭作

---

[1] See William G. Boener, Steven P. Lab, *Victimology*, Cincinnati, Ohio: Anderson Publishing, 1995, p. 221.

证并进行质证，由此便可以大大节约司法资源，提高诉讼效率。这也是对宽严相济刑事政策的体现，对不同的案件区别处理，做到严中有宽、宽以济严，宽中有严、严以济宽。二是对于即使到了法院后当事人才达成和解协议的案件，法院在审判时也完全不同于没有达成和解协议的案件，可以大大提高诉讼效率，节约司法资源。此外，和解这种充分尊重双方当事人主体性地位的案件处理方式不仅能够弥补被害人的物质损害和心理创伤，而且由于犯罪嫌疑人、被告人有可能得到从宽处理，也更有利于其回归社会，恢复因其犯罪而破坏的社会关系。如此，更有利于有效解决纠纷，避免上访和缠讼的发生。对于促进刑事审判程序的分流是大有助益的。

（三）"附条件不起诉"的产生及发展

1996 年《刑事诉讼法》取消了免予起诉制度，规定了不起诉制度。但这种不起诉制度在当时刑事案件高发之态势下，适用的比例却很低，难以应对办案机关不堪重负的现状。据有关统计资料显示，1998—2005 年，刑事案件的立案数从 198 万 6068 件发展到 464 万 8401 件，增长了 134%，同期被逮捕的人数从 59 万 8101 人上升到 87 万 6419 人，增加了 46.53%，法院审判的公诉案件的被告人也由 58 万 4763 人增长到 98 万 1009 人，增加了 67.76%。① 面对这种情况，检察机关、审判机关的压力都是巨大的，而盲目增加检察机关和审判机关的诉讼人员并不现实。唯一可取的办法即对刑事案件进行分流，在保证司法公正的前提下，尽可能地使更少的案件进入刑事审判程序，以缓解审判机关的巨大压力。当时的法律中关于不起诉规定了三种：法定不起诉、证据不足不起诉、酌定不起诉。其中只有酌定不起诉一种与检察官的裁量权相关，且由于酌定不起诉并未考虑当事人的态度和意见，完全由检察机关单方决定，这种决定一旦做出，宣布即生效，检察机关对被不起诉人并无监督制约力，在不起诉之后无论其表现如何都不能撤销不起诉决定了，由此可能会造成一些被不起诉人不能真诚悔过自新。于是 2012 年《刑事诉讼法》在第 5 编第 1 章第 271—273 条增设了未成年人的附条件不起诉制度，就其适用对象、适用条件、适用程序、监督考察、决定效力做了规定。附条件不起诉与酌定不起诉在本质上都属于起诉裁量主义的体现，也就是起诉便宜主义的要求和体现。根据第 271条的规定，《刑事诉讼法》在附条件不起诉适用条件上做了比较严格的限

---

① 参见中国法律年鉴编辑部编辑《中国法律年鉴》，中国法律年鉴社 1999—2006 年版。

制，"对于未成年人涉嫌刑法分则第 4 章、第 5 章、第 6 章规定的犯罪，可能判处 1 年有期徒刑以下刑罚，符合起诉条件，但有悔罪表现的，人民检察院可以做出附条件不起诉的决定。人民检察院在做出附条件不起诉的决定以前，应当听取公安机关、被害人的意见"。根据第 271 条第 3 款的规定："未成年犯罪嫌疑人及其法定代理人对人民检察院决定附条件不起诉有异议的，人民检察院应当做出起诉的决定。"在实践中，犯罪嫌疑人及其法定代理人可以对检察院的附条件不起诉提出异议，一旦提出异议，则可能导致检察院撤销该决定，为避免这种情况的发生，检察院往往需要先行征求犯罪嫌疑人及其法定代理人的意见。① 如果其对适用附条件不起诉有异议，人民检察院就不应做出附条件不起诉的决定，以免影响诉讼效率、造成诉讼资源的浪费。虽然附条件不起诉属于审前程序的分流措施，但其对审判程序的分流也是存在直接关系或影响的。一旦附条件不起诉案件最终确定不起诉，则势必会减少进入审判程序的案件数量，减轻审判机关的压力，合理分配诉讼资源，将更多资源投入到更需要审判的案件中。

　　自改革开放以来，伴随经济快速发展而导致的急剧上升的犯罪率中，我国未成年人犯罪率更是持续快速增长的。有数据显示，2005 年左右未成年人犯罪案件总数占全部刑事案件的比重维持为 1/9—1/8。1999—2008 年，全国判处的未成年罪犯总人数达 65 万人，年均增长率 9.57%。② 大量未成年人刑事案件带给审判机关巨大的压力。2012 年开始实行的未成年人附条件不起诉制度，无疑将在一定程度上减少进入法院审判程序的未成年人刑事案件，根据 2012 年《刑事诉讼法》第 273 条，"被附条件不起诉的未成年犯罪嫌疑人，在考验期内有下列情形之一的，人民检察院应当撤销附条件不起诉的决定，提起公诉：（一）实施新的犯罪或者发现决定附条件不起诉以前还有其他犯罪需要追诉的；（二）违反治安管理规定或者考察机关有关附条件不起诉的监督管理规定，情节严重的。被附条件不起诉的未成年犯罪嫌疑人，在考验期内没有上述情形，考验期满的，人民检察院应当做出不起诉的决定"。根据本条规定，也就是说，只要考

---

① 董林涛、李广涛：《我国附条件不起诉制度若干问题反思》，《上海政法学院学报》2013年第 11 期。

② 陆志谦、胡家福主编：《当代中国未成年人违法犯罪问题研究》，中国人民公安大学出版社 2005 年版，第 7 页。

验期满，而且被附条件不起诉人在考验期内没有出现本条第 1 款所述两种
情形的，人民检察院就必须做出不起诉决定，而不再享有起诉与否的裁量
余地。不起诉决定的做出，意味着人民检察院不再将案件交付人民法院审
判，也标志着该案件诉讼程序的终结，从而在整体上节约司法资源，有利
于进一步实现案件的繁简、轻重分流。

此外，这种未成年人的附条件不起诉制度作为一种起诉替代措施，不
仅有助于避免犯罪的未成年人因为进入审判程序而得到否定的司法评价，
还有助于犯罪情节轻微的未成年人通过履行适当义务的方式终结诉讼程
序，防止其在监所交叉感染，使其正常地回归社会、实现"再社会化"。

二　党的十八大以来刑事审判程序分流的改革与探索

随着 2012 年《刑事诉讼法》的颁布实施，我国刑事司法制度进入一
个新的阶段。但是，我国当前诉讼资源仍旧紧张，刑事案件数量仍然居高
不下，司法资源的配置并不科学、合理，司法公信力不断受到质疑甚至挑
战，刑事诉讼制度的完善依旧任重道远。2012 年 11 月党的十八大召开之
后，旗帜鲜明地吹响了关于全面深化改革的号角。在法治建设领域，2014
年 10 月，党的十八届四中全会提出并部署了全面依法治国的各项改革任
务，包括刑事司法领域的重大改革，其中诸多改革都与刑事诉讼程序分流
特别是与刑事审判程序分流密切相关，意义重大。

(一)"以审判为中心"的诉讼制度的改革对刑事审判程序分流机制
的建构提出了迫切要求

党的十八大召开之后，2014 年 10 月，十八届四中全会通过了《中共
中央关于全面推进依法治国若干重大问题的决定》，明确提出要"推进以
审判为中心的诉讼制度改革，确保侦查、起诉的案件事实证据经得起法律
的检验。全面贯彻证据裁判规则，严格依法收集、固定、保存、审查、运
用证据，完善证人、鉴定人出庭制度，保证庭审在查明事实、认定证据、
保护诉权、公正裁判中发挥决定性作用"。这一论述，明确了以审判为中
心诉讼制度改革的目标、任务、措施。推进以审判为中心的诉讼制度改革
首先必须得明确"以审判为中心"的含义，方能正确理解其改革的任务
为何。对于何谓"以审判为中心"，学界一时间也是众说纷纭，各抒己
见。有学者认为"应以审判证据标准为视角对以审判为中心加以解读，提

出要实行以司法审判标准为中心"①。有学者则认为"应以审判活动为视角对以审判为中心进行理解,指出以审判为中心应当理解为以审判活动为中心而不是别的方面"②。有学者认为"应当从侦、诉、审三者关系的视角出发,指出在诉讼各阶段之间的关系上,审判阶段是中心"③。更有学者认为"以审判为中心的概念存在相当大的伸缩性。从狭义层面讲,审判活动应当以庭审为中心和重心展开;如果从广义层面讲,以审判为中心实际涵盖诸如重新塑造公检法三机关的各自地位和相互关系构成的司法体制格局,以及实施司法令状主义,将司法审查权及司法解释权归于法院乃至法官等内容"④。笔者认为,"以审判为中心"的诉讼制度改革至少可以包括以下几方面的内容:首先,从诉讼职能的角度而言,在整个刑事诉讼程序中,侦查职能、控诉职能以及辩护职能都应当围绕着审判职能的实现进行开展。其次,从诉讼阶段的角度而言,在刑事诉讼程序运行中,应当以审判阶段为中心,突出庭审的中心地位,实现庭审实质化。最后,从完成改革任务的角度而言,应当以审判制度改革为中心任务。由于刑事审判程序是实现司法公正决定性的诉讼程序,因此,应当确立以审判为中心的刑事诉讼程序,并将以审判为中心的诉讼理念体现于刑事诉讼机制的运行之中。以审判为中心的诉讼制度改革的重点在于将刑事诉讼程序的重心由原来的侦查阶段转向审判阶段,以解决"庭审虚化"的痼疾,突出庭审的中心地位,实现庭审的实质化、规范化。与此同时,也就不可避免地会使得诉讼资源的有限性与不断增长的刑事案件的审判需求之间的矛盾越发突出。在目前司法资源有限的困境之下,应当根据案件的具体情况分别投入相应的诉讼资源,特别是在审判程序中,实现审判程序分流,构建科学合理的审判程序分流机制,争取将大部分诉讼资源都集中用于解决案情重大、疑难、复杂的,或者被告人不认罪的案件。刑事司法制度改革还会涉及侦查权、检察权、审判权的相互关系以及各自职权合理配置的问题,鉴于诉讼资源的有限,各个机关职权的优化配置也就成为改革的重中之重。从刑事审判程序分流的角度而言,合理配置审判权,理顺审判权与其他职

---

①　沈德咏:《论以审判为中心的诉讼制度改革》,《中国法学》2015 年第 3 期。

②　闵春雷:《以审判为中心:内涵解读及实现路径》,《法律科学》2015 年第 3 期。

③　张吉喜:《论以审判为中心的诉讼制度》,《法律科学》2015 年第 3 期。

④　张建伟:《以审判为中心的认识误区与实践难点》,《国家检察官学院学报》2016 年第 2 期。

权的关系，也已经成为完成以审判为中心的诉讼制度改革的前提之一。如此，才能够从根本上落实庭审的实质化，凸显审判程序的中心地位，从而在实现审判中心主义的同时，通过实现刑事诉讼程序的分流，保证司法公正、保证实现庭审实质化，保证司法资源的优化配置，保证提高诉讼效率。

通过以上阐释可知，以审判为中心的诉讼制度改革，要求审判以庭审为中心，并不是要求所有案件都应当进入审判程序，也不是要求所有进入审判程序的案件都应当按照标准、规范的普通程序进行审理。根据中央改革要求，《关于全面推进以审判为中心的刑事诉讼制度改革的实施意见》第 5 部分规定："完善繁简分流机制，优化司法资源配置，要求以提高庭审质效为着眼点，严格落实繁简分流原则，实现疑案精审、简案快审，将有限的司法资源集中于被告人不认罪案件，为实现程序精密化、推进庭审实质化奠定制度基础。"由此可以看出推进以审判为中心的诉讼制度的改革，对审判程序分流机制的建构已经提出了极为迫切的要求。因为庭审实质化需要投入更多的司法资源，需要提升审判程序的正当化和公正程度。在此情形下，面对居高不下的案件数量和人民群众对司法公正的殷切期盼，如果没有健全的审判程序分流机制，是不可能完成以审判为中心的诉讼制度改革的。具体而言，以审判为中心的制度改革对于需要审判程序分流的迫切性主要表现在以下几个方面。首先，《关于全面推进以审判为中心的刑事诉讼制度改革的实施意见》第二部分强调"规范庭前准备程序，确保法庭集中审理"，要求人民法院进一步强化庭前准备程序，保证法庭集中、高效审理。由于庭前会议本身需要耗费一定的司法资源，因此不是越多越好，只有那些存在可能导致庭审中断的程序性争议的案件和重大疑难复杂的案件，才有必要召开庭前会议。也就是说，庭前会议不是所有案件的审判活动的必经程序。《关于全面推进以审判为中心的刑事诉讼制度改革的实施意见》第 10 条规定："对适用普通程序审理的案件，健全庭前证据展示制度，听取出庭证人名单、非法证据排除等方面的意见。"那么，如果所有案件都进入普通程序，如果需要召开庭前会议，则会耗费相当多的诉讼资源，因此，需要对案件按照轻重程度的不同进行分类，适用不同的审理程序，进行繁简分流。其次，强调刑事诉讼以审判为中心，一审庭审是核心，庭审规程是关键。对被告人不认罪的案件和重大疑难案件，要通过精密规范的普通程序进行审理，贯彻落实直接言词原则，着力改变过去庭审以案卷为中心的做法，避免庭审流于形式，使庭审真正成为确认和解决被告人罪责刑问题的决定性环节。《关于全面推进以审判为中心的刑事诉讼制度改革的实施意见》第 3 部分强调"规范普通审理程序，确保依法公正审判"。这就要求，庭审时法庭在证据调查环节，要充分听取控辩双方对证据的质证意见，通过规范的举证、质证程序发现和解决证据争议，依法准确认定案件事实。而这些环节都需要耗费大量的人力、时间，在目前案件多发、案件类型多样化的情况下，对于案件进行审判程序的繁简分流势在必行。

综上可知，在以审判为中心诉讼制度改革的大背景下，为了在诉讼资源的投入使用上保障审判的中心地位，构建刑事审判程序的繁简分流机制就是其应有之义了。具体到审判程序中对案件进行的繁简分流，可以按照案件不同的难易程度，对其适用不同的审判程序，实行"简案快审、繁案精审"，在法律规定的框架内，在审理中坚持当简则简，当繁则繁。纵向上，保证对不必进入审判程序的案件在审判之前予以处理，使得案件终结在审判程序之前，节约司法资源；横向上，审判程序内部的分流机制也应规范有序，根据进入审判程序的刑事案件的不同具体情况对其合理适用繁简程度不同的审理程序。如此纵横有序，将刑事审判程序分流机制落到实处。

（二）完善认罪认罚从宽制度为审判程序分流机制的建构指出了方向

党的十八届四中全会通过的《中共中央关于全面推进依法治国若干重大问题的决定》中明确提出"完善刑事诉讼中认罪认罚从宽制度"。据此，2015 年 2 月 26 日最高人民法院正式发布的《人民法院第四个五年改革纲要（2014—2018）》中第 13 项要求："完善刑事诉讼中认罪认罚从宽制度。明确被告人自愿认罪、自愿接受处罚、积极退赃退赔案件的诉讼程序、处罚标准和处理方式，构建被告人认罪案件和不认罪案件的分流机制，优化配置司法资源。"2015 年 2 月，最高人民检察院发布的《关于深化检察改革的意见（2013—2017 年工作规划）》也强调推动完善认罪认罚从宽制度，健全认罪案件和不认罪案件的分流机制。认罪认罚从宽制度与刑事诉讼程序分流在价值目的上是一致的、是密切相关的，都是为了提高诉讼效率。当前在我国的刑事犯罪案件中，重罪案件的发案率有所下降，但是轻罪案件的发案率仍然居高不下。面对如此形势，诉讼资源又比较有限，实现刑事案件的繁简分流，提高效率、优化司法资源配置就成为当务之急。而效率价值正是认罪认罚从宽制度所追寻的。无论在审前阶段还是审判阶段都可以对被追诉人认罪认罚的案件进行简化处理。在审前阶段通过检察机关的裁量权进行程序分流，将一部分案件过滤在审判程序之前。在审判阶段，根据案件的具体情况、轻重程度适用繁简不同的审判程序，构建多元化的审判程序，最终实现公正和效率的统一。此外，认罪认罚从宽制度与刑事诉讼程序分流在相关制度上也有一致之处。2016 年发布的《关于在部分地区开展刑事案件认罪认罚从宽制度试点工作办法》第 1 条规定："犯罪嫌疑人、被告人自愿如实供述自己的罪行，对指控的犯罪事实没有异议，同意量刑建议，签署具结书的，可以依法从宽处理。"具体而言，何谓"认罪认罚从宽"，可以从三个方面解读。首先，何谓"认罪"，理论界有不同的看法。有学者认为"认罪的概念核心是如实供述自己的罪行，被追诉人既要承认行为，也要承认犯罪，同时概括认罪也可以认可，即被追诉人自愿承认被指控的行为，且认为已经构成犯罪，但其对行为性质的误差不影响认罪"[1]。有的学者认为"应当从主客观方面加强对被告人认罪态度的审查，应当重视对被告人客观行为方面的评价，虽有庭审中认罪的意思表示，但是庭外却有与认罪相反的行为，就不足以认定被告人已经认罪，最起码不能认为这种情况下被告人还是认罪态度良好"[2]。此外，如果被告人的认罪是避重就轻、推卸责任或是"只认小罪"，也不宜视为认罪态度良好。相反，不认罪认罚并不等于未如实回答，犯罪嫌疑人、被告人对于案件事实的否认与辩解的原因往往是复杂的，既可能有非法取证行为的存在，也可能是出于规避刑罚的心理。因此，对于未如实回答的犯罪嫌疑人、被告人，不宜界定为"认罪态度不好"而从重处罚，而是应当作为认罪态度一般来处理；到案后主动承认犯罪行为、主动供述案件事实的，则应当作为"认罪认罚"而获得从宽、从轻的处理；对于到案后无理狡辩、推卸责任甚至诬陷他人的行为，应当视为认罪态度不好。[3] 有的学者认为"犯罪人应当至少承认一罪或数罪的主要（基本）犯罪事实和情节，犯罪人供述了主要（基本）犯罪事实和情节而没有承认次要犯罪事实和情节不影响认罪的成立，犯罪人犯有数罪

---

[1]　陈光中：《认罪认罚从宽制度实施问题研究》，《法律适用》2016 年第 11 期。

[2]　熊秋红：《认罪认罚从宽的理论审视与制度完善》，《法学》2016 年第 10 期。

[3]　樊崇义、李思远：《认罪认罚从宽程序中的三个问题》，《人民检察》2016 年第 8 期。

而只承认部分罪行，认罪只对此部分罪行有效"①。有学者认为"认罪是提供犯罪细节的供述，不能仅是形式化的宣布认罪"②。有的学者认为"明确认罪是对犯罪事实的承认，被追诉人对犯罪的基础事实表示承认即属于承认犯罪事实，勿需对起诉书记载的事实全盘认可"③。还有学者认为"认罪应当由犯罪嫌疑人、被告人亲自为之，不可由他人代为认罪；违背犯罪嫌疑人、被告人自愿的认罪，违背现代刑事诉讼关于程序正当性的要求，应当是无效的；对于认罪的后果，有关机关负有告知义务，犯罪嫌疑人、被告人清楚知道认罪将会带来怎样的后果，才能进行明智的选择"④。笔者认为，总的来说，"认罪"就是被追诉人如实供述自己的罪行，对指控的犯罪事实没有异议。具体而言，可依照刑法中自首、坦白中的"如实供述自己的罪行"来把握，即对于自己犯罪的主要事实或者基本事实如实地向司法机关供述，对于共同犯罪的，不仅应供述自己的犯罪行为，还应当供述与其共同实施犯罪的其他共犯的共同犯罪事实。其次，何谓"认罚"，理论界也有不同的看法。有的学者认为"认罚应当理解为犯罪嫌疑人、被告人在认罪的基础上自愿接受所认之罪在实体法上带来的刑罚后果；认罚应当包含对诉讼程序简化的认可，即放弃其在普通程序中所具有的部分法定诉讼权利，同意通过克减部分如法庭调查与辩论等诉讼环节的诉讼权利来对自己定罪量刑；犯罪后嫌疑人的退赃退赔也应当是认罚的应有之义"⑤。有的学者认为"认罚里的处罚不应局限于刑事处罚，还应包括其他性质的处罚措施"⑥。还有学者认为"认罚是被追诉人对于可能刑罚的概括意思表示，不仅限于对刑种、刑度和执行方式的认同"⑦。其实，根据《关于在部分地区开展刑事案件认罪认罚从宽制度试点工作办法》，认罚就是被追诉人同意了检察机关的量刑建议，包括建议判处的刑

①　汪海燕、付奇艺：《认罪认罚从宽制度的理论研究》，《人民检察》2016年第15期。

②　魏晓娜：《完善认罪认罚从宽制度：中国语境下的关键词展开》，《法学研究》2016年第4期。

③　刘广三、李艳霞：《认罪认罚从宽制度适用范围的厘清》，《人民法治》2017年第1期。

④　张建伟：《认罪认罚从宽处理：内涵解读与技术分析》，《法律适用》2016年第11期。

⑤　陈卫东：《认罪认罚从宽制度研究》，《中国法学》2016年第2期。

⑥　魏晓娜：《完善认罪认罚从宽制度：中国语境下的关键词展开》，《法学研究》2016年第4期。

⑦　刘广三、李艳霞：《认罪认罚从宽制度适用范围的厘清》，《人民法治》2017年第1期。

罚种类、幅度及刑罚执行方式等，并且签署了具结书的行为，这也从侧面能够体现出被追诉人的一种悔罪的良好态度。最后，如何"从宽"。从宽涉及实体处理和程序适用两个方面。具体是指从宽、从简、从速。司法实践中，多数地方是通过区分认罪的不同诉讼阶段来规定实体从宽的幅度，比如厦门市集美区法院探索出台的"321"阶梯式从宽量刑机制。① 坚持宽严相济、罪行相适应、区分情形、适度从宽，但同时对于犯罪性质恶劣、手段残忍、危害严重、群众反映强烈的，对于前科累累"几进宫"的，虽然认罪认罚，但对是否对其从宽及从宽幅度如何都要严格把握。

早在党的十八届四中全会召开之前，我国刑事审判程序中最能够体现繁简分流的刑事简易程序也是经历了从无到有再到进一步扩大发展的过程，此外我国在进行刑事简易程序、轻微刑事案件快速办理机制改革的同时，还展开了"刑事速裁程序"的探索，并取得了喜人的成果。2014 年6 月，第十二届全国人民代表大会常务委员会第九次会议决定授权最高人民法院、最高人民检察院在北京、天津、上海、重庆等 18 个城市开展刑事案件速裁程序试点工作。对"事实清楚，证据充分，被告人自愿认罪，当事人对适用法律没有争议的危险驾驶、交通肇事、盗窃、诈骗、抢夺、伤害、寻衅滋事等情节较轻，依法可能判处 1 年以下有期徒刑、拘役、管制的案件，或者依法单处罚金的案件"，进一步对这些案件的刑事诉讼程序进行了简化。刑事速裁程序试点工作的展开，是在由检察机关将刑事案件移送至审判机关，进行审查之后，对依法可能判处 1 年以下有期徒刑、拘役、管制的轻微刑事案件进行的审判阶段的分流，对其快速办理，将案情复杂重大疑难的案件和可以适用快速办理机制进行审理的轻微刑事案件区分开来，提前对审判程序中的诉讼资源和投入进行优化配置，如此不仅有利于优化配置司法资源、提高诉讼效率，同时也有利于改善长期以来诉讼力量投入分配不合理的现状。根据相关数据资料，2014 年 8 月至 2016 年 6 月，共确定基层法院、检察院试点 217 个。人民检察院提起公诉的速裁案件 5.642 万件；人民法院适用速裁程序审结案件 5.254 万件，占试点

---

① "321"阶梯式从宽量刑机制是指在侦查阶段认罪减少基准刑的 30%，在审查起诉阶段认罪减少基准刑的 20%，在审理阶段认罪减少基准刑的 10%。在认罪后翻供的，不得从宽处罚。对于在一审判决之前又能认罪的，则以其最后认罪的阶段来考虑从宽的幅度。根据量刑规范化的量化标准，投案自首的最多可以减 40%。

法院同期判处 1 年有期徒刑以下刑罚案件的 35.88%，占同期全部刑事案件的 18.48%。试点大大提高了刑事诉讼效率。速裁案件人民检察院审查起诉周期由过去的平均 20 天缩短至 5 天左右。人民法院 10 日内审结的案件占 92.35%，比简易程序高 65.04 个百分点；当庭宣判率达 96.05%，比简易程序高 41.22 个百分点。充分体现了认罪认罚从宽。速裁案件被告人被取保候审、监视居住的占 48.99%，比简易程序高 16.85 个百分点；适用非监禁刑的占 42.31%，比简易程序高 13.38 个百分点。[①] 通过减少审前羁押，对被告人从快处理、从宽量刑，更好地兑现了宽严相济刑事政策，与此同时也有利于被追诉人能够尽快回归社会，不与社会脱节太久，促进社会和谐稳定。刑事速裁程序的试点，以及取得的积极成效都为认罪认罚从宽制度的改革积累了经验，为正式提出并落实"完善认罪认罚从宽制度"的改革奠定了重要基础。

2016 年 9 月 3 日，全国人大常委会第二十二次会议审议通过《关于授权最高人民法院、最高人民检察院在部分地区开展刑事案件认罪认罚从宽制度试点工作的决定》。由此，速裁程序改革被纳入认罪认罚从宽制度改革，在原来的 18 个试点地区继续试点。2016 年 11 月 11 日，"两高三部"印发《关于在部分地区开展刑事案件认罪认罚从宽制度试点工作的办法》。2016 年 11 月，最高检在江苏南京召开部署动员会，2017 年 9 月，最高检在山东青岛召开推进会。速裁程序被纳入认罪认罚从宽制度改革之后，非羁押性措施适用的越来越多，全国不批捕的案件已经达到 22% 左右，同时法庭可以同时核对被告人身份、告知权利，单独审理的内容主要是认罪的自愿性和合法性，但是保留了被告人的最后陈述权，当庭宣判的也越来越多。国外的速裁程序很多是书面审理。但我国目前还是通过开庭的方式，让各方参与，法官当面听取被告人陈述，这样更有利于保证其陈述的自愿性合法性，避免冤假错案的发生。同时也减少了被告人的诉累。北京还成立了专门办理轻微案件的办案组，探索了一些机制，公安机关对于这些案件开通绿色通道，写明是简单案件，告知检察院。对于简单案件，海淀区甚至做到 48 小时之内解决。可以说，完善认罪认罚从宽制度的提出，包括将刑事速裁程序纳入其中继续进行试点，不仅丰富了刑事诉讼程序分流的思路，也为审判程序分流机制的建构指出了方向：当繁则

---

① 顾光帼：《刑事案件速裁实践成效》，《浙江日报》2016 年 10 月 27 日第 1 版。

繁，该简则简，繁简分流，既要保障司法公正，又要提高诉讼效率。

完善认罪认罚从宽制度的试点已于 2018 年 11 月结束，其后，"刑事速裁程序"应当何去何从？这是一个需要我们思考的问题。根据《关于授权最高人民法院、最高人民检察院在部分地区开展刑事案件认罪认罚从宽制度试点工作的决定》，刑事速裁程序将根据最终试点结束之后的试点情况的报告来决定，或者恢复刑事速裁程序试点之前的现状，或者将刑事速裁程序通过修改《刑事诉讼法》的方式正式纳入刑事诉讼法当中予以确立。在这样的情况下，《刑事诉讼法修正案》通过 2018 年 4 月全国人大常委会一读、8 月二读、10 月三读，共做出了 26 项决定，对 2012 年《刑事诉讼法》的 18 个条款进行了修改，新增条款 18 条，其中，就包括在总结试点经验的前提下，将认罪认罚从宽程序和刑事速裁程序加入了法典，兼顾了其立法正当性与司法现实性，也进一步推进了刑事案件繁简分流的进程。

综上，认罪认罚从宽制度及刑事速裁程序不论是对刑事审判程序的分流，还是对于审判力量的优化分配，抑或是对于审判机关巨大办案压力的缓解都大有助益。可以说，党的十八届四中全会决定提出的"完善认罪认罚从宽制度"的改革，为审判程序分流机制的建构指出了方向。刑事诉讼制度的改革往往是牵一发而动全身，应当通过对现有制度的完善，在确保对应当适用普通程序审理的案件严格适用普通程序的前提下，进一步完善简易程序、刑事速裁程序，探索出符合我国实际国情的刑事审判程序分流机制。

第四章

"以审判为中心" 强化刑事普通审判程序

审判是决定被告人是否构成犯罪和是否被判处刑罚的关键阶段。改革审判程序，促进程序的繁简分流，在我国，第一要务就是强化规范普通审判程序。我国刑事诉讼程序的改革中，正当程序的建构不容忽视，正当程序的建构应当成为与程序多元化并行不悖的目标追求。而正当程序对于司法公正的实现、对于被告人基本权利的保护都主要体现在普通程序的设计之中。普通审判程序是程序正当性最为集中的表现，根据许多法治国家的司法实践可知，严谨成熟的普通程序与科学合理的简易程序是相辅相成的，而且是所有诉讼程序的灵魂。所以在建构刑事审判程序分流机制时，就需要以建立严格、完备的普通审判程序作为前提条件，在此基础上建立与其相配套的多元审判程序，以实现对刑事案件审判程序的繁简分流。党的十八届四中全会决定提出"推进以审判为中心的诉讼制度改革"，其首要任务就是要以此为目标改革我国现行刑事审判制度，其中又以改革普通审判程序为重中之重。

第一节 "以审判为中心" 与刑事普通审判程序

一 "推进以审判为中心的诉讼制度改革" 对刑事诉讼制度的总体要求

2014 年 10 月，党的十八届四中全会决定提出了"推进以审判为中心的诉讼制度改革"。为了贯彻落实此项重大改革任务，2016 年 8 月，最高人民法院、最高人民检察院、公安部、国家安全部、司法部发布了《关于推进以审判为中心的刑事诉讼制度改革的意见》；2017 年 2 月，最高人民法院发布了《关于全面推进以审判为中心的刑事诉讼制度改革的实施意见》；2017 年 6 月，最高人民法院发布了《人民法院办理刑事案件庭前会议规程（试行）》《人民法院办理刑事案件排除非法证据规程（试行）》《人民法院办理刑事案件第一审普通程序法庭调查规程（试行）》，在 17 个中级人民法院及其所辖的部分基层人民法院进行试点。① 其后于 2017 年年底，在总结试点经验的基础上，在对该 3 个文件修改完善后，向全国法院下发了这些文件，要求在刑事审判中贯彻执行。上述文件都将"以审判为中心"作为刑事诉讼制度改革的目标，非常重视审判程序的改革在刑事诉讼全过程中的突出地位，非常强调庭审活动在刑事审判中的中心地位，明确要求："实现诉讼证据质证在法庭、案件事实查明在法庭、诉辩意见发表在法庭、裁判结果形成在法庭""确保庭审在保护诉权、认定证据、查明事实、公正裁判中发挥决定性作用"②。理论界将此概括为"庭审实质化"。也就是要求刑事审判程序能够充分发挥庭审对于案件质量的把关作用，防范冤假错案，提升司法公信力。

笔者认为，"推进以审判为中心的诉讼制度改革"对刑事诉讼制度的全面改革提出了三项总体要求：首先，应当在刑事诉讼制度的宏观层面和整体关系上，即在侦查、审查起诉、审判、执行的全过程以及相互关系上，实现"以审判为中心"，其他诉讼活动都要服务于、服从于审判活动，改变以往实际存在的"以侦查为中心"的偏差。其次，应当在审判活动中实现"以庭审为中心"，其核心是按照正当程序的要求对被告人的各项诉讼权利特别是对质权给予充分的保护。为此，必须推进庭审实质化，真正解决我国刑事司法实践中长期存在的"庭审虚化"问题。③ 最后，应当在强调庭审实质化的同时，关注刑事案件的多样化，从实际出发，按需配置司法资源，对简单、轻微、被告人自愿认罪的案件，在确保公正的前提下，建立多元审判程序，实现对案件审判的繁简分流。这些要

① 刘静坤：《最高法院部署开展"三项规程"试点工作》，《人民法院报》2017 年 6 月 11 日第 7 版。

② 参见《最高人民法院关于全面深化人民法院改革的意见——人民法院第四个五年改革纲要（2014—2018）》。

③ 熊秋红：《刑事庭审实质化与审判方式改革》，《比较法研究》2016 年第 5 期。

求虽然可以从理论上划分为三个方面,但是其中最核心的是第二个方面,也就是审判活动应当"以庭审为中心",真正实现庭审实质化。否则,第一项要求即强调刑事诉讼应当以审判为中心就失去了依据。同时,第三项要求即在确保公正的前提下,建立多元审判程序,实现对案件审判的繁简分流就失去了根基。因此,打造以庭审为中心的刑事审判程序,完善刑事普通审判程序是"推进以审判为中心的诉讼制度改革"的重中之重。

二 刑事普通审判程序的概念、定位及功能

(一) 刑事普通审判程序的概念及特点

基于学理视角,刑事审判程序可以分为普通程序和特别程序。按照我国《刑事诉讼法》所设定的基本框架,通常审判程序包括第一审普通审判程序、简易程序、第二审程序、死刑复核程序、审判监督程序等。刑事普通审判程序是相对于前文所述的我国在 1996 年设立的刑事简易程序而言的。除了依法适用简易程序和特别程序审理外,人民法院审理的第一审重大、复杂的案件都适用普通程序审理。相对而言,刑事简易程序则是基层人民法院审理部分犯罪事实清楚、证据充分、案情简单、争议不大、处刑较轻的刑事案件所采用的较普通审判程序相对简化的第一审程序。[①] 各国的刑事诉讼法通常都有关于完整的诉讼程序的规定,这也是诉讼程序法的适用要求。普通审判程序是我国诉讼程序设置中特有的名称,如果以程序的功能、作用等来识别,应然状态下的普通审判程序可谓是第一审审判程序中最标准、最正式、最规范的程序。就本书所探讨的审判程序分流而言,本书所指的刑事普通程序就是刑事第一审普通审判程序,即相对于其他审判程序而言,它是法院审理刑事案件一般适用的最为基本的审判程序。根据现行《刑事诉讼法》,刑事第一审普通审判程序规定在众多审判程序之首,而且所占条文数量最多,共 23 条,相较于其他审判程序,内容也最为完整,可称之为其他审判程序的基础。我国的普通审判程序随着《刑事诉讼法》的颁布、三次修改,也是处于不断的改革和调整之中。第一审普通审判程序是人民法院审理第一审刑事案件通常所适用的基础程序或者主体程序,在整个刑事诉讼审判程序中占有十分重要的地位。按照我

---

① 张晨、杨珍、林竹静:《检察环节认罪认罚从宽制度的构建与完善》,《上海政法学院学报》2017 年第 3 期。

国两审终审制的审级构造，除依简易程序审理的简单刑事案件外，我国四级法院系统中的各级法院，在审理第一审刑事案件时，均需适用第一审普通审判程序，这体现出第一审普通审判程序的基础性特质。由于第一审普通审判程序是整个审判程序的原则、制度、规则的密集型载体，其地位也更加显著，这又体现出第一审普通审判程序的主体性特质。可以说，刑事普通审判程序集中展示了审判程序的全貌。刑事普通审判程序是按照刑事诉讼法规定的最基本的诉讼规则运行的，它是整个审判程序的标准程序，是最完善的程序。而其他审判程序，比如简易程序、刑事速裁程序都是相对于普通程序设立的修正程序。具体而言，与其他审判程序相比，第一审刑事普通审判程序应当具有以下特点。

（1）程序的基础性、规范性。刑事普通审判程序应当是整个审判程序的基础，没有第一审普通程序，就不可能有第二审程序、审判监督程序，也不会出现由其简化而来的简易程序、速裁程序等。我国现行《刑事诉讼法》将第一审程序定位为法院审理程序中最基本的程序，并列在审判程序之首，其在刑事诉讼审判程序中的基础性、核心性的显要地位可见一斑。且在第一审程序中，普通程序应当是基础，人民法院审理第一审刑事案件，除法律规定适用第一审程序中的其他审判程序外，都应当依照普通程序进行审理。无论在立法中还是司法实践中，普通程序都应当体现出严格的规范性。无论立法还是司法解释都应当对从审前准备到开庭审理的每一个细节，直至裁判文书的制作规范等，做出具体、详细的规定。这些都要求适用普通程序审理案件的程序保障标准需要明显不同于、明显高于简易程序等其他审判程序。也因此，普通审判程序应当是最能够发现真实、实现程序保障目标的程序。相较于其他审判程序而言，应当能够最大限度地保障法院查明案件事实，正确适用法律，保障当事人的合法权益。

（2）程序的完整性、系统性。普通审判程序应当具备程序上的完整性，从法庭调查到法庭辩论，全部程序在法律上都应当有严格、具体的规定。依据刑事诉讼法对于普通审判程序的定位，普通审判程序应当是审判程序中最完备的程序。主要体现在两个方面：第一，程序内容的完整性。普通审判程序作为法院审理一审刑事案件的一种基本的、标准的、规范的程序，内容完备，立法条文较多，应当能够最完整地体现出刑事诉讼程序的基本结构。我国《刑事诉讼法》对第一审普通程序的规定从第 186 条到第 209 条共 23 个条文，内容最为丰富。对审判中的各个环节基本上都做出了明确具体的规定，从证人出庭到法庭调查、法庭辩论的所有环节和内容都在第一审普通审判程序的载体上得到了体现，根据审判实践的需要，对诉讼中的一些特殊情况，诸如延期审理、中止审理等也做出了相应的规定，体现出其完整性。相较于其他审判程序，在第一审普通审判程序的系统中，其程序环节应当衔接有序、操作规程应当严谨完整、程序制度应当详尽细致，而简易程序、速裁程序的相关程序规定则比较简约或略化。第二，程序体系的完整性。普通审判程序是整个审判程序中最系统的程序，包括了法院受理、庭前准备、开庭审理、最后裁判等各个法定的审判程序的阶段。每一个阶段的先后顺序要求严格，规定的内容具体明确，相互衔接，错落有致，严谨周密，构成了一个有机的统一体。第三，适用诉讼原则的完整性。普通审判程序的完备性还体现在，刑事诉讼的基本原则和基本制度应当在刑事普通审判程序中得到充分全面的体现，比如公开审判原则、直接言词原则、辩论原则等均应在普通审判程序中有所体现，并成为其他审判程序参照的依据。

（3）程序的广泛适用性。首先，普通审判程序能够适用于各级人民法院审理的第一审刑事案件。在我国，普通审判程序适用于四级法院，各级人民法院在审理第一审诉讼案件时，除了基层人民法院审理简单刑事案件时适用简易程序之外，其他三级法院必须适用普通审判程序。也就是说，普通审判程序适用于各级人民法院审理的各类第一审刑事案件，中级以上的人民法院以及其他各个专门法院在审理第一审刑事案件时都应当适用普通审判程序；基层人民法院除审理适用简易程序的简单刑事案件外，审理其他刑事案件也必须适用普通审判程序。刑事普通审判程序适用于普通类型的刑事案件，特别程序适用于特殊类型的刑事案件。这是刑事普通审判程序区别于特别程序的重要特点之一。比如，根据案件具有涉外因素而适用涉外刑事诉讼程序，根据案件是解决犯罪行为所造成的损失问题而适用刑事附带民事诉讼程序，根据案件是解决因诉讼错误而给刑事被告人造成的损害赔偿而适用刑事诉讼损害赔偿程序。刑事普通审判程序所适用的案件不具有上述特点，一般来说，凡是刑事案件都有一个适用或者遵守刑事普通审判程序审判的问题，即使有些适用特别程序的案件也不例外，因为这些特别程序的案件本身所适用的简易程序、速裁程序，只是融合了适用该特殊案件内容的特殊规定而已，从这个角度看，这些特殊程序既与普通审判程序相融合，又因自己的特殊性与普通审判程序相分离。其次，普通审判程序适用于各个审理阶段的案件，即广泛地适用于第一审、第二审、再审案件。在第一审阶段，基层人民法院除了审理适用简易程序的案件外，对其他刑事案件都应适用普通程序审理。在第二审阶段，人民法院首先按照第二审程序的规定审理，第二审程序没有做出规定时，适用第一审普通程序的规定审理。在审判监督程序中，没有独立的审理程序，在适用第一审程序审理审判监督案件时适用普通程序，在按照第二审程序审理审判监督案件时，第二审程序对于案件的审理没有做出规定的情况下仍然要适用第一审普通审判程序。简易程序、刑事速裁程序等特别程序的设置都是在目前的普通审判程序的基础上进行的简化，程序内容比较简单，特别程序有规定的，适用规定，没有规定的，适用普通审判程序的有关规定。

（二）刑事普通审判程序的定位及功能

如上所述，在诸多审判程序中，普通程序因其在立法上的完整性、地位上的重要性、程序上的完备性、层次上的复杂性等方面远远超过其他审判程序，所以具有自己鲜明的特色。与其他审判程序相比，普通审判程序的价值目标或者定位应当主要包含两个方面。

首先，充分彰显程序公正，使刑事审判过程真正成为"看得见的正义"。普通审判程序目前作为法院审理案件最标准、最规范的程序，其始终担当着实现正当程序、将程序公正落到实处的重任。刑事普通审判程序应当通过适用精密规范的普通程序对案件进行审理，通过贯彻落实刑事诉讼的各项基本原则，尤其是直接言词原则，着力改变过去庭审以案卷为中心的做法，促进审判中正确认定事实，适用法律，防止庭审成为走过场，而保证在庭审中能够真正认定、解决被告人的罪责刑问题，实现司法公正。人民法院在适用普通审判程序的过程中，还应当通过积极推进庭审实质化，通过公正规范的庭审程序来规范和制约侦查机关、检察机关、法院的诉讼活动，严格把好质量关口，共同维护司法公正。并且，在程序运行的过程中能够保护当事人的权利，尊重当事人的人格尊严，给当事人提供充分的程序保障。同时积极体现诉讼的效益性，最大限度地引导裁判实现司法公正。目前我国现行《刑事诉讼法》对于刑事普通审判程序的规定尚不够完备，与第一审普通程序的功能、价值及适用没有受到足够的重视也有很大关系。一审普通程序的适用缺失最主要表现在普通程序作为正当程序的功能没有得到重视，通常仅仅将程序的适用停留于个案的纠纷解决层面。而正当程序的优势在于,诉讼裁判具有规则效应,能为人们的行为提供有效的指引,故诉讼作为纠纷的解决方式,其在个案中不一定有效率,但作为纠纷解决机制而言,由于其具有规则指引功能,故又存在制度性的效率价值。总之,普通审判程序应当在适用的过程中通过完善证据调查程序、完善证人出庭制度、完善法律援助制度、完善法庭审理规程等做法,充分彰显程序公正,使刑事审判过程真正成为"看得见的正义"。所以,从应然状态考察,刑事普通审判程序应当具有正当程序的功能,实现对于当事人的程序保障,并贯穿于一审程序的全过程。在第一审普通程序中,如果能够充分保障当事人的程序权利,能够满足实现程序公正的最低限度要求,正当程序这一看得见的正义的方式,以其自身的程序魅力将赢得当事人对于程序的信赖。正当程序的意义还在于,即使诉讼结果不利于己时,由于参与诉讼的主体受到了公平程序的公正对待,就会对裁决本身较易产生认同,从而使得纠纷得到真正解决,减少上诉程序的启动。一般而言,普通程序规定得越是完备,就越有助于实现实体公正。公正的程序一般又有助于实现公正的实体结果。故而在整个诉讼程序中,第一审普通程序如果能够充分保障当事人的诉讼权利,有利于更好地发现案件真实,同时通过当事人程序参与权的实现,能够抑制法官恣意判案,使得实体上的公正结果也得以保证。

其次,普通审判程序的价值目标或者定位的第二个方面就是通过适用普通审判程序最大限度地实现实体公正,防止冤假错案。冤假错案之所以发生,归根结底是案件事实证据存在问题。适用刑事普通审判程序的另一个主要价值目的就是,应当通过严格实行非法证据排除规则、完善证据合法性调查程序、严格执行法定证明标准等措施,最大限度地实现实体公正,防止冤假错案。就我国的刑事诉讼而言,尽管在目前,随着简易程序范围的扩大、刑事速裁程序的试点运行及正式入法,开始出现多元审判程序并行的局面,但是如果忽视普通程序应有的重要性,将普通程序和简易程序等其他审判程序的功能相混淆,将无法充分保证普通程序中当事人的程序权利和实体结果的正当性,也就无法最大限度地实现公平正义,有力防范冤假错案。如果普通程序的功能没有得到充分有效的发挥,则会使得其功能和价值不能充分发挥的同时,间接造成诉讼资源的浪费,因为,一旦普通程序没有严格得到执行,无论是引发上诉、抗诉,抑或是造成了冤假错案,都将造成对诉讼资源的浪费。无论从以上这两个方面的价值目标的任何一个方面进行考察，其他审判程序都是不能完全具备这些价值目标的。也正是基于此定位，作为刑事审判程序中最重要的程序，刑事普通审判程序相较于其他审判程序应当承担以下功能。

1. 确保被告人公正审判权的实现的功能

确保被告人公正审判权的实现，是刑事普通审判程序的首要功能，也是基于人权司法保障原则产生的重要功能。在现代法治社会，作为受到刑事追诉的被告人享有获得公正审判的权利。公正审判的权利表现在诸多方面，主要是程序性的权利，集中体现在《公民权利和政治权利国际公约》第 14 条之中。该条第 1 款不仅适用于刑事诉讼，而且适用于其他诉讼案件中的权利和义务的判断程序，该条第 2—7 款则是专门为刑事司法制定的。①《公民权利和政治权利国际公约》第 14 条所规定的保障就是对公正审判权最低限度的保障，所以，作为成员国，不仅应当

---

① 《公民权利和政治权利国际公约》第 14 条规定："一、所有的人在法庭和裁判所前一律平等。在判定对任何人提出的任何刑事指控或确定他在一件诉讼案中的权利和义务时，人人有资格由一个依法设立的合格的、独立的和无偏倚的法庭进行公正的和公开的审讯。由于民主社会中的道德的、公共秩序的或国家安全的理由，或当诉讼当事人的私生活的利益有此需要时，或在特殊情况下法庭认为公开审判会损害司法利益因而严格需要的限度下，可不使记者和公众出席全部或部分审判；但对刑事案件或法律诉讼的任何判决应公开宣布，除非少年的利益另有要求或者诉讼系有关儿童监护权的婚姻争端。二、凡受刑事控告者，在未依法证实有罪之前，应有权被视为无罪。三、在判定对他提出的任何刑事指控时，人人完全平等地有资格享受以下的最低限度的保证：（甲）迅速以一种他懂得的语言详细地告知对他提出的指控的性质和原因；（乙）有相当时间和便利准备他的辩护并与他自己选择的律师联络；（丙）受审时间不被无故拖延；（丁）出席受审并亲自替自己辩护或经由他自己所选择所法律援助进行辩护；如果他没有法律援助，要通知他享有这种权利；在司法利益有此需要的案件中，为他指定法律援助，而在他没有足够能力偿付法律援助的案件中，不要他自己付费；（戊）讯问或业已讯问对他不利的证人，并使对他有利的证人在与对他不利的证人相同的条件下出庭和受讯问；（己）如他不懂或不会说法庭上所用的语言，能免费获得译员的援助；（庚）不被强迫作不利于他自己的证言或强迫承认犯罪。四、对少年的案件，在程序上应考虑到他们的年龄和帮助他们重新做人的需要。五、凡被判定有罪者，应有权由一个较高级法庭对其定罪及刑罚依法进行复审。六、在一人按照最后决定已被判定犯刑事罪而其后根据新的或新发现的事实确实表明发生误审，他的定罪被推翻或被赦免的情况下，因这种定罪而受刑罚的人应依法得到赔偿，除非经证明当时不知道的事实的未被及时揭露完全是或部分是由于他自己的缘故。七、任何人已依一国的法律及刑事程序被最后定罪或宣告无罪者，不得就同一罪名再予以审判或惩罚。"

恪守第 14 条的规定，还应当通过立法，写明详细的法条进行规定或者通过其他措施来确保充分落实贯彻第 14 条所规定的公正审判权。在我国，这种公正审判权最明显最集中的体现就是在刑事普通审判程序当中。

根据《公民权利和政治权利国际公约》第 14 条第 2—7 款的规定，可以对公正审判权有两个方面的解读。首先，可以将公正审判权按照诉讼阶段分为，审前阶段的权利、审判阶段的权利、审判阶段之后的权利。审前阶段的权利包括获得律师帮助权，审判阶段的权利包括控辩平等权、公开审判权等，审判之后的权利包括上诉权、刑事错案赔偿权等。① 而且，对被告人进行刑事处罚的威胁主要来自一审程序。所以鉴于审判，尤其是一审程序在刑事诉讼中所处的中心地位，被追诉人的公正审判权应当更集中地体现在刑事普通审判程序中。其次，可将公正审判权按照《公民权利和政治权利国际公约》的内容，从具体设计上分为组织性的内容和程序性的内容。从组织性上讲，公正审判权主要体现在对司法机构和司法人员的要求上，根据《公民权利和政治权利国际公约》第 1 款，"人人有资格由一个依法设立的合格的、独立的和无偏倚的法庭进行公正的和公开的审讯"。因此，法官不能带有主观偏见，偏袒控辩双方的任意一方，而且法院既不能自行提起诉讼，也不能拒绝受理依法应当受理的诉讼。公正审判权关于审判组织方面的内容，不仅体现在刑事普通审判程序中，也体现在刑事简易程序、速裁程序等其他审判程序当中。从程序性上讲，除了程序公开以外，根据《公民权利和政治权利国际公约》第 2—7 款，公正审判权主要体现于无罪推定、上诉权、刑事错案赔偿制度、禁止双重受罚等规定；而"最低限度的程序保障"则包括辩护权、迅速审判权、法律援助、询问证人、免费获得翻译、不得被迫自证其罪等 7 项权利。② 在我国这些权利最明显最集中最完整的体现就是在刑事普通程序当中。刑事简易程序、速裁程序等审判程序，相比于刑事普通程序，这些公正审判权的内容或多或少地都会有所简化。

此外，从域外其他国家刑事诉讼法规定的刑事诉讼原则来看，也对公正审判权有相应的规定。比如，1998 年颁布的《英国人权法》第 6 条就

---

① 熊秋红：《解读公正审判权——从刑事司法角度的考察》，《法学研究》2001 年第 11 期。

② 同上。

是关于"接受公平审判的权利"的规定。① 美国 1787 年通过的《1787 美利坚合众国宪法修正案》的第 5、6 条也有关于陪审团公正审判的规定。② 1946 年公布的《日本宪法（昭和宪法）》第 37 条也规定了被告人的公正审判权。③《法国刑事诉讼法典》的典首条文也规定："刑事诉讼程序应当是公正的对审程序，应当保障各方当事人的权利平衡。"因此可以说，任何国家或者政府都应当保证被告人获得公正审判的权利。而这种保证主要体现在刑事普通审判程序中，因此，确保被告人公正审判权的实现应当是刑事普通程序最主要的功能，否则，刑事普通审判程序与其他审判程序又有何本质区别？

2. 确保查明重大、疑难、复杂等特殊案件的事实真相，防止发生冤假错案的功能

---

① 《英国人权法》第 6 条："一、裁决个人的公民权利和责任或对其提起的任何刑事控诉时，每个人均有权在合理的时间内接受由一个依法成立的、独立的、中立的法庭公平、公开的审理。判决应当被公开地宣布，但基于道德的利益、公共秩序或一个民主社会的国家安全，如青少年的利益或当事人要求保护其私人生活，或在特别的情况下即法院认为公众将损害到公正判决而严格地且在必要的程度上，可以拒绝媒体和公众旁听全部或部分审判。二、被控告刑事犯罪的每个人均应被假定无罪，直到依据法律证明其为有罪。三、被控告刑事犯罪的每个人均享有以下最基本的权利：（一）及时详细地以其理解的语言被告知对其提出控告的性质和原因；（二）拥有足够的时间和便利条件准备其辩护；（三）亲自或通过其自己选择的法律援助者为自己辩护，或者，如果他没有足够能力支付法律援助费，而基于司法利益的要求，其应被提供免费法律援助；（四）询问对其不利的证人，并获得对其有利的证人与对其不利的证人出庭和受询问的同等条件；（五）如果他不能理解或讲法庭上使用的语言，应被提供免费的翻译帮助。"

② 《1787 美利坚合众国宪法修正案》第 5 条："非经大陪审团提出报告或起诉，任何人不受死罪和其他重罪的惩罚，唯在战时或国家危急时期发生在陆、海军中或正在服役的民兵中的案件不在此限。任何人不得因同一犯罪行为而两次遭受生命或身体伤残的危害；不得在任何刑事案件中被迫自证其罪；未经正当法律程序，不得剥夺任何人的生命、自由和财产；非有恰当补偿，不得将私有财产充作公用。"第 6 条："在一切刑事诉讼中，被告应享受下列权利：由犯罪行为发生地的州和地区的公正陪审团予以迅速和公开的审判，该地区应事先已由法律确定；获知受控事件的性质和原因；与原告证人对质；以强制程序取得有利于自己的证据，并取得律师的帮助为其辩护。"

③ 《日本宪法（昭和宪法）》第 37 条："在一切刑事案件中，被告人均享有接受法院公正、迅速、公开审判的权利。刑事被告人享有询问所有证人的充分机会，并有使用公费通过强制性程序为自己寻求证人的权利。刑事被告人在任何场合都可委托有资格的辩护人。被告人本人不能自行委托辩护人时，由国家提供。"

确保查明重大、疑难、复杂等特殊案件的事实真相，防止发生冤假错案，是刑事普通审判程序的另一个重要功能，也是基于国家职权原则产生的重要功能。确保被告人公正审判权实现的功能主要是基于人权司法保障产生的功能。实践中，有些案件特别是重大、疑难、复杂的特殊刑事案件，包括未成年人刑事案件，即使当事人对于其依法享有的公正审判的权利不予主张或表示放弃，也不能适用简易程序、刑事速裁程序审判，还是应当适用严格、公正的普通审判程序进行审判。这也是国家为了满足维护司法公正、防止冤假错案的需要。原因如下：首先，庭审是确保案件得到公正处理的最终程序。党的十八届四中全会通过的《中共中央关于全面推进依法治国若干重大问题的决定》提出，"推进以审判为中心的诉讼制度改革，确保侦查、审查起诉的案件中的事实证据经得起法律的检验"。正如上文所述，审判程序之中尤以普通审判程序的庭审最为规范、严格。在普通程序的审判中，可以通过注重证据审查、落实非法证据排除规则，通过严格规范取证程序，挤压刑讯逼供发生的空间，有效防范刑讯逼供；可以通过重点解决过去庭审中心意识不强、庭审虚化、庭前预断、庭外阅卷定案等问题，最大限度地发挥法庭审判的功能，充分听取公诉方和辩护方的意见，真正实现"诉讼证据质证在法庭、案件事实查明在法庭、诉辩意见发表在法庭、裁判理由形成在法庭"①，确保案件得到公正审理；可以通过强化庭审中心功能推进庭审实质化改革，保障律师依法履职充分发挥辩护律师的作用。建立繁简分流机制，优化司法资源配置等一系列配套举措，对防范冤错案件、推进司法公正起到根本保障作用。其次，由于这类重大、疑难、复杂的特殊案件，多为案情比较重大、罪行性质比较严重、涉及各方关系比较复杂的案件，案件的事实真相不易被查明。或者是未成年人刑事案件，未成年人在审判中的防御权、救济权格外需要被保护，由于未成年人的辨别能力和认知能力还不成熟，通常不能确切理解被指控的性质以及做出有罪答辩后可能导致的后果，所以这类案件必须适用程序更为严格，更为标准的普通审判程序进行审理。

耶鲁大学的教授欧文·费斯认为："法院的工作并不是使双方当事人的目的得到最大的满足，也不仅是保障和平，而是将权威性的文件如宪法

---

① 参见《最高人民法院关于全面深化人民法院改革的意见——人民法院第四个五年改革纲要（2014—2018）》。

和法律法规中所体现的价值详细说明并予以实施，即解释那些价值并使现实与之相一致。在当事人通过和解解决纠纷时，法院的这种责任就没有得到履行。"① 对于刑事普通审判程序而言，目前需要考量的是程序的设计是否合理，是否能够通过更加精致完善的程序设计来发展、引导正当程序的完善和彻底实现这样一个法治建设进程中的前瞻性需求。目前我国审判程序的多元化机制尚未得到完善，在许多应当适用简易程序审理的轻微案件中过多投入了应当投入到普通程序中的诉讼资源，导致审判力量分配的不合理，同时，公正价值和效率价值也没有得到有效的统一。所以，应当综合考虑案件的繁简程度等多种因素，明确刑事普通审判程序确保重大、疑难、复杂等特殊案件（包括未成年人案件）能够切实适用普通审判程序审理的功能，避免刑事普通审判程序在分流机制构建过程中的随意化、简易化以及结果的不确定性。对不同的案件适用不同的审判程序，实现审判程序的分流。众所周知，刑事诉讼追求程序公正及形式理性，是源于"公正的法治秩序是正义的基本要求，而法治则取决于一定形式的正当过程，正当过程又主要通过程序来实现"②。

三　刑事普通审判程序的原则

我国在立法上以及诉讼理论上对于刑事诉讼包括刑事审判确立了诸多原则。刑事普通审判程序作为刑事诉讼程序的一部分，不仅应当遵循所有刑事诉讼程序应当遵守的诉讼原则，还应当遵守对于刑事普通审判程序具有特殊要求和特殊意义的以下原则，以便在刑事普通审判程序中推进"庭审实质化"，实现"繁案精办"的程序分流。

（一）直接言词原则

直接言词原则是现代刑事审判中非常重要的一项原则，该原则主要包括两个方面的内容：一个方面是直接原则，即在审判刑事案件时，法官必须亲自听取当事人的陈述、证人证言、控辩双方的辩论等，以此为基础，对案件形成内心确信，作出正确的裁决，相反，没有亲自参与审判的法官，则没有对于案件作出裁决的权力。直接原则又可以从三个方面来进一

---

①　舒瑶芝：《诉讼调解之适用理性》，《法律适用》2011 年第 11 期。

②　[美] 约翰·罗尔斯：《正义论》，何怀宏、何包钢、廖申白译，中国社会科学出版社1988 年版，第 225 页。

步理解：一是直接审理原则，即强调法官的亲历性，以及检察官、被告人、证人等诉讼参与人的到庭。二是直接采证原则，即法官必须亲自与被告人、被害人、证人等接触，并亲自听取被告人陈述、证人证言、被害人陈述、检察官与辩护人之间的辩论等，亲自调查和认定事实、证据。三是要求法庭在审判时必须尽可能采信原始证据，因为传来证据与之相比，证明力更弱，缺乏可信度的保证，而且由于经手过多，很容易偏离案件原本的事实真相。直接言词原则的另一个方面是言词原则，即在审判过程中，无论是被告人陈述，或是辩护人的辩护、检察机关的控诉，还是证人、鉴定人的作证等，都应当通过言词陈述的方式进行，法官不仅可以在庭审中直接接触证据材料，还可以直接观察到当事人及各方诉讼参与人的语言神态等细节，如此将更有助于法官对于证据的真实性、可靠性进行审查，预防偏听偏信，做到对案件全面客观的认识。如果不能通过言词陈述的方式在法庭上进行质证、辩论，仅仅依靠间接、书面审理的方式，不利于法官作出正确裁决。

直接言词原则作为刑事审判中的一项重要原则，其主要适用于普通审判程序，在简易程序等其他审判程序中并不必须适用。之所以如此，首先，直接言词原则最为重要的宗旨就是隔断控方的案卷材料对于法官审判的主观影响，使得法官保持中立。虽然辩方也可以提供证据，但是由于诉讼资源占有的不平等等原因，所能提供的证据材料相较于控诉方是有限的。在此情况下，如果法官不能在庭审中直接接触当事人、证人等诉讼参与人，就会很容易偏听偏信控诉方提供的卷宗材料。尤其是在案情重大、疑难、复杂的案件中，如果采用书面间接审理的方式，将很难保证裁判的中立性、客观性。其次，直接言词原则有助于保证审判程序的自治性以及提高庭审环节的中心地位。如果只是间接书面审理，法庭很难直接有效地对于证据进行审查认定，而庭审前形成的书面证据材料将容易对法官产生影响，使得庭审活动"虚化"，流于形式。再次，直接言词原则可以保障当事人的质证权，实现控辩平等，充分发挥庭审的实质作用。在国外，一些国家已经将被告人的质证权规定为一项宪法性权利，比如美国、日本。《美国宪法修正案》第6条规定："在一切刑事诉讼中，被告享有下列权利：由犯罪行为发生地的州和地区的公正陪审团予以迅速而公开的审判，该地区应事先已由法律确定；得知被控告的性质和理由；同原告证人对质；以强制程序取得对其有利的证人；取得律师帮助为其辩护。"此外，

《公民权利和政治权利国际公约》也规定："讯问对他不利的证人是被告人的一项基本权利。"① 间接书面审理的方式显然难以实现质证权以及控辩双方的辩论权，更难以实现庭审的实质化。最后，直接言词原则不仅有助于当事人充分参与审判活动，而且由于审理程序更加公开透明，当事人能够充分参与其中，使得他们对于裁判结果更容易接受，可以有效避免不必要的上诉，息事宁人，节约审判资源。

（二）不间断审理原则

不间断审理原则又被称为集中审理原则，是英美法系国家审理案件的一项原则，要求法官应当持续、集中地审理案件。英美法系国家采取陪审团制，将审理程序分为审前程序和开庭审理两个阶段，一旦开庭就必须不间断地将案件审理完毕，直至作出判决。其所体现的理念完全符合诉讼规律，已成为现代法治发达国家广为遵守的司法原则，很多国家都在立法中明确规定了审判程序中的不间断审理原则。比如，《德国刑事诉讼法典》第 226 条规定："审判应在裁判人员、检察院和法院书记处一名书记员不间断地在场的情形下进行。"《法国刑事诉讼法典》第 307 条规定："审理不得中断，应当持续进行至重罪法院做出裁定，宣布审判结束为止。在法官和被告人必要的用餐时间内，审理可以暂停。"《意大利刑事诉讼法典》第 477 条规定："法官只能根据绝对的必要性中断法庭审理。"《日本刑事诉讼法》第 179 条之二规定："法院对需要审理两日以上的案件，应当尽可能连日开庭，连续审理。"《韩国刑事诉讼法》第 267 条之二规定："公审日的审理应当集中、不中断进行。"②

我国法律尚未规定该原则，但理论界一般认为我国也应当确立该原则。有的学者认为该原则是指"法院开庭审理案件，应在不更换审判人员的条件下连续进行，不得中断审理的诉讼原则"③。即在法庭审判刑事案件之时，除必要休息时间外，原则上应当不间断连续进行审理，从开庭到判决应尽可能地一气呵成，不应中断。不间断审理原则之所以成为刑事普通审判程序所必须遵守的原则，不仅因为该原则与直接言词原则、审判公

① 林睦翔：《直接言词原则的诉讼价值》，《法学杂志》2005 年第 11 期。

② 卞建林主编：《刑事诉讼原则：外国宪法刑事诉讼法有关规定》，中国检察出版社 2017 年版，第 12 页。

③ 张友渔、潘念之主编：《中国大百科全书·法学卷》，中国大百科全书出版社 1984 年版，第 29 页。

开原则等现代刑事审判的诸多原则密切相关，还因为该原则对于刑事普通审判程序的正当性具有以下重要意义。首先，通过遵守不间断审理原则，有助于顺利、快速地进行庭审，在保证司法公正的同时兼顾诉讼效率。其次，通过遵守不间断审理原则，有利于实现被告人的迅速审判权。目前世界上不少国家为了维护被告人的利益，保障其人权，都规定了被告人享有迅速审判权。为了有效防止审判拖延造成当事人的诉累，我国也应当在立法中赋予被告人迅速审判权。再次，通过遵守不间断审理原则，审判人员可以通过对于证据材料集中全面的接触和了解，形成一个比较准确的认识，最终作出公平公正的裁决。我国学者林山田曾指出："在此审理密集原则下，可促使法官在对其审理诉讼客体之内容记忆尚极清新时，即行判决，一方面可及早结案，另一方面亦可以免因中断后，续行审理时，因为法官对于诉讼客体已是记忆模糊，而未能做成公平合理之判决。"① 最后，通过遵守不间断审理原则，还有利于实现审判监督，防止司法不公。集中进行法庭调查环节和法庭辩论环节，可以让审判的过程公开透明，更有利于当事人以及社会公众对审判活动进行监督，有利于防止司法机关暗箱操作、滥用公权力。

（三）确保被告人获得律师辩护原则

犯罪嫌疑人、被告人有权获得辩护是我国《宪法》和《刑事诉讼法》规定的重要原则。《宪法》第 125 条规定："被告人有权获得辩护"，我国《刑事诉讼法》第 11 条规定："被告人有权获得辩护，人民法院有义务保证被告人获得辩护。"此外，我国 2012 年对《刑事诉讼法》进行修改，也从很多方面对律师辩护制度进行了完善，其中包含扩大了包括审判阶段在内的法定法律援助的案件范围，即"犯罪嫌疑人、被告人是盲、聋、哑人，或者是尚未完全丧失辨认或者控制自己行为能力的精神病人，强制医疗程序中的精神病人，可能被判处无期徒刑、死刑的，以及未成年人，当其没有辩护人的时候，公检法机关均应通知法律援助机构指派律师为其提

---

① 林山田：《刑事诉讼程序之基本原则》，载陈朴生主编《刑事诉讼法论文选辑》，五南图书出版公司 1984 年版，第 19 页。

供辩护"①。即使如此，我国刑事诉讼中包括刑事审判中律师为被告人进行辩护的辩护率仅为 30% 左右。虽然这一问题已经引起有关方面的重视，并积极设法解决，但是，可以预期的是在短期内仍然难以完全解决。在此情形下，就需要权衡比较，优先解决普通审判程序中被告人获得律师辩护的问题。因为与其他审判程序相比，普通审判程序中的被告人更需要律师为其辩护，特别是在推进以审判为中心的诉讼制度改革的背景下。很难设想，普通审判程序的被告人如果没有律师为其辩护，庭审实质化又该如何实现？

（四）非法证据排除原则

非法证据排除原则是源自美国的一项诉讼原则，当今世界大多数国家都确立了该诉讼原则。联合国 1984 年通过的《禁止酷刑公约》第 15 条也明确规定："每一个缔约国应确保在任何诉讼程序中，不得援引任何业经确定系以酷刑取得的口供为证据，但这类口供可用作被控施行酷刑者刑讯逼供的证据。"

我国 2010 年，最高人民法院、最高人民检察院、公安部、国家安全部和司法部联合发布的《关于办理刑事案件排除非法证据若干问题的规定》（以下简称《非法证据排除规定》）和《关于办理死刑案件审查判断证据若干问题的规定》（以下简称《办理死刑案件证据规定》）对非法证据排除的有关问题做出了初步规定。2012 年《刑事诉讼法》第 50 条规定："审判人员、检察人员、侦查人员必须依照法定程序，收集能够证实犯罪嫌疑人、被告人有罪或者无罪、犯罪情节轻重的各种证据。严禁刑讯逼供和以威胁、引诱、欺骗以及其他非法方法收集证据，不得强迫任何人证实自己有罪。必须保证一切与案件有关或者了解案情的公民，有客观地充分地提供证据的条件，除特殊情况外，可以吸收他们协助调查。"此外，第 54—58 条在吸收了前述两个证据规定的基础上，对非法证据排除

---

① 2012 年《刑事诉讼法》第 34 条规定："犯罪嫌疑人、被告人因经济困难或者其他原因没有委托辩护人的，本人及其近亲属可以向法律援助机构提出申请。对符合法律援助条件的，法律援助机构应当指派律师为其提供辩护。犯罪嫌疑人、被告人是盲、聋、哑人，或者是尚未完全丧失辨认或者控制自己行为能力的精神病人，没有委托辩护人的，人民法院、人民检察院和公安机关应当通知法律援助机构指派律师为其提供辩护。犯罪嫌疑人、被告人可能被判处无期徒刑、死刑，没有委托辩护人的，人民法院、人民检察院和公安机关应当通知法律援助机构指派律师为其提供辩护。"

规则予以了明确规定。

在司法实践中，非法证据排除问题始终是一个引人关注的突出问题，并且主要发生在重大、疑难、复杂，特别是被告人不认罪的案件中。这些案件都是由普通审判程序审判的案件。因此，在普通审判程序中坚持和遵守非法证据排除原则有着更特殊的意义。

(五) 疑罪从无原则

"疑罪从无"又被称作"有利被告人原则"，是无罪推定原则派生出的一项重要司法原则。1764 年 7 月，意大利刑法学家贝卡利亚提出了无罪推定的理论构想："在法官判决之前，一个人是不能被称为罪犯的。只要还不能断定他已经侵犯了给予他公共保护的契约，社会就不能取消对他的公共保护。"1948 年 12 月 10 日，联合国大会通过的《世界人权宣言》首次在联合国文件中确认无罪推定原则，为在全球范围内贯彻这一原则提供了法律依据。许多西方国家的判决都采用了这个规定。

我国在 1996 年第一次修改《刑事诉讼法》时通过两个条文规定确立了疑罪从无原则，一条是第 140 条第（四）项关于证据不足不起诉的规定；另一条是第 162 条第（三）项关于证据不足判决无罪的规定。该原则的确立对维护司法公正、保障人权以及防止冤假错案有重大意义。2012年《刑事诉讼法》二度修改，仍然坚持了疑罪从无原则。作为一项现代法治国家普遍认同的刑事诉讼原则，疑罪从无是审判机关在处理疑案时所应当遵循的唯一选择。疑罪从无原则在刑事普通审判程序中有着更为特殊、更为重要的意义。因为适用简易程序、速裁程序审理的案件，都是被告人自愿认罪并同意适用简易程序、速裁程序审理的案件，这些案件一般不存在"疑罪"问题，因此也不存在适用"疑罪从无"原则处理案件的问题。即使个别案件一旦发现或发生"疑罪"问题，也将终止按简易程序、速裁程序审理案件，需将其转为普通审判程序进行审理。因此，几乎可以说，疑罪从无原则是普通审判程序的专属原则，它在普通审判程序中具有重要的意义，必须严格遵守该项原则。

第二节 我国刑事普通审判程序的现状及问题

近年来，我国刑事普通审判程序在司法实践中承担着过多的审判任务，在司法资源紧缺的现实困境下，刑事普通审判程序在实现其公正审判、防范冤假错案的功能之时，存在着许多问题亟待完善。

一　刑事普通审判程序承担的案件数量巨大

近年来，在司法实践中，我国刑事普通审判程序承担的案件数量始终巨大，审判机关的压力也是与日俱增。这种情况主要体现在如下几个方面。首先，多年来我国一审刑事案件总数始终呈现明显的增长趋势。我国的犯罪类型越来越趋于多样化，犯罪率的增长情况、刑事案件的发案率始终居高不下也充分说明了这一点。比如，根据 1999—2016 年《中国法律年鉴》提供的数据，1998—2015 年，我国公安机关立案的刑事案件数量已经由 198 万 6068 件上升到 717 万 4037 件，增长幅度高达 261%，平均每年增长 30 万 5175 件。多年来一审刑事案件总数始终呈现明显增长趋势。根据 1999—2016 年《中国法律年鉴》提供的数据，1998—2015 年，全国人民法院全年受理的一审刑事案件已经由 48 万 2164 件上升到 112 万 6748 件，增长幅度高达 134%，平均每年增长 3 万 7917 件。可想而知，尽管有宽缓的刑事政策，但是犯罪数量持续增长与司法资源紧张之间的矛盾是巨大的。尤其是进入刑事普通审判程序的案件数量更是有增无减。

其次，我国历年来在一审案件中由普通审判程序审理的案件数量过多，而其他审判程序审理的案件数量过少。刑事普通审判程序与其他审判程序在司法实践中的差距并不明显。刑事案件适用简易程序进行审理的并不多，只有少量不涉及附带民事诉讼的刑事案件，或者公诉机关建议适用简易程序的，才会适用简易程序审理。以山东烟台为例，2013 年，烟台地区刑事案件收案 4227 件，其中适用简易程序进行审理的为 902 件；2014 年收案 4447 件，适用简易程序进行审理的为 634 件；2015 年截至 11 月份，收案 4410 件，适用简易程序进行审理的为 750 件。① 再以河南商丘为例，商丘市睢阳区人民法院刑事简易程序适用率呈逐年下降趋势，2013 年、2014 年和 2015 年上半年，适用简易程序审结刑事案件分别为

① 参见杨军《刑事案件简易程序适用现状分析》，http://ytplfy.sdcourt.gov.cn/ytplfy/396067/396000/1390210/index.html。

241 件、133 件和 59 件，适用率分别为 24.35%、14.88% 和 10.85%。[①]可以看出，简易程序审理的刑事案件占全部刑事案件的比例不高。造成简易程序适用率低下的原因如下：

第一，最主要的就在于，简易程序仍然比较烦琐，审理期限又较短，使得案多人少的办案压力与简易程序审理期限较短之间的矛盾突出。根据法律规定，适用简易程序审理案件，"应当在受理后 20 日内审结，对可能判处 3 年以上有期徒刑的，可以延长至一个半月"。然而在司法实践中，因为案多人少等因素，案件起诉到法院等待排期开庭审判时，就已经接近或超过 20 天审限，为避免超期审判，不得不适用普通程序。而对可能判处 3 年以上有期徒刑的案件，因担心转为普通程序审理，需要重新排期开庭、增加工作量，绝大多数法官直接选择适用普通审判程序。尤其是2012 年修改后的《刑事诉讼法》对简易程序有了更加严格的规定，不但扩大了简易程序的适用范围，还改变了原来"适用简易程序审理公诉案件，人民检察院可以不派员出席法庭"的规定，如此也会使得检察院在提起公诉案件时很少建议适用简易程序审理。综上，由于适用简易程序审理的案件在庭审环节与普通审判程序审理案件的差异不大，然而审理期限却不到普通审判程序的 1/3，在一定程度上影响了法官适用简易程序的积极性。

第二，由于刑事附带民事诉讼的调解时间长，工作难度较大，法官需要在调解上花费大量时间和精力，并以原告是否赔偿到位作为刑事部分的量刑依据，这类案件大多集中在交通肇事罪、故意伤害罪等刑期为 3 年以下的案件，针对民事部分进行调解，化解双方当事人的矛盾就会占用一部分审限。简易程序的审限较短，适用简易程序很难将民事和刑事部分都处理完毕，造成大量能适用简易程序的案件按照普通程序进行审理。

第三，办案责任制未能真正落实。按照刑诉法规定，为了提高诉讼效率，适用简易程序审理的案件，在被告人陈述最后意见后，一般应当庭宣判。然而为提高审判质量、提高裁判文书的质量，裁判文书仍由承办法官制作，然后由庭长审核，分管院长签发。研究案件则需要分管院长、庭长和其他法官共同参与，对个别案件还需要上报审判委员会研究。这样会导

---

① 参见宋国强《刑事简易程序适用率降低原因及对策》，http://hnsqzy.hncourt.gov.cn/public/detail.php?id=11168。

致案件的规范管理与办案效率之间发生冲突，办案法官的责权不明，因此并无当庭宣判的案件。

第四，羁押期限变更通知制度增加了工作量。根据最高人民法院、最高人民检察院和公安部联合下发的《关于羁押犯罪嫌疑人、被告人实行换押和羁押期限变更通知制度的通知》规定，在由简易程序变更为普通程序需要变更被告人羁押期限时，承办人应当制作变更羁押期限通知书，并送达看守所和被告。此项规定在一定程度上导致部分法官在刚接收案件时，凭借经验评估能否在简易程序审限内结案，如果无法保证在审限内结案，就会为了减少程序跳过简易程序而直接适用普通程序，降低了简易程序的适用率。

第五，从法官自身主观方面而言，部分办案法官由于刑事审判经验相对不足，不敢轻易适用简易程序。有的法官因对案件情况了解得不够全面，对是否可以适用简易程序把握不准，对适用简易程序审理中是否会出现问题不能做出预判，担心庭审中出现变化，对程序转化存在畏难和厌烦心理，而较多选择普通程序。由于简易程序中大多由承办人独任审判，需要承办法官对全案负责，出于惧怕承担责任的心理，有的法官不喜欢适用简易程序，宁愿选择普通程序审理。以上可以归结于法官适用简易程序的主观意愿不强。综上可知，简易程序与刑事普通审判程序在司法实践中的界限并不分明，直接导致在现实中简易程序的适用率仍然很低，当然，从另一个角度看，也正是因为刑事普通审判程序并没有很好地体现出其严格性，所以才导致二者的区别不够分明。在这种情况下，加之繁简分流的迫切需要，于是就出现了刑事速裁程序的试点改革。

最后，审案法官人均承担案件的数量情况也表明，在我国刑事普通审判程序承担的案件数量巨大的情况下，审判人员的压力也是非常大的。尽管办案压力如此巨大，我们司法机关的人员数量却未增加，甚至越发紧张了。比如，在司法责任制改革之后，检察官员额制改革正在逐步落实，最高人民检察院表示，检察官的员额制比例，整体要求不越过39%，这个比例在各地区内可以统筹。即便是为了让尚未进入员额的检察官助理看到希望，这个比率也只保持在31%。一般每个检察院的公诉人有1—2个，而每个公诉人每年要办案100件左右，江浙地带甚至达到每人每年办案高达

200件。① 就法官的审判压力而言，以广东省为例，年收案数已从2007年的71万多件直线上升到2014年的121万件，法官人均年结案数从2007年的71.88件上升至2014年的98.47件。珠三角地区的广州、深圳等地的法院一线法官人均办案超过了200件。随着司法责任制改革的进行，法官员额的限制，法院内部面临着落实法官员额制等多项改革试点任务，以广东省为例，根据《广东省司法体制改革试点方案》以及中央、省委关于司法体制改革的有关精神，广东省司法体制改革试点工作启动后，全省法院法官员额将在5年内逐步减少到中央政法编制总数的39%以下。② 根据2017年的最高人民法院工作报告，目前全国法院产生入额法官11万名，85%以上的司法人力资源配置到办案一线，虽然在一定程度上激发了法官的办案积极性，但是上海、广东、海南的法官人均办案数量同比分别增长了21.9%、22.3%、34.8%。由于《法官法》等现行法律法规和制度规定对法官的任职资格设置了严格的准入条件，加上编制的限制，使得审判力量与审判任务不相适应的矛盾愈发加剧。最高人民法院院长周强在2015年最高人民法院工作报告中提到，随着人民法院办案数量持续快速增长，新型案件大量增加，办案压力越来越大，一些经济发达地区的一线法官年人均办案高达300多件。可见，案多人少的矛盾已经非常严重。在现有法官选任模式下，培养一名成熟的法官需要经历一段比较长的时间，要耗费大量的时间成本、物质成本和司法成本，并且法官成长的速度远远赶不上案件数量增长的速度。如上所述，大部分的案件又涌入了一审普通程序，因此，一审普通程序的案件应当被合理分流到其他审判程序，才可以提高审判效率，促进和谐。

二 立法上对普通审判程序配套的庭前会议制度在实践中适用严重不足

在司法实践中，对于一些在庭审阶段才解决的问题，其实控辩双方并无过多实质性争议，如若在庭审前就召集控辩双方针对此类问题发表意见、达成共识，明确争议焦点，更有利于在庭审阶段集中力量解决双方实

---

① 张相军：《公诉工作如何适应以审判为中心的诉讼制度改革》，《人民法院报》2016年12月18日第2版。

② 徐家新主编：《人民法院队伍建设调研文集》，人民法院出版社2016年版，第166页。

际存在的争议问题，落实庭审实质化，提高庭审质量。因此，2012 年对《刑事诉讼法》修改，为了强化一审普通程序，保障程序的公正性，提高诉讼效率，专门在第 182 条规定了为普通审判程序做好庭前准备的庭前会议制度。① 其主要功能如下。一是明确诉讼争点。法官通过审判前的准备，可以尽快掌握案情以及双方的争议焦点，在这个环节还能够给控辩双方提供一个平等的收集证据提出主张的平台，保护了当事人的诉讼权利。二是防止法庭突袭，创造诉讼主体之间的公平论战。三是提高了庭审效率。四是促使案件繁简分流和纠纷解决的多元化，有效减轻审判机关的压力。② 在庭前会议中消除可能造成审判中断和拖延的因素，缩短正式审判的期限，以减少辩论式审判巨大的诉讼投入，从而达到加速审判、提高审判效率的目的。

然而，设立庭前会议的立法初衷在司法实践中并未受到重视，庭前会议的适用率也严重不足。自 2012 年《刑事诉讼法》实施以来，全国多地均开展了庭前会议的适用工作，然而情况却并不理想。以北京为例，2013 年全年，北京有 81 件公诉案件召开了庭前会议，仅占北京同期普通程序审理公诉案件数量的 1.2%。③ 北京市第二中级人民法院 2013 年和 2014 年共有 10 件一审案件召开了庭前会议，仅占该两年审结一审案件数（502 件）的 2%。④ 以上海为例，2013 年全年上海有 40 件公诉案件召开了庭前会议，仅占上海同期普通程序审理公诉案件数量的 0.6%。以江苏省为例，江苏省盐城市两级法院 2013 年刑事案件总数为 4459 件，2014 年刑事案件总数为 4817 件，但两年内仅有 38 件刑事案件召开过庭前会议。这其中

---

① 2012 年《刑事诉讼法》第 182 条规定："人民法院决定开庭审判后，应当确定合议庭的组成人员，将人民检察院的起诉书副本至迟在开庭十日以前送达被告人及其辩护人。在开庭以前，审判人员可以召集公诉人、当事人和辩护人、诉讼代理人，对回避、出庭证人名单、非法证据排除等与审判相关的问题，了解情况，听取意见。人民法院确定开庭日期后，应当将开庭的时间、地点通知人民检察院，传唤当事人，通知辩护人、诉讼代理人、证人、鉴定人和翻译人员，传票和通知书至迟在开庭三日以前送达。公开审判的案件，应当在开庭三日以前先期公布案由、被告人姓名、开庭时间和地点。上述活动情形应当写入笔录，由审判人员和书记员签名。"

② 陈旭：《公正与效率视野下的审判管理》，《法律适用》2002 年第 1 期。

③ 参见慕平《北京市人民检察院工作报告——2013 年 1 月 26 日在北京市第十四届人民代表大会第一次会议上》，http://www.bjjc.gov.cn/bjoweb/gzbg/44523.jhtml。

④ 卞建林、陈子楠：《庭前会议制度在司法实践中的问题及对策》，《法律适用》2015 年第 10 期。

2013 年有 18 件，适用比率为 0.40%；2014 年略有上升，有 20 件召开庭前会议，适用比率为 0.42%。2013 年、2014 年两年中，江苏无锡市两级法院共召开庭前会议 26 次，主要涉及的问题包括非法证据排除、证据开示、证人出庭名单、管辖、回避等。根据江苏省无锡市和盐城市 5 个基层检察院在 2013 年 1 月至 2015 年 3 月刑事公诉案件数和参与庭前会议数的统计，该 5 个基层检察院在上述期间共对 6803 件刑事案件提起了公诉，但仅有 19 件召开了庭前会议，适用率只有 0.28%。另有数据显示，2013 年 1—10 月，江苏省各级检察院处理刑事案件有 6 万多件，召开庭前会议的有 217 件，适用比率约为 0.36%。其中江苏苏州市检察院处理刑事案件 11487 件，召开庭前会议的有 35 件，适用比率约为 0.30%；江苏泰州市检察院处理刑事案件 2495 件，召开庭前会议的有 13 件，适用比率约为 0.52%；江苏无锡市检察院处理刑事案件 7500 件，召开庭前会议的有 16 件，适用比率约为 0.21%。① 再以甘肃省为例，2013 年 1 月至 2014 年 3 月，甘肃兰州市中级人民法院在此期间一审刑事案件 246 件，召开庭前会议的仅 2 件，召开庭前会议的案件数占一审案件数量的比例为 0.8%，甘肃天水市中级人民法院在此期间一审刑事案件 51 件，召开庭前会议的仅 9 件，召开庭前会议的案件数占一审案件数量的比例为 17.6%，甘肃定西市中级人民法院在此期间一审刑事案件 61 件，召开庭前会议的仅 2 件，召开庭前会议的案件数占一审案件数量的比例为 3.3%，甘肃酒泉市中级人民法院在此期间一审刑事案件 22 件，召开庭前会议的仅 3 件，召开庭前会议的案件数占一审案件数量的比例为 13.6%，甘肃武威市中级人民法院在此期间一审刑事案件 22 件，召开庭前会议的仅 2 件，召开庭前会议的案件数占一审案件数量的比例为 9%。② 由此可见，各省市在对于庭前会议的适用上呈现基本相同的态势，虽然庭前会议在司法实践中的适用率从绝对数量上看已有一定规模，但占总体案件的比例仍是不高，适用也不够广泛，立法的初衷在司法实践中未受到足够重视。

三 被告人的公正审判权保障不足

据上文可知，确保被告人的公正审判权是普通程序的首要功能。在我

---

① 杨宇冠：《非法证据排除与庭前会议实践调研》，《国家检察官学院学报》2014 年第 3 期。

② 南永绪、袁红：《庭前会议制度的实践应用及思考——以〈刑事诉讼法〉第 182 条第 2 款及相关司法解释为视角》，《西部法学评论》2015 年第 2 期。

国，虽然 2012 年修改后的《刑事诉讼法》已然在促进被追诉人的公正审判权得以保证的方面取得了很多进展。如增加规定"司法机关独立行使职权，未经人民法院依法判决对任何人不得定罪，律师在侦查阶段可以参加诉讼，加强对强制措施的制约，加强被告人对审判活动的参与"等。这些都与《公民权利和政治权利国际公约》规定的国际标准要求一致或基本一致。[①] 但是，在刑事普通审判程序的适用当中，仍有一些权利的保障不足，值得进行进一步的研讨。其中最为突出的莫过于以下四个方面的问题。

一是普通程序案件中律师的辩护率仍然很低。根据 2018 年《刑事诉讼法》第 11 条的规定可知，[②] 不仅我国实行公开审判制度，而且在人民法院审判案件时，被告人享有辩护权。辩护权是被告人的一项基本诉讼权利。被告人有权获得辩护，是我国宪法确定的诉讼制度，刑事诉讼法的规定是宪法确定的诉讼制度的具体化。认真实行辩护制度，不仅有利于办案人员客观全面地查明事实，分析案情，准确惩罚犯罪，还有利于保障无罪的人不受刑事追究。人民法院在刑事审判中，必须保障被告人享有辩护权，不得以任何借口限制和剥夺辩护权。我国 2012 年的《刑事诉讼法》加强了对辩护律师诉讼权利的保障，比如，确认了辩护人在侦查阶段的地位；扩大了法律援助的范围，并将法律援助的适用阶段延展至侦查阶段；强调实体辩护与程序辩护并重，对辩护人的责任重新定位；辩护律师可以直接到看守所会见在押犯罪嫌疑人、被告人，但三类案件除外；自审查起诉之日起辩护律师可查阅全部案卷材料；辩护人执业中涉嫌伪证罪要追究，但在程序上给予特别安排；辩护律师对于委托人信息的保密权得到确立，三类案件除外；对于办案机关及其工作人员阻碍其依法行使诉讼权利的行为，辩护人、诉讼代理人有权申诉、控告，检察机关应当审查、纠正。以上这些 2012 年关于辩护制度的修订，对于切实保障被告人的辩护权具有重要意义。但是，尽管《刑事诉讼法》对辩护权的完善做了如此多的有益规定，但仍然与庭审改革的要求存在较大差距。辩护权在某种程度上，仍然处于被压抑和削弱的状态。尤其是一直以来，普通程序中的律

---

① 熊秋红：《解读公正审判权——从刑事司法角度的考察》，《法学研究》2001 年第 11 期。

② 2018 年《刑事诉讼法》第 11 条规定："人民法院审判案件，除本法另有规定的以外，一律公开进行。被告人有权获得辩护，人民法院有义务保证被告人获得辩护。"

师辩护率都很低,一般只有30%左右,不仅限制了我国刑事诉讼制度法治化、现代化进程,也对保障人权、维护司法公正存在很不利的影响。对此,2017年4月司法部提出逐步实现刑事案件律师辩护全覆盖。这一举措很富有担当精神,但同时对当下依旧紧张的司法资源提出了巨大挑战。于是在2017年10月最高人民法院和司法部又共同发布了《关于开展刑事案件律师辩护全覆盖试点工作的办法》。《关于开展刑事案件律师辩护全覆盖试点工作的办法》不仅为刑事案件律师辩护全覆盖从设想变成现实迈出了具有里程碑意义的一步,而且表明了我国完善认罪认罚从宽制度、努力实现让人民群众在每一个案件中感受到公平正义的共同意志。值得注意的是,《关于开展刑事案件律师辩护全覆盖试点工作的办法》不是要求在刑事诉讼程序的各个阶段都实现律师辩护全覆盖,而是首先从审判阶段开始突破试点,由于律师辩护全覆盖这项工作刚刚开始,还处于初始阶段,所以即使在审判阶段实现律师辩护全覆盖也将面对诸多困难和巨大挑战。因此,在推行实践的过程中要充分认识到,律师辩护全覆盖不仅要保证律师的充分参与度,更要保证律师辩护不走过场,切实发挥辩护作用。

二是被告人的质证权难以保障,证人、鉴定人、侦查人员的出庭率非常低。证人出庭作证的补偿和保护不到位致使证人出庭作证率低,直接导致被告人的质证权难以实现。证人证言是一种很重要的证据,证人原则上必须出庭,接受质证,这既是被告人公正审判权的一个重要体现,也是保证证言真实性,确保案件审判质量的重要条件之一。我国目前在普通审判程序中的控辩式庭审方式要求证人出庭提供证言,接受控辩双方的询问与反询问。2012年《刑事诉讼法》第59条规定,证人证言必须要经过法庭上的质证及查实。[①] 在司法实践中,证人出庭作证率极低,绝大多数案件没有证人出庭作证,而是由公诉人当庭宣读书面证言。由于证人不出庭,使得对其证言的质证无从进行,有的证人甚至向控辩双方提供了相互矛盾的书面证言,使得法庭无法辨别其真伪,既妨碍了审判的顺利进行,更是拖延了法庭审判的时间,使得案件的审判质量无法得到保证。因此,完善证人出庭作证制度,已经成为审判程序繁简分流改革中一个重要的问题。

---

① 2012年《刑事诉讼法》第59条规定:"证人证言必须在法庭上经过公诉人、被害人和被告人、辩护人双方质证并且查实以后,才能作为定案的根据。法庭查明证人有意作伪证或者隐匿罪证的时候,应当依法处理。"

　　三是非法证据排除难。2012 年《刑事诉讼法》吸纳了 2010 年"两高三部"《非法证据排除规定》的主要内容，在立法层面确立了非法证据排除规则，对于实践中刑讯逼供和非法取证现象的发生起到了一定的遏制作用。党的十八届三中全会明确提出，"严禁刑讯逼供、体罚虐待，严格实行非法证据排除规则"；十八届四中全会又进一步要求，"健全落实非法证据排除等法律原则的法律制度，加强对刑讯逼供和非法取证的源头预防"。2017 年 4 月 18 日，中央全面深化改革领导小组第 34 次会议又审议通过了《关于办理刑事案件严格排除非法证据若干问题的规定》（以下简称《严格排除非法证据规定》），此后为确保该项规定的具体落实，最高人民法院又制定了《人民法院办理刑事案件排除非法证据规程（试行）》（以下简称《非法证据排除规程》），这些都是我国在依法治国背景下发展和完善非法证据排除制度的有力举措。① 就审判阶段而言，法律对非法证据排除程序的启动做出了一些限制，确立了程序性审查前置、先行调查以及当庭裁决等原则，对非法证据排除的初步审查和正式调查做出了程序上的规范，并且在落实非法证据排除规则的过程中，也有考虑如何能更有效节约司法资源的问题。比如，《严格排除非法证据规定》第 26 条就规定："人民法院对证据收集的合法性有疑问的，应当在庭审中进行调查；人民法院对证据合法性没有疑问，且没有新的线索或材料表明可能存在非法取证的，可以决定不再进行调查。"这一规定对于避免浪费司法资源，防止架空庭前会议制度，具有积极意义。虽然此后为避免以庭前会议取代法庭调查，《非法证据排除规程》将这一规定修改为："控辩双方在庭前会议中对证据收集的合法性未达成一致意见，人民法院应当开展庭审调查，但公诉人提供的相关证据材料确实、充分，能够排除非法取证情形，且没有新的线索或材料表明可能存在非法取证的，庭审调查举证、质证可以简化。"如此规定确实能更好地在保证公正的基础上提升审判效率。然而，尽管我国的非法证据排除规则在法律上已经比较完备了，但在司法实践的落实中，在刑事普通审判程序的法庭调查过程中，仍然存在一些问题。

　　首先，被告人的辩护权在非法证据排除过程中未能得到很好的保护。目前我国《刑事诉讼法》及相关法律规定已经开始对被告人的辩护权有

① 戴长林：《非法证据排除制度的新发展及重点问题研究》，《法律适用》2018 年第 1 期。

所重视，除了将法律援助的适用范围扩大以外，还赋予了辩护律师自审查起诉阶段起查阅、摘抄、复制相关案卷材料的权利，向法院、检察机关申请调取侦查机关收集但未提交的讯问录音录像、体检记录等证据材料的权利等。这些都对被告人在刑事审判程序中更为有效地行使辩护权有所帮助。然而，实践中被告人的辩护律师在非法证据排除的过程中，除非掌握了相关材料或线索，否则就无法启动非法证据排除的程序，甚至都无法说服法院召开庭前会议。在我国，辩护律师在调查取证方面仅有一些立法上的原则性规定，没有强有力的制度保护，操作起来十分困难，要想取得侦查机关非法取证的相关证据、材料，更是难上加难，因为侦查人员的讯问工作往往都是不公开的，有关材料也都被侦查机关、看守所、驻所检察官所掌握，律师想要调取这些证据材料，经常会遇到阻碍，这些阻碍在目前都是没有明确规定应当如何处理解决的，比如，辩护律师申请调取侦查机关、看守所或驻监所检察官掌握的证据材料时，如果这些机关无理拒绝，法院是否可以强制调取证据？再比如，辩护律师申请法庭通知侦查人员或其他证人出庭作证，这些人员拒绝，应当如何救济？① 再比如，在没有建立侦查机关随案移送同步录音录像制度的情况下，辩护律师应当如何查阅侦查人员讯问过程的录音录像？这些问题的悬而未决都使得我国的非法证据排除在实践操作中困难重重，也使得在刑事普通审判程序当中，控辩双方的举证、质证不能均衡，也就不利于保证审判程序中的司法公正。

其次，关于法官在审判程序中排除非法证据的自由裁量权问题。由于存在上述辩护律师权利保障的问题，导致法庭在非法证据排除的审理过程中，更多地出现侦查人员的"情况说明"、截取的录音录像等控方单方面出具的证据材料的情况。目前我国对于法官赋予了太多自由裁量权，加之控辩双方如此不平衡，将会导致庭审的虚置，以及无法对非法证据的排除进行实质性的审查等情况出现。比如，《非法证据排除规程》要求："被告人及其辩护人申请排除非法证据，应当提供相关线索或者材料。"该规定虽然有利于防止被告人滥用申请权，避免造成司法资源的浪费，但由于我国目前普通程序中辩护率仍然不高，所以也有可能会过分限制被告人的申请权，导致很多合法的申请无法被纳入审判程序之中。再比如，《严格排除非法证据规定》规定："庭审期间，法庭决定对证据收集的合法性进

---

① 陈瑞华：《刑事辩护的理念》，北京大学出版社 2017 年版，第 317 页。

行调查的，应当先行当庭调查。但为防止庭审过分迟延，也可以在法庭调查结束前进行调查。"①《非法证据排除规程》进一步明确规定："人民法院决定对证据收集的合法性进行法庭调查的，应当先行当庭调查。为防止庭审过分迟延，可以先调查其他犯罪事实，再对证据收集的合法性进行调查。需要强调的是，在对证据收集合法性的法庭调查程序结束前，不得对有关证据出示、宣读。"② 此处的"为防止庭审过分迟延"，就是在先行调查原则的基础上设置的例外规则，这显然赋予法院太大的自由裁量权，一旦赋予法院任何解释的权力，就可能导致原则的消失。③ 如此容易导致庭审中的非法证据排除流于形式。

最后，关于在非法证据排除中，法院裁判的独立性问题。这个问题又回到了"公正审判权"的内容本身，可以说，非法证据排除的有力落实，很大程度上取决于法院在审判程序中的独立。但在我国目前的司法实践中，可以看到，对于控方提出的起诉，法院甚至连无罪判决都很少作出，更不要说是排除非法证据了，如此可能会使得庭审中非法证据排除程序的运行变成走过场，很难充分发挥其应有的作用。④ 以上所说的问题都存在于目前推行非法证据排除的过程中，在司法实践中，尤其在刑事普通审判程序中，多数案件都是案情重大复杂的，这些问题的存在对保障被追诉人的公正审判权是极为不利的。

四是疑罪从无原则贯彻不力。根据现行《刑事诉讼法》第12条的规定可知，"未经人民法院依法判决，对任何人都不得确定有罪"，这其中吸收了无罪推定原则的合理成分，却仍未明确确立无罪推定原则。疑罪从无是无罪推定原则的重要内容。中央政法委出台的关于切实防止冤假错案的指导意见明确要求："对于定罪证据不足的案件，应当坚持疑罪从无原则，依法宣告被告人无罪，不能降格作出'留有余地'的判决。对于定罪确实、充分，但影响量刑的证据存在疑点的案件，应当在量刑时做出有

---

① 万春、高翼飞：《刑事案件非法证据排除规则的发展——〈关于办理刑事案件严格排除非法证据若干问题的规定〉新亮点》，《中国刑事法杂志》2017 年第 8 期。

② 戴长林、刘静坤：《让以审判为中心的刑事诉讼制度改革落地见效》，《人民法院报》2017 年 6 月 28 日第 2 版。

③ 陈瑞华：《非法证据排除程序的理论展开》，《比较法研究》2018 年第 1 期。

④ 陈瑞华：《司法审查的乌托邦——非法证据排除规则难以实施的一种成因解释》，《中国法律评论》2014 年第 6 期。

利于被告人的处理。"① 疑罪从无原则可以从逻辑上解析为两部分：一是准确判断疑罪，二是一旦被判断为疑罪，坚决从无。坚持贯彻疑罪从无原则最大的价值目的就是防范冤假错案的产生。在司法实践中，我国关于疑罪从无原则的贯彻并不够彻底。

首先，办案人员在判断疑罪时存在较大的压力。我国长期以来受"重刑"思想的影响，诉讼各方在处理很多退无可退、查无可查的案件时，在案件存疑的情况下，为了顾忌社会影响、为了寻求一种心理和利益上的平衡，宁可"疑罪从轻"，不愿"疑罪从无"。一旦对某一存疑的案件做了存无的处理，被害人一方可能会对司法机关施加压力，况且存在疑问的案件，并不意味着该犯罪嫌疑人就一定不是真正的罪犯，也不意味着办案人员发自内心地相信犯罪嫌疑人真的不是罪犯。对于这样的现实困境，办案人员不管在理念上多么赞同疑罪从无原则，也很难保证其在具体操作中不会有所犹豫。因此在我国，法院本身很少作出无罪判决。与进入法院的刑事案件数量逐年上升形成鲜明对比的是，法院的无罪判决数量呈逐年下降的趋势。有数据显示，2005 年全国法院曾对 844717 人作出了生效的刑事判决，其中宣告无罪的有 2162 人，占全部刑事被告人的 0.256%。② 到了2009 年，全国法院生效判决的刑事被告人人数增加到 997872 人，其中宣告无罪的被告人人数减少为 1206 人，占全部刑事被告人的 0.12%。③ 到了 2013 年，全国法院生效判决的刑事被告人则增加到 1158609 人，宣告无罪的被告人只有 825 人，占全部刑事被告人的 0.071%。④ 2013 年至2017 年 9 月，人民法院共依法宣告 4032 名被告人无罪，占全部刑事被告人的 0.08% 以下。⑤ 对于司法人员而言，与其因不诉或不判，承担国家赔

---

① 蒋皓：《中央政法委出台意见要求：严格遵守法律程序制度 坚守防止冤假错案底线》，《法制日报》2013 年 8 月 12 日第 1 版。

② 参见最高人民法院总编《2005 年全国法院司法统计公报》，《最高人民法院公报》2006年第 3 期。

③ 参见最高人民法院《2009 年全国法院审理刑事案件被告人生效判决情况统计表》，http://www.nj-lawyer.net/news-524.html。

④ 参见最高人民法院总编《2013 年全国法院审理刑事案件被告人判决生效情况统计表》，《最高人民法院公报》2014 年第 4 期。

⑤ 参见周强《最高人民法院关于人民法院全面深化司法改革情况的报告》，《人民法院报》2017 年 11 月 9 日第 1 版。

偿的风险，不如留有余地地轻诉或轻判，如此便会直接导致疑罪从无原则的贯彻不力。

其次，办案人员判断疑罪的能力有待提高。现行《刑事诉讼法》第200条第（三）项规定，"经审理认为证据不足，不能认定被告人有罪的，审判机关应当做出证据不足，指控罪名不能成立的无罪判决"。2012年《最高人民法院关于适用〈中华人民共和国刑事诉讼法〉的解释》第241条规定也做了类似规定，这些规定明确赋予了审判机关对证据不足案件的无罪判决权，虽然符合无罪推定原则，但仍存在不合理之处。① 按照现行法律规定，对于证据不足的案件，审判组织既负责认定案件事实，又有权适用法律，这样并不利于权力的制约与监督。与其他无罪判决案件相比较而言，证据不足的无罪判决案件中最为根本的问题就是对于事实的认定，仅依靠审判人员负责证据不足案件的事实认定不尽合理。依据现行法，我国提高事实认定质量的方式主要有两种，一是增加合议庭组成人员中具有专业优势的专家人员的比例，二是吸收专家辅助人参与诉讼。然而在实践中，这两种方法都难以满足证据不足案件认定事实的需要。一旦案件在进入审判程序之后才发现是证据不足的案件，此时重新选定合议庭的陪审员并不具有现实可操作性，因此，也不能从根本上解决证据不足案件中事实认定的问题。由上可知，疑罪从无原则在我国普通审判程序中的贯彻并不彻底，不仅是由于办案人员的诉讼理念以及面临很大的审判压力，还因为办案人员判断疑罪的决疑能力有待提高。

四　司法实践中适用普通程序与适用简易程序审理案件没有实质区别

目前由于诉讼资源紧张，诉讼案件多样化，使得刑事审判程序也拓展出简易程序、速裁程序等多种程序形式。之所以产生如此多样的审判程序，就是为了优化诉讼资源的配置，使得资源配置最优，将更多审判精力投入到审判更加复杂疑难案件的普通程序中去。从应然上讲，无论是从立法上还是法学理论上，刑事普通程序与简易程序都应当具有实质性的区别。简易程序之所以称为"简易"，在于其保障被告人辩护权、非法证据排除、证人出庭、法庭辩论等方面都与普通程序不同，较普通程序更为

---

① 姚显森：《疑罪从无处理的程序法规制》，《现代法学》2014年第9期。

简化。

首先，两种审判程序中获得律师辩护的保障程度不同。刑事辩护不仅包括实体性辩护，即对被告人的定罪问题和量刑问题的辩护，还包括程序性辩护，即对于被告人在刑事诉讼全程享有的律师在场权、非法证据排除权等诉讼性权利的保护，辩护律师可以对程序性违法提出辩护意见，维护被告人的合法权利。就实体性辩护而言，在简易程序当中，由于被告人认罪，所以关于定罪的问题就不再存有争议，辩方往往只需要对量刑进行辩护。而在普通审判程序中，对于被告人的罪与非罪的问题一般都存在异议，辩护律师应当进行关于定罪问题的辩护。就程序性辩护而言，简易程序中的程序性辩护比较有限，适用简易程序审理案件时，也会出现因为一些情形而转为适用普通程序审理的情况。① 当然，这些情况除了被告人可能不构成犯罪，不负刑事责任等比较轻微的情况外，也可能是由于出现了"不应当或者不宜适用简易程序的其他情形"，对于其他情形包括哪些情形，法条中没有明确规定。因此，在简易程序运行中，一旦被告人及其辩护人认为不应当再继续适用简易程序的，其并没有对于审判程序的转化权，由于按照现行《刑事诉讼法》的规定，简易程序不受法庭调查和法庭辩论的限制，因此被告人的程序性辩护权并没有更多的发挥空间。而在普通程序中，被告人的各项诉讼权利都应得到很好的保护，一旦出现程序性违法的情况，辩护律师应当就此提出辩护意见进行辩护。

其次，证人、鉴定人、侦查人员出庭作证，对被告人质证权的保障程度不同。适用简易程序审判，证人、鉴定人可以不出庭。2018年《刑事诉讼法》第219条规定，"适用简易程序审理案件，不受刑事诉讼法关于送达期限、讯问被告人、询问证人、鉴定人、出示证据、法庭辩论程序规定的限制"，该条所说的"不受本章第一节关于讯问被告人、询问证人、鉴定人、出示证据、法庭辩论程序规定的限制"，可以理解为简易程序可以简化法庭调查程序、法庭辩论程序等。但应当注意，简易程序中仍然保留了被告人的最后陈述权。最高人民法院的司法解释也规定："适用简易

① 2012年《最高人民法院关于适用〈中华人民共和国刑事诉讼法〉的解释》第298条规定："适用简易程序审理案件，在法庭审理过程中，有下列情形之一的，应当转为普通程序审理：（一）被告人的行为可能不构成犯罪的；（二）被告人可能不负刑事责任的；（三）被告人当庭对起诉指控的事实予以否认的；（四）事实不清，证据不足的；（五）不应当或者不宜适用简易程序的其他情形。"

程序审理案件，可以对庭审进行简化。对控辩双方无异议的证据，可以仅就证据的名称及所证明的事项说明。"① 依照法律上确立简易程序的初衷，简易程序处理的案件是事实清楚、因果关系明了、证据充分的案件，案件审理起来比较简单，证人、鉴定人、侦查人员等出庭的意义不大，且不利于提高审判效率。但在普通审判程序中，由于案件多是复杂重大的，所以应当确保证人、侦查人员、鉴定人能够出庭作证，法官应当通过证人到庭、审查证人的证言，再行做出裁决，实现庭审的实质化。

再次，非法证据排除的保障程度不同。依照 2012 年《刑事诉讼法》的规定，法院适用简易程序审理的案件，只需要事实清楚、证据充分，而不需要证据确实，也就是说，适用简易程序审理案件对证据只有量的要求却没有质的要求。证据是否确实还需要法庭进行审理查明，在查明证据的过程中必会涉及非法证据排除的问题。简易程序的适用是以被告人认罪，且对适用简易程序没有异议为前提的，本来针对这样的案件适用简易程序的初衷就是提高审判效率，但如果在简易程序中启动了非法证据排除程序，就会使得简易程序变得不再简易，其提高审判效率的初衷也不好实现。但是如果真的存在以刑讯逼供、威胁、引诱等方法获得的被动认罪供述，不启动非法证据排除程序，又会损害司法公正。所以在适用简易程序时，应当适当限制非法证据排除的适用，以确保诉讼效率。但在普通审判程序中，一定要严格适用非法证据排除规则，以确保有效防范冤假错案，确保普通程序的庭审在查明事实、认定证据、保护诉权、保障公正裁判中发挥决定性作用，全面构建以审判为中心的刑事诉讼新格局。

最后，对于控辩平等及充分辩论权的保障程度不同。正如上文所述，适用简易程序审理的案件，不受法庭辩论程序规定的限制，也就是说，在简易程序中，法庭辩论环节可以简化甚至省略。然而，在普通程序中，应当确保控辩双方具有平等的诉讼武装，特别是要对被告人及其辩护人的辩

---

① 《最高人民法院关于适用〈中华人民共和国刑事诉讼法〉的解释》第 295 条规定："适用简易程序审理案件，可以对庭审作如下简化：（一）公诉人可以摘要宣读起诉书；（二）公诉人、辩护人、审判人员对被告人的讯问、发问可以简化或者省略；（三）对控辩双方无异议的证据，可以仅就证据的名称及所证明的事项作出说明；对控辩双方有异议，或者法庭认为有必要调查核实的证据，应当出示，并进行质证；（四）控辩双方对与定罪量刑有关的事实、证据没有异议的，法庭审理可以直接围绕罪名确定和量刑问题进行。适用简易程序审理案件，判决宣告前应当听取被告人的最后陈述。"

护权给予充分保障,以此确保审判公正的实现,而不是让普通程序仅仅有一个"正当程序"的外观。

尽管刑事普通程序与简易程序具有如此多的实质性的差异,但在我国司法实践中无论适用普通程序还是适用简易程序审理案件,在这些方面几乎没有什么实质区别,基本上都是"卷宗中心主义",庭审过程实际上主要是在审查检察机关移送的、由侦查机关收集的各种书面证据材料。所不同的是普通程序所花的时间比简易程序多一些。同时,普通程序案件结案的期限也比简易程序案件结案的期限长一些。正是由于两种程序没有实质性区别,而且普通程序的结案期限还比较长,给法官的办案时间比较充足,以致出现有些法官宁愿适用普通程序而不愿适用简易程序的"怪现象",间接造成简易程序在司法实践中适用率较低的问题。如此,审判程序的正当性就没有得到充分保证。不能很好地在实质上区别刑事普通审判程序与简易程序等其他审判程序,也就失去了适用普通程序审判的意义。由于庭审实质化的要求,使得简易程序、速裁程序等相对于普通程序更为简单的审判程序,在审理案件时也应当确保庭审实质化的实现,确保被告人能够得到应有的辩护权利等。因此,普通审判程序在运行时应当更为严格地保证程序的正当性,方能体现出与简易程序、速裁程序的区别,否则就失去了确立简易程序、速裁程序的意义。然而实践中,刑事普通审判程序却并未体现出与简易程序、速裁程序等程序的实质性区别。虽然普通审判程序和简易程序、速裁程序都是刑事审判程序,但除了适用案件范围不同,这几种审判程序所要实现的价值目的的顺位也不尽相同。刑事普通审判程序的严格程度应当与简易程序、速裁程序等简化程序严格区分。由于适用普通审判程序的案件具有实体上的复杂性和社会上的影响力,因此,不仅要严格保证被告人的各项诉讼权利,保证整个审判程序是正当的,而且要将普通程序与简易程序的这种差别予以充分体现。

第三节 刑事普通审判程序的改革完善

自 2014 年 10 月党的十八届四中全会召开以来,从党中央到"两院三部"、再到最高人民法院,已经专门就推进以审判为中心的诉讼制度改革下发了一系列文件,这些文件对刑事普通审判程序的改革指明了方向,提供了依据。其核心是建立"庭审实质化"的普通审判程序。据此，笔者就刑事普通审判程序的改革与完善提出以下建议。

一　程序启动：实行当事人选择与法律规定双轨制

首先需要明确的是，刑事诉讼的基本原则，即程序法定原则，与被告人的程序选择权的存在并不矛盾。程序法定原则作为刑事诉讼法的一项基本原则，主要包括两方面的内容，"一是立法方面，即为了追究犯罪和保障人权，国家应当通过立法明确规定刑事程序；二是执法和司法方面，即要求侦查、起诉和审判机关必须遵守法定程序，才能采取限制人身自由、损害财产权益等诉讼中的强制措施以及给个人定罪判刑"[①]。当事人程序选择权则是人权思潮在程序法中的体现，指国家立法机关在规定刑事诉讼程序时，应当赋予当事人对于诉讼程序的程序选择权。人所共知，刑事诉讼要实现全面法治化，就必须处理好惩罚犯罪与保障人权的关系，而在这其中，如何确保被追诉人的各项合法诉讼权利从来都是其关键的症结所在，同时也是刑事诉讼所要实现的价值目标之一。赋予被追诉人一定程度的程序选择权，不仅能更好地尊重和保障人权，而且可以彰显司法民主。所以说，程序法定原则与当事人的程序选择权并不矛盾。而且在刑事审判程序中，赋予被告人选择程序的权利，还可以使得审判程序有所简化，诉讼资源得到节省，同时，诉讼效率以及给当事人所带来的诉讼利益也能明显得以提升。为在最短时间内处理最多的案件，在保证司法公正的前提下节约资源、提升效率，许多国家都有关于程序选择权的规定，比如，美国就既有陪审团审判，也有辩诉交易，且允许被告人自主选择具体程序，被告人要求陪审团审判就要保证其获得陪审团审判，一旦被告人放弃陪审团审判，自愿认罪与控方达成辩诉交易，法庭也应当允许。

我国的审判程序也应当允许被告人享有程序选择权。被告人的程序选择权主要可以包括两个方面的内容：一是被告人自愿选择适用何种程序；二是被告人在适用程序之后要求变更程序。在刑事诉讼中，当事人一旦对适用何种程序做出了选择，就一定要保障其选择权得到实现。比如，一旦在符合适用简易程序的情况下，当事人请求适用普通程序审理的，则应当对其适用普通程序审理，保障其对于程序的选择权，并且保证这种审判程序的启动是符

---

① 　徐静村主编：《刑事诉讼法学》（上册），法律出版社 2004 年版，第 121 页。

合法律规定的。2018 年《刑事诉讼法》第 214 条规定，可以适用简易程序审判的条件之一是"被告人对适用简易程序没有异议"，此外，依据 2012年《最高人民法院关于适用〈中华人民共和国刑事诉讼法〉的解释》第289 条、第 294 条之规定，"审判机关受理公诉案件后，经审查认为案件事实清楚、证据充分的，不仅应在送达起诉书的同时询问被告人对指控的犯罪事实的意见，告知其适用简易程序的法律规定，而且在开庭当日也应当庭询问其对指控的犯罪事实的意见，告知其适用简易程序审理的法律规定，确认其是否同意适用"，根据《关于在部分地区开展刑事案件认罪认罚从宽制度试点工作的办法》第 16 条，"对于基层人民法院管辖的可能判处 3 年有期徒刑以下刑罚的案件，事实清楚、证据充分，当事人对适用法律没有争议，被告人认罪认罚并同意适用速裁程序的，可以适用速裁程序，由审判员独任审判，送达期限不受刑事诉讼法规定的限制，不进行法庭调查、法庭辩论，当庭宣判，但在判决宣告前应当听取被告人的最后陈述"。这些法律规定都说明，在我国，即便刑事案件在司法机关及司法人员眼里是简单清楚的，但只要被告人不同意适用简易程序和速裁程序，而选择适用普通程序审理的，就应当对其的该项选择权予以保障。只有当被告人对适用简易程序审理完全没有异议，才可以适用简易程序审判。在正面赋予了被告人对于适用简易程序的选择权，加快了诉讼效率，也保障了被告人的人权。

但是，也不能完全听命于当事人的选择，有的案件即使被告人选择认罪，也不能适用简易程序，应当适用普通程序进行审理。根据 2018 年《刑事诉讼法》第 215 条，以及 2012 年《最高人民法院关于适用〈中华人民共和国刑事诉讼法〉的解释》第 290 条可知，不是所有认罪案件都能适用简易程序审理。① 此外，比如未成年人案件，最高人民法院 2001 年

---

① 2018 年《刑事诉讼法》第 215 条规定："有下列情形之一的，不适用简易程序：（一）被告人是盲、聋、哑人，或者是尚未完全丧失辨认或者控制自己行为能力的精神病人的；（二）有重大社会影响的；（三）共同犯罪案件中部分被告人不认罪或者对适用简易程序有异议的；（四）其他不宜适用简易程序审理的。" 2012 年《最高人民法院关于适用〈中华人民共和国刑事诉讼法〉的解释》第 290 条："具有下列情形之一的，不适用简易程序：（一）被告人是盲、聋、哑人；（二）被告人是尚未完全丧失辨认或者控制自己行为能力的精神病人；（三）有重大社会影响的；（四）共同犯罪案件中部分被告人不认罪或者对适用简易程序有异议的；（五）辩护人作无罪辩护的；（六）被告人认罪但经审查认为可能不构成犯罪的；（七）不宜适用简易程序审理的其他情形。"

公布的《关于审理未成年人刑事案件的若干规定》第 35 条规定，"对于未成年人犯罪案件符合简易程序审理条件的，可适用简易程序审理"。随着 2012 年《刑事诉讼法》的修订，《关于审理未成年人刑事案件的若干规定》已于 2015 年废止。按照现行《刑事诉讼法》的规定，虽然对于未成年人刑事案件是否可以适用简易程序并没有明确规定，但却规定只要符合简易程序适用范围和条件的，任何案件都可以适用简易程序，因此，不能不加条件地一概排除未成年人案件适用简易程序。如果未成年人的刑事案件属于所犯罪行比较严重，案情重大复杂的案件，对未成年被告人认罪的犯罪案件适用简易程序审理就不利于保证未成年罪犯诉讼权利的充分行使，反而刑事普通审判程序中的控辩式庭审更能通过质证、辩论等环节论证案件证据、查明事实真相。并在该过程中，让未成年罪犯充分行使诉讼权利，保护其公正审判权，真正贯彻"惩罚为辅，教育为主"的方针。庭审实质化的保障也可以实现对于未成年罪犯的控、辩、裁三方的教育合力。对其适用普通审判程序审理，更加能够通过对于事实、证据的辨明论证对未成年罪犯进行一次法律的教育，并在适用普通程序审理的过程中，循序渐进地真正达到挽救失足未成年人，保证司法公正的目的。所以，在罪行比较严重，案情重大复杂的未成年人刑事案件中，不应赋予被告人程序上的选择权，应当按照法律的规定对其适用普通审判程序进行审理。

　　综上可知，在刑事普通审判程序的启动上，也就是司法机关在决定对刑事案件适用普通程序还是适用简易程序等其他程序审理时，应当考虑两个方面：一是被告人的选择，二是法律的特殊规定以及案件的特殊情况，即所谓双轨制。在刑事案件的审判中，如果被告人对于适用何种程序没有选择权，将不利于对其权利的保障，对其自由意志的尊重，也容易引发被告人对于判决过程的质疑、对判决结果的不满，从而引起比较高的上诉率，拖延诉讼效率。但如果对所有案件都赋予被告人程序选择权，又不能很好地真正保证司法的公正。这些都是以被告人享有的公正审判权为基础的，最能体现公正审判权的审判程序在我国就是普通审判程序，所以应当在普通程序的启动中实行被告人的选择与法律的规定双轨运行的制度。如此，既能保证程序法定原则的落实，又能保证当事人的程序选择权，使其公正审判权得到充分保障。

二　程序准备：强化庭前会议功能

　　据上文可知，2012 年《刑事诉讼法》第 182 条第 2 款新增的庭前会议制度，在司法实践中的总体适用率比较低。适用率反映着一项制度在司法实践中的活跃程度，过低的适用率表示庭前会议制度并未实现预期的价值目标。就审判机关而言，多数法官主要是因为普通程序与简易程序在审判实践中并无实质区别，在此情形下，法官、检察官均认为召开庭前会议并无太大必要，尤其多数法官认为庭前会议中解决的事项在庭审阶段也可以解决，无须召开庭前会议重复处理，召开庭前会议无形中还会消耗诉讼资源，因此积极性并不高。根据 2012 年《刑事诉讼法》第 182 条，以及2012 年《最高人民法院关于适用〈中华人民共和国刑事诉讼法〉的解释》第 120、123 条的规定，立法上对于庭前会议的规定也是比较宽泛，并不具体，没有规定具有可操作性的细则，如此不仅影响了控辩审三方召开参与庭前会议的积极性，也抑制了庭前会议制度功能的发挥。[1]

但是，在我国对普通程序进行庭审实质化改革以后，庭前会议就成为非常重要和必要的制度。没有庭前会议的充分准备安排，庭审实质化就难以实现，庭审过程也难以顺利进行，庭审效率也会大大降低。要真正实施庭审实质化，就必须存在庭前会议这样的庭前准备程序，法官通过在庭前会议中听取控辩双方的基本意见，处理程序性事项，明确庭审重点，提前为庭审做好准备。

在此背景之下，2017 年 6 月 6 日，最高人民法院制定了深化庭审实质化改革的"三项规程"，[2] 并下发《关于在全国部分法院开展"三项规程"试点的通知》，确定 18 个中级人民法院及其所辖的部分基层人民法院为试点法院。这"三项规程"中，就包括《人民法院办理刑事案件庭前会议规程（试行）》（以下简称《庭前会议规程》）。《庭前会议规程》在原来的立法基础上，吸收各地的实践经验，丰富了庭前会议的具体操作规则，对于更好地适用庭前会议制度具有导向性的重大意义。具体而言：

第一，关于庭前会议的启动，《庭前会议规程》第 2 条就庭前会议的启动进行了规定。除规定人民法院可以对"证据材料较多，案情疑难复杂的案件；社会影响重大，舆论广泛关注的案件；控辩双方对事实证据存在

---

① 左卫民：《未完成的变革：刑事庭前会议实证研究》，《中外法学》2015 年第 2 期。

② "三项规程"是指《人民法院办理刑事案件庭前会议规程（试行）》《人民法院办理刑事案件排除非法证据规程（试行）》和《人民法院办理刑事案件第一审普通程序法庭调查规程（试行）》，各项规程分别简称为《庭前会议规程》《法庭调查规程》和《非法证据排除规程》。

较大争议的案件；当事人提出的申请或者异议可能导致庭审中断的案件"这四类案件视情况决定召开庭前会议外，还规定"控辩双方可以申请人民法院召开庭前会议。申请召开庭前会议的，应当说明需要解决的问题。人民法院经审查认为有必要的，应当召开庭前会议；不召开庭前会议的，应当说明理由"。如此不仅提高了承办法官召开庭前会议的主观能动性，也提高了控辩双方申请召开庭前会议的积极性。

第二，关于庭前会议处理的事项。《庭前会议规程》第9、18、19条对于庭前会议可以处理解决的事项进行了细化规定，并明确了庭前会议主要解决程序性事项。关于证据展示的部分，根据《庭前会议规程》第18条的规定，展示证据仅展示证据目录。如此规定明确了庭前会议中的证据展示部分绝对不能取代庭审中的举证质证环节。第18条还规定，"对于控辩双方在庭前会议中没有争议的证据材料，在庭审中可以仅就证据的名称及其证明的事项做出说明"。如此也是通过证据展示的部分对证据是否有争议做了区分，达到了简化庭审的目的。此外，关于第9条第1款第10项中的"与审判相关的其他问题"，在试点实践中主要包括两类：一类是确定是否聘请翻译人员的问题；另一类是确定是否进行精神病鉴定的问题。① 这些对于庭前会议解决事项范围的细化，都使得庭前会议的操作更具有现实意义和可操作性。

第三，关于庭前会议的主持人员及参与人员的问题。根据《庭前会议规程》第3条的规定，"庭前会议由承办法官或者其他合议庭组成人员主持，根据案件情况，合议庭其他成员可以参加庭前会议"，也就是说，在法官不能主持的情况下，庭前会议也可以视情况由法官助理等其他合议庭人员进行主持。如此规定与《最高人民法院关于完善人民法院司法责任制的若干意见》第16条和第19条的相关规定也一致。如此规定，不仅可以预防承办法官先入为主，产生预断，将庭前会议与庭审彻底分离开，还可以缓解法官的审判压力，同时对于法官助理而言，也有利于其积累办案经验，为今后成为员额法官奠定基础。此外，《庭前会议规程》第3条规定："公诉人、辩护人应当参加庭前会议。被告人申请参加庭前会议或者申请排除非法证据的，人民法院应当通知被告人到

---

① 郭彦、魏军：《规范化与精细化：刑事庭审改革的制度解析——以 C 市法院"三项规程"试点实践为基础》，《法律适用》2018 年第 1 期。

场。被告人申请排除非法证据,但没有辩护人的,人民法院可以通知法律援助机构指派律师协助被告人参加庭前会议。"如此做法,也更好地保护了被告人的参与权。

第四,关于庭前会议和审判程序繁简分流。根据《庭前会议规程》第20条,"对于被告人在庭前会议前不认罪,在庭前会议中又认罪的案件,人民法院核实被告人认罪的自愿性和真实性后,可以决定适用速裁程序或者简易程序审理"。在司法实践中,被告人可能在庭前会议进行中,在证据展示、控辩双方发表意见之后,衡量后决定自愿认罪认罚的,这时法院可以根据案件具体情况再行决定适用简易程序、速裁程序审理,从而达到繁简分流。此外,根据《庭前会议规程》第21条的规定,"人民法院在庭前会议中听取控辩双方对案件事实证据的意见后,对于明显事实不清、证据不足的案件,可以建议人民检察院撤回起诉"。如此规定,有助于防止"事实不清、证据不足"等不符合开庭要求的案件轻易进入普通审判程序,造成审判资源的浪费,是对庭前会议的"过滤"功能的有效发挥。此外,《庭前会议规程》还对庭前会议的召开地点、召开方式,以及与庭审的衔接进行了一系列细化规定,试点法院也进行了积极的探索实践,取得了积极成效。

《庭前会议规程》发布之后,对于强化庭前会议的适用确实大有裨益,但也仍有一些不足,亟待明确和完善。

第一,关于非法证据排除的问题。《庭前会议规程》第2条第3款规定:"被告人及其辩护人在开庭审理前申请排除非法证据,并依照法律规定提供相关线索或者材料的,人民法院应当召开庭前会议。"但正如上文所述,辩方想要获得能够证明控方非法取证的线索或证据,具有很大的难度,因此,需要明确,庭前会议解决的仅仅是非法证据排除的申请问题,并不涉及对于非法证据排除的实质性处理。所以一旦辩护律师无法提供充足的线索或材料,则不应当以此为由召开庭前会议,但是一旦辩方提供了足够的线索,则法院应当召开庭前会议,并且不允许检方撤回起诉,以确保法院能够在庭前会议中听取各方对"影响庭审集中持续进行的相关问题"的意见,归纳争议焦点,在庭审之前解决程序性事项。第二,证据开示的程度问题。虽然《庭前会议规程》规定证据开示时只出示证据目录,不完整地展示证据,但在司法实践中,仍有法院在证据开示环节要求完整出示证据,并在此基础上听取意见,如此显然违背庭前会议不解决实体性问题的基本定位，而且导致辩方更加不愿意在庭前会议中出示证据，以免控方干扰证人作证。域外也有关于此内容的规定，证据开示之后，控方不得再私自接触辩方证人，以防止其干扰证人作证，否则涉嫌妨碍司法公正。我们可以借鉴这一做法，确保庭前会议中的证据展示既可以保证控辩双方都能提供证据目录，展示证据，起到让法院归纳争议、突出庭审重点的目的，又可以确保证据开示环节不取代、弱化庭审中的举证质证环节。

综上，在《庭前会议规程》的试点法院积极探索、取得成效的基础上，进一步对庭前会议制度进行完善，强化和明确庭前会议是为庭审做好准备的程序，但不能取代庭审本身，扩大庭前会议在司法实践中的适用率，充分发挥其应有的作用和功能。

三　庭审过程：以保障被告人公正审判权为核心

公正审判权作为一项基本人权，在我国还未被广泛深入地理解、贯彻。尽管 2012 年修改之后的《刑事诉讼法》首次提到了"公正审判"这一名词，刑事诉讼的实体公正与程序公正并重的概念逐渐为众人所知晓，然而，由于传统的职权主义的惯性影响，我国刑事普通审判程序中对于被告人的公正审判权保障不足，亟待完善。

首先，应当进一步确保普通审判程序案件中被告人的辩护权，尽力使得每一个被告人都能获得律师辩护。只有大幅度提高普通审判程序中的律师辩护率才能更加有效地防范冤假错案。在目前以审判为中心、以案件繁简分流为配套的刑事诉讼制度改革中，律师辩护对于被告人起着不容忽视的重要作用。保证有律师为被告人辩护，有助于实现庭审实质化。据上文可知，我国律师数量不足以和日益增长的刑事案件数量相匹配，且律师质量也良莠不齐，刑事案件的辩护率一直难以提高。在此背景下，应先确立值班律师制度，实现了刑事法律援助在案件类型上的全覆盖。紧接着，2017 年 10 月，最高人民法院、司法部又联合印发了《关于开展刑事案件律师辩护全覆盖试点工作的办法》，该办法的发布对于提高刑事辩护率，进一步提高刑事辩护质量意义非凡。《关于开展刑事案件律师辩护全覆盖试点工作的办法》的发布为我国真正实现刑事辩护全覆盖提供了"软件建设"的基础，有许多突破性的规定。比如，明确了先在审判阶段开展刑事案件律师辩护全覆盖试点工作，这是具有实际的可操作性的。在我国目前律师资源和刑事案件数量不对等的现状之下，要实现刑事诉讼各个阶段的律师全覆盖，是有操作难度的。① 因此，《关于开展刑事案件律师辩护全覆盖试点工作的办法》明确规定先在审判阶段试点律师全覆盖，促进以审判为中心的诉讼制度改革。又比如，第 2 条扩大了现行法律援助的范围，规定了只要被告人没有委托辩护人，法院就应当为其提供法律援助的两种情形，"一是适用普通程序审理的一审案件、二审案件、按照审判监督程序审理的案件；二是适用简易程序、速裁程序审理的案件"。如此更好地保证了律师辩护在审判阶段的全覆盖。此外，《关于开展刑事案件律师辩护全覆盖试点工作的办法》在第 8、9 条针对法律援助的经费问题也做出了相应的规定，试图从经济上保障律师参与辩护全覆盖试点工作，从总体上提出"建立多层次经费保障机制，加强法律援助经费保障，确保经费保障水平适应开展刑事案件律师辩护全覆盖试点工作需要"，并明确提出"司法行政机关协调财政部门根据律师承办刑事案件成本、基本劳务费用、服务质量、案件难易程度等因素，合理确定、适当提高办案补贴标准并及时足额支付"。而且还提出"有条件的地方可以开展政府购买律师援助服务""探索实行由法律援助受援人分担部分法律援助费用"诸如此类的探索性的规定。② 再比如，对很多细节也做出了具体规定，强调"人民法院应当依法保障辩护律师的知情权、申请权、申诉权，以及会见、阅卷、收集证据和发问、质证、辩护等方面的执业权利"，在阅卷方面规定"不得限制辩护律师合理的阅卷次数和时间。有条件的地方可以设立阅卷预约平台，推行电子化阅卷，允许刻录、下载材料""律师可以带一至二

---

① 顾永忠：《律师辩护全覆盖试点：具有历史意义的创新之举》，《中国律师》2017 年第 11 期。

② 《关于开展刑事案件律师辩护全覆盖试点工作的办法》第 8 条规定："建立多层次经费保障机制，加强法律援助经费保障，确保经费保障水平适应开展刑事案件律师辩护全覆盖试点工作需要。司法行政机关协调财政部门根据律师承办刑事案件成本、基本劳务费用、服务质量、案件难易程度等因素，合理确定、适当提高办案补贴标准并及时足额支付。有条件的地方可以开展政府购买法律援助服务。"第 9 条规定："探索实行由法律援助受援人分担部分法律援助费用。实行费用分担法律援助的条件、程序、分担标准等，由省级司法行政机关综合当地经济发展水平、居民收入状况、办案补贴标准等因素确定。"

名律师助理阅卷"。① 为了保障律师确实发挥辩护作用，规定"人民法院未在开庭 15 日前将办法第 4 条第 1 款规定的材料补充齐全，可能影响辩护律师履行职责的，法律援助机构可以商请人民法院变更开庭时间"。"人民法院、司法行政机关和律师协会应当建立健全维护律师执业权利快速处置机制，畅通律师维护执业权利救济渠道。人民法院监察部门负责受理律师投诉。人民法院应当在官方网站、办公场所公开受理机构名称、电话、来信来访地址，及时反馈调查处理结果，切实提高维护律师执业权利的及时性和有效性，保障律师执业权利不受侵犯。"《关于开展刑事案件律师辩护全覆盖试点工作的办法》的发布极大地推动我国刑事法律援助制度不断完善，但改革不可能一蹴而就，该办法的发布旨在铺路架桥，为刑事律师辩护率的提高，为辩护律师在刑事诉讼中保护犯罪嫌疑人、被告人的合法权益提供制度保障。

在司法实践中，我国法律援助体系的构建起步晚，"刑事诉讼辩护律师全覆盖"试点中仍然存在问题和挑战，有进一步完善的空间。第一，应当确保听取犯罪嫌疑人、被告人的意见。由于刑事案件的被追诉人大多被采取强制措施，很难维护自己的选择权，当被追诉人有能力聘请社会律师为其辩护，但其家属却选择援助律师为其辩护时，法院应当及时向被追诉人解释社会律师与法律援助律师的区别，听取被追诉人本人的意见，再行决定是否适用法律援助制度，以保证被追诉人的选择权及时作用于其辩护权。第二，进一步扩大法律援助经费来源。要在司法实践中首次实现如此大规模的审判阶段的刑事律师辩护全覆盖，一开始就必须依赖于法律援助制度，而依赖法律援助制度就势必需要充足的经费予以支撑。《关于开展

---

① 《关于开展刑事案件律师辩护全覆盖试点工作的办法》第 13 条规定："人民法院应当依法保障辩护律师的知情权、申请权、申诉权，以及会见、阅卷、收集证据和发问、质证、辩论等方面的执业权利，为辩护律师履行职责，包括查阅、摘抄、复制案卷材料等提供便利。"第 15 条规定："辩护律师提出阅卷要求的，人民法院应当当时安排辩护律师阅卷，无法当时安排的，应当向辩护律师说明原因并在无法阅卷的事由消除后三个工作日以内安排阅卷，不得限制辩护律师合理的阅卷次数和时间。有条件的地方可以设立阅卷预约平台，推行电子化阅卷，允许刻录、下载材料。辩护律师复制案卷材料的，人民法院只收取工本费。法律援助机构指派的律师复制案卷材料的费用予以免收或者减收。辩护律师可以带一至二名律师助理协助阅卷，人民法院应当核实律师助理的身份。律师发现案卷材料不完整、不清晰等情况时，人民法院应当及时安排核对、补充。"

刑事案件律师辩护全覆盖试点工作的办法》已经就经费问题做出不少探索性的规定。今后，仍可以进一步扩大政府财政对于法律援助的投入力度，保证在辩护律师全覆盖的过程中每一个案件的法律援助都能得到经费补贴，同时还可以建立社会各界支持刑事援助律师经费的奖励机制，大量引入社会资金支持，逐步缩小援助律师和社会律师的收入差距，提高援助律师的工作积极性。第三，进一步提高律师的专业化水平。实现刑事辩护全覆盖既要保证辩护率，又要保证辩护质量。《关于开展刑事案件律师辩护全覆盖试点工作的办法》第11条规定："二审法院发现一审法院未履行通知辩护职责，导致被告人在审判期间未获得律师辩护的，裁定撤销原判，发回原审法院重审。"这一规定虽然可以保证辩护率达到全覆盖的要求，但却不一定能够保证辩护的质量，因此应当建立一种有效的辩护规则保证律师的辩护质量，比如引入社会评价机制，定期对法院案件的辩护质量进行考核，不定期对法律援助案件的当事人进行抽查回访。再比如，法律援助机构建立专门的考核组对刑事援助律师代理案件的文本材料和实际辩护结果进行调查和评分，督促法律援助律师全身心投入到案件的辩护中。第四，进一步推动律师全覆盖，尽力实现刑事诉讼全阶段的刑事辩护律师全覆盖。《关于开展刑事案件律师辩护全覆盖试点工作的办法》仅仅明确了在审判阶段实行辩护律师全覆盖，而实践中很多对于被追诉人的权利侵害发生于侦查阶段和审查起诉阶段，辩护律师越早介入，对于被追诉人的公正审判权、辩护权的保护越有利。目前我国的现状对于实现刑事诉讼全阶段的律师覆盖可能有一定难度，但在审判阶段试点全覆盖成熟之后，可以进一步实现侦查阶段和审查起诉阶段的全覆盖，在侦查阶段、起诉阶段保障律师的会见通信权、调查取证权，以及为犯罪嫌疑人提供法律咨询，代理申诉、控告，并为被逮捕的犯罪嫌疑人申请取保候审的权利，如此也更有利于辩护律师深入参与到审判中，发挥辩护作用，帮助被追诉人实现其公正审判权。笔者期待着在《关于开展刑事案件律师辩护全覆盖试点工作的办法》试点之后不久的将来，辩护律师能够覆盖到刑事诉讼程序的全过程。

其次，进一步确保被告人的质证权问题，即证人、鉴定人、侦查人员的出庭问题。《法庭调查规程》就是推进庭审实质化改革的关键举措，尤其对于如何进一步确保被告人的质证权，提高法庭调查的质量和效率，有非常重要的意义，也取得一定的成效。

第一，进一步完善了证人出庭的条件和范围。根据 2012 年《刑事诉讼法》第 187 条可知，证人出庭的条件为"人民法院认为证人有必要出庭作证的，证人应当出庭作证"。那么照此规定，一旦法院认为证人没有出庭必要，那么即使"公诉人、当事人或者辩护人、诉讼代理人对证人证言有异议，且证人证言对案件定罪量刑有重大影响"，证人也不能出庭，如此在证人出庭的问题上赋予了法院太大的自由裁量权，并不利于证人出庭率的提高。《法庭调查规程》对此问题予以了解决，第 13 条规定，"控辩双方对证人证言、被害人陈述有异议，申请证人、被害人出庭，人民法院经审查认为证人证言、被害人陈述对案件定罪量刑有重大影响的，应当通知证人、被害人出庭"。如此一来，法院在审查之后，只要符合 2012 年《刑事诉讼法》第 187 条规定的前面两个条件，即可通知证人出庭。如此更有利于证人出庭率的提高。

第二，进一步完善了侦查人员出庭作证的范围。侦查人员出庭作证的范围规定在 2012 年《刑事诉讼法》第 57 条，"现有证据材料不能证明证据收集的合法性的，人民检察院可以提请人民法院通知有关侦查人员或者其他人员出庭说明情况，人民法院可以通知侦查人员或者其他人员出庭说明情况。有关侦查人员或者其他人员也可以要求出庭说明情况。经人民法院通知，有关人员应当出庭"。以及第 187 条："人民警察就其执行职务时目击的犯罪情况作为证人出庭作证，适用前款规定。"然而这两条都没有规定，一旦一些关键证据的来源、合法性以及真实性存在疑问时，侦查人员是否需要出庭做出说明解释。于是《法庭调查规程》第 13 条对此进行了完善，"控辩双方对侦破经过、证据来源、证据真实性或者证据收集合法性等有异议，申请侦查人员或有关人员出庭，人民法院经审查认为有必要的，应当通知侦查人员或者有关人员出庭"。这项规定不仅进一步完善了侦查人员出庭作证的情形，而且可以督促侦查人员严格依法办案，防范冤假错案的产生。

第三，进一步细化了确保证人出庭作证的规定。《法庭调查规程》第 13 条第 3 款规定："人民法院通知证人、被害人、鉴定人、侦查人员、有专门知识的人等出庭后，控辩双方负责协助对本方诉讼主张有利的有关人员到庭。"出于自我保护的原因和经费、时间等客观条件的限制，即使立法上已有关于证人保护以及经费补助的规定，却仍然存在很多证人不愿意出庭的情形，强制出庭也有一定的操作难度。如此规定，可以说在通知到庭的基础上，建立起了控辩双方协助到庭机制，充分发挥了控辩双方更容易联系到本方证人的优势作用，更有利于确保证人出庭作证。

第四，关于举证质证过程中发问顺序的问题。《法庭调查规程》没有沿袭原来司法解释关于"向证人、鉴定人发问，应当先由提请通知的一方进行；发问完毕后，经审判长准许，对方也可以发问"的规定，而是创新性地规定"证人出庭后，先由对本方诉讼主张有利的控辩一方发问；发问完毕后，经审判长准许，对方也可以发问"。这种发问顺序的规定是符合举证质证的一般规则的，因为若由提请通知一方先行发问，则会造成很多对证人证言持反对意见、旨在弹劾证人证言而提请证人出庭的情况，造成先质证后举证。此外，《法庭调查规程》第12—27条，进一步明确了"出庭人员的范围、出庭作证的程序、采取强制措施促使证人出庭、采取隐蔽作证等方式保护证人、通过发放经济补助促使证人作证"，在第20条还专门完善了对于出庭作证人员发问的规则。第28—35条明确了"对关键证据和控辩双方存在争议的证据进行单独举证、质证和重点审理，而对于控辩双方无异议的非关键证据简化审理"的规定，以确保庭审的集中高效。《法庭调查规程》的这些规定，不仅在很大程度上改善了证人、鉴定人、侦查人员等出庭作证的状况，提高了他们的出庭率，还有效贯彻了直接言词原则，有助于查明案件的事实真相。

但在《法庭调查规程》试点之后，也反映出一些问题，亟待改进，以便能够进一步确保被告人的质证权。

第一，应当适当允许对出庭证人的诱导性发问。《法庭调查规程》同刑事诉讼法司法解释的规定一样，对于诱导性发问采取的是绝对禁止原则，"从询问法理来讲，举证方询问时一般不允许使用诱导性问题，但质证方在进行反诘询问时可以使用"[①]。但不是所有的诱导性发问都会损害证人作证的公正性。适当地进行诱导性发问，反而可以有效揭露虚假作证的问题。笔者认为，至少在以下几种情形中可以准许进行诱导性发问：一是对于控辩双方无争议的事项；二是对证人证言的真实性有异议的；三是旨在帮助证人回忆事实的；四是鉴定人出庭作证时向其询问有关专业性问题的。

第二，明确庭前证言和当庭证言的采信问题。首先，针对庭前证言，

---

① 龙宗智：《证据法的理念、制度与方法》，法律出版社2008年版，第352页。

对于关键证人无正当理由拒不出庭的，为了提高关键证人的出庭率，确保案件质量，不能勉强采纳其庭前证言，笔者建议立法中对由于不出庭导致证言不能采信的具体情形予以规定。其次，针对当庭证言，一般而言，当庭证言是经过控辩双方质证的，较之庭前证言更具有真实性。但也不尽然，有的案件中，由于证人在侦查阶段作证时，距离案发时间近，客观上证人的记忆更准确，证人一般尚未受到被告人或被害人一方的影响，主观上能够如实作证，而在审判阶段往往距离案发时间较远，证人的记忆可能不准确，而且有的证人也可能会受到控辩双方的威胁或利诱而在法庭上作伪证。这种情况下，不仅需要通过控辩双方高超的发问技巧予以识破，还需要借助在侦查阶段取证时进行同步录音录像的方式留取证据，以便出现此种情况时弹劾当庭证言。同时，应当追究证人的伪证责任，确保其在庭审中如实作证。

第三，应当进一步明确当庭异议的制度。《法庭调查规程》没有明确规定在法庭调查过程中，如果一方的发问方式不当或内容与本案无关，对方应当如何提出异议，如此容易使得异议制度落空。笔者认为，可以规定采用口头方式提出异议，至于如何规范表达，可以先使用类似"审判长，表示反对"的表达简单表明反对的意思，在审判长询问原因后再行说明反对的原因，或者立法上可以斟酌使用其他语言表述规范。与此同时，为防止辩护律师滥用该项异议权，影响法庭秩序和审判，可以规定，审判长先对辩护人讲解可以提出异议的理由，并要求其在此范围内提出异议，如果辩护人拒不服从，再对其进行训诫。同时，可以借鉴美国的相关法律制度，规定提出异议一方对于法官的处理不满可以提出上诉以获得救济。以上种种，以期能够在《法庭调查规程》试行结束后作为正式法律再次颁布实施时加以完善，以更好地确保被告人的质证权问题。

最后，进一步落实非法证据的排除程序。2012年《刑事诉讼法》吸纳了2010年"两高三部"《非法证据排除规定》的主要内容，在立法层面确立了非法证据排除规则，对遏制刑讯逼供和非法取证有积极效果。但由于条文较为原则，实际操作性不够强，也在一定程度上影响了实际效果。鉴于非法证据排除规则在实施中存在的困境，2017年4月，中央全面深化改革领导小组第34次会议审议通过《严格排除非法证据规定》，2017年6月，最高人民法院研究制定的《非法证据排除规程》是我国在非法证据排除方面的新发展，进一步规范了审判阶段非法证据排除的规则和程序，也使得非法证据排除的落实更具有针对性、有效性、可操作性，但在刑事审判程序中如何严格排除非法证据，还可以进一步进行完善，以很好地解决非法证据排除难的问题。

第一，在立法上确立"毒树之果"的裁量排除规则。2012年《刑事诉讼法》并没有对是否采纳"毒树之果"的问题做出明确规定。《严格排除非法证据规定》《非法证据排除规程》也未对此做出规定，多数人认为"毒树之果"是具有其客观性的，在目前侦查困难的情况下，一旦将其排除，将不利于案件事实的认定，更不利于实现惩罚犯罪的目的。然而，为长远计，只有通过规定认定"毒树之果"的细化规则，在立法上确立"毒树之果"的裁量排除规则，才能够兼顾实体公正和程序公正，才能够有效遏制刑讯逼供。正如学者林钰雄所言："毒果可不可以吃，应先区分该果中什么毒及中毒多深而定，如果在安全剂量以下，食用无妨，避免因噎废食。"①

第二，应当明确界定出庭侦查人员的身份。需要明确的是，侦查人员出庭作证与"说明情况"并无区别。② 其出庭时在本质上就是证人，因为，侦查人员出庭时，需要证明的就是取证的合法性问题，而且也需要接受质证。③ 由于一直以来对于侦查人员出庭作证时的"身份"存在认知上的偏差，在非法证据排除程序中很多出庭的侦查人员拒绝接受辩方，尤其是来自被告人的发问，这也使得被告人的对质权无法得到实现。对此，《非法证据排除规程》第19条第3项规定，"公诉人出示证明证据收集合法性的证据材料，被告人及其辩护人可以对相关证据进行质证，经审判长准许，可以向出庭的侦查人员或者其他人员发问"，明确了被告人及其辩护人有权向侦查人员发问，这也是一项突破性的规定。同时，应当规定对于拒绝出庭的侦查人员的程序性制裁措施。《非法证据排除规程》第23条第2款规定："经人民法院通知，侦查人员不出庭说明情况，不能排除以非法方法收集证据情形的，对有关证据应当予以排除。"这一规定与《刑事诉讼法》《严格排除证据规定》相比，具有很大的突破，当然这项

---

① 林钰雄：《刑事诉讼法》（上册），元照出版有限公司2010年版，第619页。

② 2018年《刑事诉讼法》第59条规定就证据收集的合法性进行调查时，侦查人员和有关人员出庭是"说明情况"，未采用"作证"的表述，导致不同认识。

③ 《非法证据排除规定》第7条规定："法庭对被告人审判前供述取得的合法性有疑问的，经依法通知，讯问人员或者其他人员应当出庭作证。"

突破性的规定能否在现实中运行，还需要时间来验证。

　　第三，应当正确理解被告人的举证责任。根据目前的规定，包括《非法证据排除规程》第 10 条的规定，"被告人及其辩护人申请排除非法证据，需要提供相关线索或者材料"。如此规定确实有助于确保申请排除非法证据的申请质量，避免时间、资源的浪费。但正如上文所述，被告人及其辩护人一方想要获取控方非法取证的线索或材料在实践中是比较困难的。因此，承办法官应当对此灵活把握，对于被告人及其辩护人提供线索或材料的要求可以不用太高，只要能够明确指出被非法取证的时间、地点、行为人、方式、内容等情况，足以形成对非法取证的合理怀疑，法官就应当启动非法证据排除程序。①

---

① 陈光中、郭志媛：《非法证据排除规则实施若干问题研究》，《法学杂志》2014 年第 9 期。

第五章

在"完善认罪认罚从宽制度"背景下
建立多元简化审判程序

第一节 "完善认罪认罚从宽制度"
与刑事简化审判程序

一 "完善认罪认罚从宽制度"的提出与其对简化审判程序的要求

近年来，我国轻微犯罪的刑事案件数量始终居高不下，有数据显示，2015 年全国人民法院一审刑事案件比十年前增加了约 60%，案多人少的矛盾日益突出。① 因此，应刑事诉讼的发展规律，以及我国现实国情的需要，进一步推行和完善认罪认罚从宽制度，已经成为我国司法逻辑运行的必然趋势，也是时代精神的有力呼唤。从 2014 年 6 月全国人大常委会授权"两高"在部分地区试点刑事速裁程序，直到 2014 年 10 月，党的十八届四中全会明确提出要优化司法职权配置，完善刑事诉讼中认罪认罚从宽制度，再到 2016 年 7 月中央通过的《关于认罪认罚从宽制度改革试点方案》（以下简称《试点方案》），可以看到认罪认罚从宽制度试点工作在我国正式启动运行，现阶段在全面推进依法治国的大背景下，提出并完善刑事诉讼中的认罪认罚从宽制度，对于进一步贯彻落实宽严相济的刑事政策，促进司法资源的优化配置，提高诉讼效率具有重要意义。在此背景

---

① 张向东：《试点认罪认罚从宽的三重意义》，《光明日报》2016 年 9 月 5 日第 14 版。

下，2016 年 9 月 3 日第十二届全国人民代表大会常务委员会第 22 次会议通过了《关于授权最高人民法院、最高人民检察院在部分地区开展刑事案件认罪认罚从宽制度试点工作的决定》（以下简称《授权决定》），正式授权最高人民法院、最高人民检察院在北京、天津、上海等 18 个城市开展刑事案件认罪认罚从宽制度试点工作，为期两年。根据《试点方案》和《授权决定》，最高人民法院、最高人民检察院经过反复研究论证，会同公安部、国家安全部、司法部于 2016 年 11 月印发了《关于在部分地区开展刑事案件认罪认罚从宽制度试点工作的办法》（以下简称《试点办法》），正式启动试点工作。这表明党在十八届四中全会提出的"完善刑事诉讼中认罪认罚从宽制度"向前迈进了至关重要的一步。就审判程序分流而言，《试点方案》提到，"在审判程序上，对于可能判处 3 年有期徒刑以下刑罚的认罪认罚案件，可适用速裁程序，由审判员独任审判，不进行法庭调查、法庭辩论，当庭宣判，但须在判决宣告前听取刑事被告人的最后陈述；对于可能判处 3 年有期徒刑以上刑罚的认罪认罚案件，可适用简易程序审判"[1]。这些关于审判程序改革的规定，不仅促进了审判效率的提升，而且有助于审判程序进一步实现繁简分流；不仅缓解了各级人民法院面对数量日益增多的轻微刑事案件的沉重负担，而且有助于将更多的人力、物力投入到疑难、复杂的案件中去，更好地贯彻直接言词原则、疑罪从无原则等诉讼规则，保证审判质量，防止冤假错案。由此也可以看出，"完善认罪认罚从宽制度"的核心含义就是进一步实现简案快审、难案精审，对于复杂程度不同的案件区别对待，对复杂的案件投入更多资源，对简单的案件投入更少的资源，最终实现繁简分流，达到公正和效率的统一。综上，完善认罪认罚从宽制度不仅是深化刑事诉讼制度改革、构建科学刑事诉讼体系的需要，而且是推动刑事诉讼制度层次化改造的助力，为推进以审判为中心的诉讼制度改革、完善刑事审判程序分流体系打下了坚实的实践基础。[2]

与此同时，完善认罪认罚从宽制度的决定也对简化审判程序提出了进

---

[1] 白阳、罗沙：《最高立法机关拟授权 18 市开展刑事案件认罪认罚从宽制度试点》，http://finance.sina.com.cn/roll/2016-08-31-doc-ifxvixsh7013895.shtml。

[2] 参见周强《就〈关于授权在部分地区开展刑事案件认罪认罚从宽制度试点工作的决定（草案）〉作的说明》，http://www.npc.gov.cn/npc/xinwen/2016-10/12/content_1998977.htm 2。

一步的要求。

其一,"完善认罪认罚从宽制度"是与"以审判为中心的改革"同时在十八届四中全会决定中提出来的,"以审判为中心的改革"的核心是"庭审实质化",主要解决被告人不认罪、重大、疑难、复杂的案件,本文第四章已就此做过专门论述,而"完善认罪认罚从宽制度"的核心是贯彻宽严相济的刑事政策,优化司法资源的配置,主要解决被告人认罪以及案情简单清楚、证据充分的案件,这就为包括审判程序在内的诉讼程序的改革完善指明了方向。认罪认罚从宽制度虽然是以审判为中心的诉讼制度改革的一个配套措施,但这并不意味着所有案件都必须按照普通程序的烦琐程序进行审判。没有繁简分流,何谈真正做到庭审实质化。只有通过完善认罪认罚从宽制度,实现对简单案件的快速审理,快速结案,提高诉讼效率,最大限度地减少整个刑事诉讼程序的时间,减轻被追诉人的诉累,才能更有把握实现庭审实质化,这不仅是宽严相济刑事政策的内在延伸和制度化体现,更是当前犯罪轻型化和犯罪数量剧增背景下的现实选择。

其二,分析"认罪认罚从宽"的概念内涵可知,"认罪"在时间上,包括犯罪后就投案认罪,在侦查、起诉阶段的认罪,在法院审理阶段的认罪。具体而言,就是犯罪以后自动投案,如实供述自己的罪行的;被采取强制措施的被追诉人、正在服刑的罪犯如实供述司法机关尚未掌握的本人的其他罪行的;犯罪嫌疑人虽然不具有前两款规定的自首情节,但是如实供述自己罪行的;被告人虽然不具有自首、坦白情节,但是自愿认罪的。由此可知,认罪认罚行为是贯穿于刑事诉讼程序始终的。"完善认罪认罚从宽制度"要贯穿于刑事诉讼全过程,包括侦查、审查起诉、审判,但重点是审判程序,因为在绝大多数案件中,即使当事人认罪认罚,诉讼程序也不可能在审前程序就终结,势必要进入审判程序才能解决,因此审判程序应该是贯彻落实"完善认罪认罚从宽制度"的主要诉讼领域,必须高度重视审判程序的改革完善。

其三,"认罪认罚从宽制度"中的"从宽"包括实体上和程序上两个方面,但都应当主要体现在审判程序中。在审判程序中如何体现对认罪认罚案件的从宽处理将成为认罪认罚从宽制度的重中之重,如果体现不当,势必影响认罪认罚从宽制度的完善。认罪认罚从宽制度是宽严相济刑事政策中"从宽"一面的典型体现,该制度在我国《刑法》和《刑事诉讼法》

中都有所体现。从实体上而言，"从宽"主要体现为刑法中规定的坦白、自首的情形，在处罚结果上，对其从宽处罚；从程序上理解，"从宽"主要体现为对程序的简化。无论在实体法上还是程序法上，完善认罪认罚从宽制度都存在着对简化审判程序的要求。从主观上看，因为被告人已经认识到自身的错误，通过对犯罪事实的供认已经在主观上达到了改过自新的目的，其主动认罪认罚，使得主观恶性和社会危险性都有所降低，所以对其在审判程序上有所简化，并且从宽处罚，既符合法律规定，又符合宽严相济刑事政策的要求。认罪认罚从宽制度具有的被告人主动认罪认罚这一特点，不论是国外还是国内，从该制度产生的那一刻起就注定具有不同于普通审判程序的鲜明特点。从客观上看，对已经认罪认罚的被告人适用简化的审判程序，有利于及时修复被破坏的社会关系，降低诉讼成本，减少其诉累。综上，认罪认罚行为兼具实体从宽和程序从宽的法律效果，包括实体从宽和程序从宽的含义。当然，从宽处罚也不是无限从宽，不是任何案件只要被告人认罪认罚就必须从宽，是否从宽、从宽的幅度多大还要综合案件情况来决定。比如，对于犯罪性质恶劣、犯罪后果严重、社会反响强烈的案件，即使被告人认罪认罚，也不应当对其予以从宽处罚。

其四，"完善认罪认罚从宽制度"的决定和办法已经将简化审判程序作为"完善认罪认罚从宽制度"的重点，具体体现在将速裁程序纳入认罪认罚从宽制度改革之中，并在此前试点基础上继续进行试点，在总结以往速裁程序试点经验的基础上，扩大了速裁程序的适用范围，进一步提升速裁程序在审判程序中提速增效的现实性。这些举措都为我国建立多元简化审判程序提供了依据。

二　刑事简易程序的运行状况与不足

(一)　刑事简易程序的运行状况

我国 2012 年《刑事诉讼法》对简易程序做出了比较重大的修改，此次修正吸收了"普通程序简易审"的经验，扩大了简易程序的适用范围，完善了简易程序的适用条件，可以说是在尊重刑事诉讼规律的基础上，保障了被告人的程序选择权，兼顾了公平与效率，对于完善刑事审判程序的繁简分流意义深远。[①] 2012 年至今，在司法实务中，刑事案件适用简易程

---

① 宋英辉:《我国刑事简易程序的重大改革》,《法治研究》2012 年第 7 期。

序进行审理的运行现状如下：

1. 扩大了简易程序的适用范围

2012 年《刑事诉讼法》第 208 条对简易程序的适用范围进行了规定，与 1996 年《刑事诉讼法》第 174 条相比，对简易程序的案件范围做了很大的扩充。在 2012 年修改《刑事诉讼法》之前，根据 1996 年《刑事诉讼法》第 174 条，[①] 2003 年"两高"和司法部联合制定的《关于适用简易程序审理公诉案件的若干意见》（已经失效）第 1 条，[②] 以及 1998 年《最高人民法院关于执行〈中华人民共和国刑事诉讼法〉若干问题的解释》第 221 条，[③] 可知，原来 1996 年《刑事诉讼法》及其配套的司法解释将简易程序的适用范围严格限制在"基层人民法院管辖的某些事实清楚、证据充分、情节简单、犯罪轻微的案件"。1996 年确立的简易程序对于繁简分流而言确实是一个突破性的规定，但在司法实践中，适用率仍然很低，有数据显示，有些基层法院判处 3 年以下有期徒刑的案件占刑事受案总数的 60%以上，但适用简易程序审理的却不足 20%。[④] 因此，为进一步缓解审判机关的办案压力，"两高"和司法部于 2003 年又联合制定了《关于适用普通程序审理"被告人认罪案件"的若干意见》（已经失效），规定"对某些适用普通程序审理的一审公诉案件，如果被告人对被指控的基本犯罪事实没有异议，并自愿认罪，或者指控被告人犯数罪的案件，对被告人认罪的部分，可以适用简化程序进行审理"。当时，"普通程序简化审"的出现在一定程度上减轻了司法机关的办案压力。然而，由于 1996 年《刑事诉讼法》并没有在立法上对"普通程序简化审"做出规

① 1996 年《刑事诉讼法》第 174 条规定："人民法院对于下列案件，可以适用简易程序，由审判员一人独任审判：（一）对依法可能判处三年以下有期徒刑、拘役、管制、单处罚金的公诉案件，事实清楚、证据充分，人民检察院建议或者同意适用简易程序的；（二）告诉才处理的案件；（三）被害人起诉的有证据证明的轻微刑事案件。"

② 最高人民法院、最高人民检察院、司法部《关于适用简易程序审理公诉案件的若干意见》第 1 条规定："对于同时具有下列情形的公诉案件，可以适用简易程序审理：（一）事实清楚、证据充分；（二）被告人及辩护人对所指控的基本犯罪事实没有异议；（三）依法可能判处三年以下有期徒刑、拘役、管制或者单处罚金。"

③ 1998 年《最高人民法院关于执行〈中华人民共和国刑事诉讼法〉若干问题的解释》第 221 条规定："人民法院对公诉案件的被告人可能判处免予刑事处分的，可以适用简易程序。"

④ 杨宇冠：《我国刑事诉讼简易程序改革思考》，《杭州师范大学学报》（社会科学版）2011 年第 2 期。

定，所以使得"普通程序简化审"的立法正当性一直受到质疑。有学者认为"普通程序简化审有违程序法定原则，创设了新的诉讼程序；由于被告人认罪的自愿性、真实性缺乏足够保障，可能有损诉讼公正"①。还有学者认为"适用普通程序简化审以被告人认罪为前提，口供可能以新的形式成为证据之王；该程序使得客观真实的诉讼证明标准受到挑战；在该程序中，被害人的诉讼权利有可能被忽略"②。此外，基层法院在司法实践中承担着大多数案件的一审审判工作，审判负担繁重，这些案件中的大多数又是案情简单轻微的，如果不加区别地全部适用普通程序审理，会造成审判资源分配不均，造成审判资源的浪费。因而，在 2012 年修改《刑事诉讼法》时，根据实际情况对原《刑事诉讼法》及配套司法解释中关于简易程序的规定，以及普通程序简化审的规定加以整合，扩大了适用简易程序的范围。根据 2012 年《刑事诉讼法》第 208 条可知，对基层法院管辖的一审案件，在符合法定条件的情况下，都可以适用简易程序。与1996 年《刑事诉讼法》相比，已经极大地扩大了简易程序的适用范围，而且基于公正价值的要求，2012 年《刑事诉讼法》第 209 条也明确了不能适用简易程序的情形。随着我国目前简易程序适用范围的扩大，不仅改变了在此之前简易程序范围狭小的问题，而且也避免了"普通程序简化审"缺乏正当性的弊端。

2. 在一定程度上提高了诉讼效率

我国设立简易程序的动因就在于简易程序可以节约司法成本，提高诉讼效率，如林钰雄教授所说："简易程序之用意，一言以蔽之，主要在于诉讼经济。"③刑事诉讼程序的设计是以发现事实真相为主要目的和初衷的，而且主要是以发现疑难复杂重大案件的事实真相为目的。但是案件事实并不总是显而易见的。正因为如此，刑事诉讼才发展出越来越复杂的制度和程序，比如控方举证、交叉询问、陪审团审判等，甚至赋予法官一定的调查取证权以确保案件事实真相的发现。但是，在司法实践中，并非所有的刑事案件都是事实不清、证据不足的重大疑难复杂案件，案件数量比较多的是事实清楚、证据充分的轻微简单的刑事案件。在这样的案件中，

---

① 宋川：《刑事案件普通程序简易审质疑》，《国家检察官学院学报》2003 年第 3 期。
② 许建丽：《对"被告人认罪案件"简化审的反思》，《法学》2005 年第 6 期。
③ 林钰雄：《刑事诉讼法》（下册），中国人民大学出版社 2005 年版，第 197 页。

若被告人再自愿认罪,如果还适用严格的庭审程序对其进行审判,不仅会给审判资源造成不必要的浪费,也比较耽误时间。如果刑事诉讼程序发现事实真相的功能已经实现,那么以发现事实真相为基础的复杂的刑事诉讼程序当然可以大大简化,除却有关人权保障和必须进行的诉讼程序之外,刑事诉讼程序中的事实发现程序可以大幅简化。大陆法系国家和英美法系国家的刑事诉讼程序都体现出这一点,适用于审理严重犯罪案件的全套程序和保护措施不必再扩展到轻微犯罪案件中去。[①]

　　根据 2012 年《刑事诉讼法》对于简易程序的修订,以及近几年简易程序的运行状况,可知,简易程序对于普通程序的庭审程序进行了简化,极大地提高了诉讼效率。对相关程序的操作细则进行了细化,在提高效率的同时也保证了司法公正。主要表现在:一是增加了适用简易程序审理案件需要进行庭前审查的规定。2012 年《刑事诉讼法》第 211 条新增加了简易程序庭前审查的规定,对适用简易程序的案件进行庭前审查主要是为了确保简易程序适用的公正性,体现对适用简易程序审理案件的谨慎态度和对被告人诉讼权利的尊重。二是关于简易程序的庭审程序的规定。2012 年《刑事诉讼法》第 212、213 条对此有具体的规定,可以看到除了保障被告人的最后陈述权之外,对于质证、法庭辩论等并无强制性规定的程序,如无必要,这些环节是可以简化甚至省略的。三是关于审理期限的规定。简易程序通过结案时间的缩短,更有利于及时审判,减少当事人的诉累,真正体现出"简易"的初衷。实践中,适用普通程序审理案件,不管是庭审还是宣判,所花费的时间都相对较长。适用简易程序审理案件,由于案件多为被告人认罪、事实清楚、证据充分的简单案件,所以庭审时间也会大大缩短。以甘肃省白银市白银区人民法院适用简易程序的情况为例,2012 年《刑事诉讼法》修改至今,每年适用简易程序审理的案件,约占全年结案数的 72% 以上,适用简易程序审理的刑事案件的年结案率均为 100%,连续 4 年没有旧存案件。一般适用简易程序审理的庭审只需 30 分钟左右,最高纪录是一天内审结 5—8 件案件,并于当天制作完成判决书,结案时间平均为 10 天左右。适用简易程序审理的刑事案件,绝大部分都是当庭宣判的,当庭宣判率高达 83%,适用普通程序审理的刑事案

[①] 宋冰编:《读本:美国与德国的司法制度及司法程序》,中国政法大学出版社 1998 年版,第 410 页。

件，当庭宣判率则为75%。适用简易程序审理的被告人有93%以上都不再上诉。以上这些情况在2012年《刑事诉讼法》修改前是根本做不到的。由此可知，2012年《刑事诉讼法》对于适用简易程序审理刑事案件的修改，不仅在很大程度上提高了基层法院的审判效率，加快了刑事审判程序的进程，而且减少了当事人的诉累和法院的办案压力，有利于司法资源的合理配置和有效节约，符合诉讼效益的要求。

3. 在一定程度上缓解了案多人少的突出矛盾

司法程序的运行是需要付出成本的，这种成本可以说是维护正义所要付出的代价，维护司法系统的正常运转，培养合格的司法人员，必要的物质装备和人力的投入都需要成本，法院每审理一个案件，诉讼程序的每一个环节都需要物质投入和办案人员的劳动投入。即便国家已经尽可能为诉讼程序的正常运转提供资源，但是这些保障依然很难做到尽善尽美。比如，日本制定《刑事简易程序法》的主要动因就是财政困难。从1910年日本就开始裁减法官和检察官，1913年又进一步大规模继续削减，而且那个时期，日本的案件数量明显增加，为了防止裁员带来的困境，日本帝国议会，特别是众议院，虽然考虑到人权保障的问题，但迫于当时的严峻形势，加上简易程序的适用能够节约司法成本，所以还是通过了引入简易程序的法案。① 除了司法人员的不足，经济成本也是耗费很大的一个方面。比如在英国，简易审判与正式审判所需要花费的费用相差甚远。按照简易程序审判的案件平均每件仅需要花费500—1500英镑，被告人在刑事法院做有罪答辩的案件平均每件花费2500英镑。按照正式审判程序审理的案件平均每件需要花费13500英镑。② 所以英国就有学者指出，"缓解职业法官与日俱增的案件压力是当前设立治安法官的首要目的"③。我国简易程序的扩大适用，在一定程度上缓解了法官数量有限和与日俱增的案件压力之间的矛盾，即"案多人少"的矛盾。使得占案件总量绝大多数的简单刑事案件得到快速及时的审理，从而使审判机关可以将更多的资源投入到重大复杂的案件审理中，实现针对各类案件的审判公正。

---

① ［日］松尾浩也：《日本刑事诉讼法》（下册），张凌译，中国人民大学出版社2005年版，第320页。

② 程味秋主编：《外国刑事诉讼法概论》，中国政法大学出版社1994年版，第28页。

③ Brendan Linehan Shannon, "The Federal Magistrates Acts: A New Article Ⅲ Analysis for A New Breed of Judicial Officer", *William and Mary Law Review*, Vol. 1, No. 33, May 1991.

(二) 刑事简易程序仍有不足

虽经 2012 年修改《刑事诉讼法》之后,简易程序发生了不少积极变化,但通过几年的司法实践,简易程序的适用仍然存在不少问题,不尽如人意,需要进一步完善。简易程序在运行过程中出现了程序单一,适用范围过宽,适用简易程序审理重大的认罪认罚案件时显得过于简单化,审理简单的认罪认罚案件时又显得过于烦琐等问题。从构建完善认罪认罚案件审理程序体系的角度出发,在实践中仍然需要对简易程序进行改进,以更好地发挥其作用,践行其初衷。

1. 单一简易程序不适应案件多样化的需求

从实体法的角度出发来看,我国《刑法》为了对刑罚体系进一步进行完善,于 2011 年通过《刑法修正案 (八)》,将危险驾驶等严重违法行为纳入刑法调整,将部分原由劳动教养处理的违法行为纳入刑事处罚范畴。2015 年通过的《刑法修正案 (九)》又将"代考、使用虚假身份证件、客车严重超载超速"等严重违法行为纳入刑法调整。以上这些行为的量刑多为 3 年以下有期徒刑、拘役、管制,并处或单处罚金等。数据显示,2011 年全国法院生效判决的刑事案件中,被判处 3 年有期徒刑以下刑罚的人数占被科处刑罚总人数的 74.92%。其中,被判处 5 年以上有期徒刑至死刑的重刑罪犯 14 万 9452 人,占生效判决被告人数的 14.21%。[①] 2012 年,全国法院生效判决的刑事案件中,被判处 3 年有期徒刑以下刑罚的人数占被处刑罚总人数的 76.66%。[②] 2013 年全国法院生效判决刑事案件约 105 万件,其中,被判处 3 年以下有期徒刑、拘役、管制、单处罚金的案件合计约 57.7 万件,被判处 1 年以下有期徒刑、拘役、管制、单处罚金的案件约占刑事案件总量的 38%。[③] 2014 年全国法院刑事案件判决已发生法律效力的被告人 118 万 4562 人,比上年上升 2.24%。其中,被判处 5 年以上有期徒刑至死刑的重刑罪犯 11 万 1658 人,占生效判决被告

[①] 参见中国法律年鉴编辑部编辑《中国法律年鉴》,中国法律年鉴社 2012 年版,第 1065 页。

[②] 参见中国法律年鉴编辑部编辑《中国法律年鉴》,中国法律年鉴社 2013 年版,第 1210 页。

[③] 参见仇飞《轻微刑事案件试点的专家解读》,http://www.criminallawbnucn/criminal/Info/showpage.asp? pkID =43583。

人数的 9.43%。① 重刑率比 2011 年下降约 4.7%。被判处 3 年有期徒刑以下刑罚的人数为 980056 人，占生效判决被告人数的 82.73%。轻刑率比 2011 年上升约 7.8%。2015 年全国法院刑事案件判决已发生法律效力的被告人 1232695 人，比上年上升 3.9%。其中，被判处 5 年以上有期徒刑至死刑的重刑罪犯 115464 人，占生效判决被告人数的 9.36%。② 重刑率比 2011 年下降约 4.85%。被判处 3 年有期徒刑以下刑罚的人数为 1024252 人，占生效判决被告人数的 83.09%。轻刑率比 2011 年上升约 8.17%。③ 以 2015 年数据为例，若将判处 5 年有期徒刑以上的视为重刑，将判处 5 年以下有期徒刑包括免于处罚的视为轻刑，则被判处轻刑的总数为 1098172 人，已超过了 100 万人。由此可以得出结论，近年来我国做出生效裁判的刑事案件中，轻罪刑案件的人数远高于重罪刑案件的人数。根据 2015 年最高人民法院的数据，暴力犯罪案件的数量普遍下降，盗窃、诈骗犯罪案件的数量有所上升，尤其值得注意的是，危险驾驶罪案件有所上升，比上年上升 25.66%。④ 以上数据表明，我国近年来在刑事实体法领域，呈现犯罪数量增长、犯罪类型多样化，但刑罚程度有所轻缓的趋势，在刑诉法领域，判处刑罚的轻刑率也在全部刑事案件中的比例有所上升。

自我国设立简易程序以来，就一直饱受"立法条文粗疏""缺乏可操作性""适用率偏低"等诟病。这不仅与简易程序的适用条件有关，而且与我国单一的简易程序体系有很大关系。1996 年《刑事诉讼法》仅仅规定了一种简易程序，就是第 177 条规定的简易程序。2003 年出现了普通程序简化审，对于被告人认罪的案件可以简化部分普通诉讼程序。但普通程序简化审并不是独立于简易程序和普通程序之外的第三种程序，仍是属于普通程序的范畴。需要注意的是，2012 年刑事简易程序适用范围的修改仅仅涉及简易程序适用范围的扩大，并未涉及简易程序种类的增加。根据 2012 年《刑事诉讼法》第 213 条的规定可知，立法上仍然只是规定了单一的简易程序。然而，世界各国都不只是局限于一种简易程序的形式，

---

① 参见中国法律年鉴编辑部编辑《中国法律年鉴》，中国法律年鉴社 2015 年版，第 1014 页。

② 同上。

③ 参见中国法律年鉴编辑部编辑《中国法律年鉴》，中国法律年鉴社 2016 年版，第 1297 页。

④ 同上书，第 141 页。

而是设计了多种形式的简易程序，对于具有不同特点的案件分别适用不同形式的简易程序，分别处理，来更好地满足案件类型多样化的需求。比如，在美国，其简易程序就包括了两种：一种是适用于轻微罪案件以及此类案件的申诉案件的审理程序，另一种是适用于所有由控辩双方协商达成协议，被告人做有罪答辩的案件的辩诉交易程序。又比如，在德国，根据案件的不同犯罪主体、罪行轻重的差异，也规定了处罚令程序等多种多样的简易程序。再比如，在意大利，简易程序则更为多元化，规定了简易审判程序、依当事人的要求适用刑罚程序、快速审判程序、立即审判程序、处罚令程序5种适用不同类型案件的简易程序。而在我国，虽然刑事诉讼法也是采取了繁简分流的立法思路，在审判程序上分流为普通程序、简易程序以及2018年新增的刑事速裁程序，但也只是粗线条的分立，很多时候简易程序只是普通程序在法庭调查阶段和法庭辩论阶段的简化而已。

总体上讲，我国简易程序的立法并未完全从普通程序中脱离出来，形成独立的一种审判程序，仅仅是一种简易化的普通程序，特别是在案件事实清楚、证据充分而且被追诉人也认罪的轻微刑事案件中。当前立法中规定的简易程序并未根据不同类型，不同轻重程度的案件做更进一步细致的规定。因此，很多专家提出，我国应当构建自己的处罚令程序，对于符合条件的轻微刑事案件的庭审程序甚至可以省略，由法官对刑事案件实行书面审理。随着我国简易程序适用范围的扩大，轻微案件的多发、案件类型的多样化，立法上简易程序形式单一的问题将会更加突出。因此，应当适当借鉴域外各个国家的有益经验，结合我国本土的实际情况，对简易程序进一步发展完善，争取探索出更多类型的、更加丰富的简易程序。

2. 二合一的简易程序实质上是两种审判程序

1996年《刑事诉讼法》规定简易程序由审判员一人独任审判，2012年在此基础上又增加了适用合议庭进行简易程序审判的规定。从简易程序关于审判组织的规定上，可以看出，简易程序的规定是一种二合一的规定。根据这种关于审判组织的规定，将使得简易程序在实质上成为两种审判程序。首先，为了保证案件的审理质量，2012年《刑事诉讼法》第210条规定，"对可能判处较轻刑罚适用简易程序审判的，可以组成合议庭进行审判，也可以由审判员一人独任审判"。也就是说，将原来的"适用简易程序，由审判员一人独任审判"修改为"对可能判处3年有期徒刑以下刑罚的，可以组成合议庭进行审判，也可以由审判员一人独任审判"。按照该规定，法院可以根据案件的具体情况，在确保案件审理质量的基础上决定采用何种庭审方式。"3年有期徒刑以下刑罚"指的是刑法规定的"3年以下有期徒刑、拘役、管制、单处罚金、单处剥夺政治权利等刑罚"。一般来说，这类案件属于较轻的刑事案件，所以人民法院对于这类案件适用独任审判，这样有利于及时结案，节约司法资源。但这类案件也并不全部都是案情简单明了的轻微案件，不能排除其中还有案情相对复杂的案件，那么这时人民法院可以在认为有必要组成合议庭进行审判时，组成合议庭进行审判。其次，对于"可能判处有期徒刑超过3年的"案件，规定应当组成合议庭进行审判。这是2012年新增加的内容。目前简易程序适用范围的扩大，使得适用简易程序审理的案件，不仅包括了可能判处较轻刑罚的案件，同时也包括了可能判处较重刑罚的、较长时间剥夺被告人人身自由的案件，对于这类案件，为了确保公正审判，就规定了组成合议庭进行审判。

除此之外，2012年《刑事诉讼法》规定，"适用简易程序审理的案件，人民检察院必须派员出席法庭"①。如此规定确实有利于法庭查明案件事实，定罪量刑，对庭审活动依法进行监督。但是简易程序的存在就是为了简化办案程序，提高诉讼效率，程序上必须体现出一个"简"字。就目前的规定来看，简易程序实质上包括了两种：一种是针对3年以下较轻罪行的，一种是针对3年以上较重罪行的。无论从审判组织上看，还是从审理程序的简化程度上看，实质上都使得简易程序成为两种程序的合体。

按照我国审判机关的传统，法官一般既负责审理普通程序案件，又负责审理简易程序案件，不会专门设立承办简易程序的法官。根据北京市海淀区人民法院适用简易程序的情况，自1999年起，北京市海淀区人民法院开始对简易程序的审判组织进行改革，建立了由一个独任审判庭来负责全院的刑事简易程序案件的模式，设立独任法官一名，由审判员或者经验丰富的助理审判员担任，法官助理4名，从没有担任独任法官或审判长的

---

① 2012年《刑事诉讼法》第210条规定："适用简易程序审理案件，对可能判处三年有期徒刑以下刑罚的，可以组成合议庭进行审判，也可以由审判员一人独任审判；对可能判处的有期徒刑超过三年的，应当组成合议庭进行审判。适用简易程序审理公诉案件，人民检察院应当派员出席法庭。"

助理审判员，或者具有丰富经验的优秀书记员中选拔，设立书记员 2 名。①在此之后，北京市朝阳区人民法院于 2006 年也对原有的刑事审判一庭和审判二庭进行了改革，设立了专门承担独任审判工作的法官 4 名，并且每人配备 1 名法官助理和 1 名书记员，形成了 4 个相对独立的独任审判组。②如此，在可以适用简易程序审理的案件数量越来越多的情况下，是否应设立常设的或是专门的简易审判庭，或者设立专门承办简易程序的法官或合议庭，就成为一个需要考量的问题。笔者认为，应当设立专门的简易审判庭或审判组，如此不仅可以对案件进行审理工作的集约化处理，也为解决上述简易程序二合一的问题打下一个坚实基础。如上所述，我国简易程序形式单一，且二合一程序的存在导致简易程序实质上是两种程序，这些问题都限制了简易程序的适用率。在未来构建多元化刑事简易程序模式时，尤其是针对极其轻微的刑事案件，可以适当借鉴国外的处罚令程序，实现对此类案件的快速审理，使简易程序的形式更为丰富，与日益多样化的犯罪形式相匹配。

3. 相当一部分案件适用简易程序时仍不够简易

时下，我国的简易程序在本质上仍然是对普通程序的简化，侧重于审判阶段的简化，没有对审查起诉等其他诉讼阶段的办案期限做出相应的调整，这种简化力度并不够明显，也没有形成多层次的速决程序体系，直接导致了简易程序在适用时不够简易的问题，影响了提高诉讼效率的效果。主要表现在：一是简易程序的庭审程序不够简化。目前简易程序主要是对于审判阶段的简化，我国适用简易程序审理案件时，无论案件是何具体情况，无论案件的大小、复杂程度的高低，一律开庭进行审理，既不利于最大限度节省诉讼资源，也不利于提高诉讼效率。反观世界其他国家的简易程序，都有设置书面审理简单刑事案件的程序或是直接进入量刑的辩诉交易程序。二是简易程序庭审外的程序不够简化。与法庭程序有所简化的情况不同的是，适用简易程序审理的案件在庭审前后仍有大量工作需要进行，以至于总体上使得程序并不够简易。在司法实践中，应该简化的没有

---

①　北京市海淀区人民法院课题组：《刑事简易程序独任审判庭模式运行研究》，《法律适用》2002 年第 12 期。

②　甄贞、汪建成主编：《中国刑事诉讼第一审程序改革研究》，法律出版社 2007 年版，第 368 页。

进行简化，在一定程度上就限制了简易程序的适用，使得其合理配置司法资源的功能不能有效发挥。因此，只有进一步改革简易程序，建立新颖、丰富的简易程序模式，方可有效提高简易程序的适用率，更好地对案件进行繁简分流，缓解审判机关的压力。

综上可知，目前我国正在运行的刑事简易程序仍然过于繁复、不能够满足越来越多元化的刑事案件的需求，尤其是针对事实清楚、被告人认罪、适用法律无争议的非常轻微的刑事案件。解决这些问题恰恰是对刑事审判程序分流机制予以完善的前提。我国已于 2014 年开始试点运行刑事速裁程序，并于 2018 年正式将刑事速裁程序纳入法典，针对轻微罪刑事案件适用刑事速裁程序的审判方式快速审理已成为当下实现繁简分流的必然趋势。

三　刑事速裁程序的提出与试点

（一）2014 年刑事速裁程序的提出与试点

1996 年设立刑事简易程序之后，由于在司法实践中，其适用率过低，不能缓解案件繁简分流的现实困境，因此，在 2003 年，"两高"和司法部颁布了适用普通程序审理被告人认罪案件的若干意见，"普通程序简化审"也算是我国早期对于审判程序分流和认罪认罚从宽的一种尝试。该意见随着 2012 年简易程序适用范围的扩大，已经失效，"普通程序简化审"在立法上也并未确立下来，但其在实践中所针对的问题仍然未能得到解决。因此，我国从 2014 年开始，对如何审理被告人认罪认罚的案件、如何实现繁简分流，又开始了新的探索。2014 年 6 月 27 日，全国人大常委会通过《关于授权最高人民法院、最高人民检察院在部分地区开展刑事案件速裁程序试点工作的决定》，首开司法领域的"试验性立法"的先河。2014 年 8 月 22 日，最高人民法院、最高人民检察院、公安部、司法部联合印发了《关于在部分地区开展刑事案件速裁程序试点工作的办法》。根据该办法，"刑事速裁程序的试点城市包括北京、天津、上海、重庆、沈阳、大连、南京、杭州、福州、厦门、济南、青岛、郑州、武汉、长沙、广州、深圳、西安"。"刑事速裁试点主要针对的是事实清楚、证据充分，被告人自愿认罪，当事人对适用法律没有争议的危险驾驶、交通肇事、盗窃、诈骗、抢夺、伤害、寻衅滋事等情节较轻，依法可能判处 1 年以下有期徒刑、拘役、管制的案件，或者依法单处罚金的案件。"总体而言，试点工作开展以来，进展平稳、有序、顺利。根据 2015 年 10 月的《最高人民法院、最高人民检察院关于刑事案件速裁程序试点情况的中期报告》，2014 年 8 月至 2015 年 8 月 20 日，试点各地确定基层法院、检察院试点 183 个，共适用速裁程序审结刑事案件 15606 件，占试点法院同期判处 1 年有期徒刑以下刑罚案件的 30.70%，占同期全部刑事案件的 12.82%。其中检察机关建议适用速裁程序的占 65.36%。各试点地区的公安机关成立工作专班，按照试点工作机制侦办案件 10500 余件，积极为在看守所建设法律援助工作站提供便利，并协调完善值班律师工作运行机制。司法行政机关建立值班律师库，在试点法院、看守所设立法律援助工作站 342 个，共为 17177 件案件的犯罪嫌疑人或被告人提供法律帮助 20930 人次，受委托进行调查评估 3597 件。这次的速裁程序试点也为完善认罪认罚从宽制度改革积累了经验。从内容上看，这次试点工作在严格贯彻落实《关于授权最高人民法院、最高人民检察院在部分地区开展刑事案件速裁程序试点工作的决定》的基础上，在简易程序的基础上对速裁程序的庭审程序进行了进一步简化，规定可以不再进行法庭调查、法庭辩论，由审判员独任审判，当庭宣判。[①] 还规定了应当在简易程序的基础上进一步缩短速裁程序的办案期限。当然，也有规定犯罪嫌疑人、被告人对指控和量刑建议有异议、没有与被害人达成调解或者和解协议、可能不构成犯罪或者作无罪辩护等 8 种不适用速裁程序的例外情形，规定如果在审理过程中发现不适合再适用速裁程序的，就应当转为普通程序或简易程序审理。

此外，根据《最高人民法院、最高人民检察院关于刑事案件速裁程序试点情况的中期报告》，为推动试点工作的有效运行，最高人民法院、最高人民检察院把试点工作列为《关于全面深化人民法院改革的意见——人民法院第四个五年改革纲要（2014—2018）》和《关于深化检察改革的意见（2013—2017 年工作规划）》的司改重点项目，并分别下发文件，对准确执行试点工作办法、依法有序开展试点提出明确要求，最高人民法院、最高人民检察院还分赴各地调研督查、观摩庭审、座谈交流 20 余次，分别召开试点法院专题研修班、试点检察院工作交流会。最高人民法院还编写了《刑事案件速裁程序试点实务与理解适用》一书，编发了《刑事

[①] 樊崇义：《刑事速裁程序：从"经验"到"理性"的转型》，《法律适用》2016 年第 4 期。

案件速裁程序试点工作专报》，及时沟通信息、交流经验，推动工作开展。各个试点城市还根据速裁程序的特点，积极探索了更加快捷高效的工作机制，完善了相关的配套措施，形成了许多成功做法和经验。各个试点城市普遍实行专人办理、集中起诉、集中开庭的方式开展速裁程序试点工作。比如，郑州在看守所设立速裁法庭，北京市海淀区由法官、检察官、值班律师在看守所建立集中办案平台，实现侦诉辩审无缝对接。南京、福州等地在侦查阶段就委托有关机构进行调查评估，为非监禁刑的适用创造条件。深圳、杭州等地探索出视频提讯、视频开庭、短信快速送达、诉讼文书及电子证据网上流转等方式，充分利用信息技术提高了工作效率。上海、青岛等地侧重于法庭教育，开展判后释法，也收到良好的效果。天津、济南等地制定了速裁案件的量刑指导原则。广州、长沙等地建立了与速裁程序相配套的案件流转和文书签发机制，有的地方还邀请人大代表和各界人士旁听庭审，听取意见，以便改进工作。①

综上可知，2014 年刑事速裁程序试点运行以来，在各个机关的全力配合之下，速裁程序试点的新探索可谓是进展得平稳顺利。

（二）2016 年刑事速裁程序的扩大与试点

2016 年之后，刑事速裁程序的试点工作被纳入了认罪认罚从宽制度改革，我国在将二者相结合的基础上进行了进一步的积极探索，取得了许多宝贵经验。以部分试点地区为例，根据北京市房山区人民法院 2017 年的工作报告的数据可知，2017 年该法院适用刑事速裁程序结案 664 件，速裁程序适用率为 52.8%，服判息诉率高达 100%。作为试点城市之一，北京还成立了专门办理轻微案件的办案组，也探索了一些机制，取得了一些成效。比如，公安机关对于这些案件开通绿色通道，写明是简单案件，告知检察院。再比如，对于简单案件，北京市海淀区法院已经做到在 48小时之内解决。

（三）刑事速裁程序的试点成效评估

无论是从专家学者、实务部门的评价来看，还是从司法实践中的实际情况来看，刑事速裁程序的试点都确实取得了积极成效。具体表现在以下

---

① 参见最高人民法院、最高人民检察院《最高人民法院、最高人民检察院关于刑事案件速裁程序试点情况的中期报告》，http://www.npc.gov.cn/npc/xinwen/2015-11/03/content_1949929.htm。

几个方面:

首先,促进了司法资源的有效配置,提高了刑事诉讼效率。根据《最高人民法院、最高人民检察院关于刑事案件速裁程序试点情况的中期报告》的抽样统计,检察机关审查起诉周期由过去的平均 20 天缩短至 5.7 天;人民法院速裁案件 10 日内审结的占 94.28%,比简易程序高 58.40 个百分点;当庭宣判率达 95.16%,比简易程序高 19.97 个百分点。2015 年《最高人民法院、最高人民检察院关于刑事案件速裁程序试点情况的中期报告》,对于认罪认罚案件,检察机关审查起诉平均用时 26 天,人民法院 15 日内审结的占 83.5%。适用速裁程序审结的占 68.5%,适用简易程序审结的占 24.9%,适用普通程序审结的占 6.6%;当庭宣判率为 79.8%,其中速裁案件当庭宣判率达 93.8%。具体到各试点地区,比如,广州法院 2015 年上半年人均结案数增加 38.45%,青岛市城阳区法院刑庭庭长一年办理 600 余件案件,其中适用速裁程序的有 380 件,结案同比增长近两倍。北京市房山区法院自 2014 年 11 月到 2015 年 6 月,共适用速裁程序审结 180 件,占全部同期审结案件 554 件的 33.09%。在这些案件当中,庭审平均用时约 6 分钟,从立案到结案平均用时约为 5 个工作日,服判息诉率为 100%,无一上诉案件。① 可以说,通过普通程序、简易程序、速裁程序合力对于审判程序进行繁简分流,缓解了目前审判资源分配不均、诉讼效率不够高的现状,更有助于将惩罚犯罪及时落到实处,保障当事人少受诉累,也为下一步构建更加科学合理的多元化审判程序体系积累了丰富经验,打下了扎实基础。

其次,充分体现了认罪认罚从宽制度,体现了宽严相济的刑事政策。2016 年刑事速裁程序的试点扩大之后,刑事速裁程序被纳入认罪认罚从宽制度改革。根据最高人民法院院长周强 2017 年 12 月做的《关于在部分地区开展刑事案件认罪认罚从宽制度试点工作情况的中期报告》,试点中,检察机关对认罪认罚案件依法提出从宽量刑建议,其中建议量刑幅度的占 70.6%,建议确定刑期的占 29.4%,法院对量刑建议的采纳率为 92.1%。认罪认罚案件犯罪嫌疑人、被告人被取保候审、监视居住的占 42.2%,不起诉处理的占 4.5%;免予刑事处罚的占 0.3%,判处三年有期徒刑以下刑罚的占 96.2%,其中判处有期徒刑缓刑、拘役缓刑的占

---

① 徐斌:《效率通向公正:刑事速裁程序实证研究》,《中国审判》2015 年第 17 期。

33.6%，判处管制、单处附加刑的占 2.7%。由此可知，在试点中，对于非羁押强制措施和非监禁刑的适用比例有所提高，更好地落实了宽严相济的刑事政策，让当事人尽早回归社会，尽量减小了刑事诉讼程序对其的不良影响，促进了社会关系的恢复。

最后，当事人的诉讼权利得到有效保障。根据《关于在部分地区开展刑事案件认罪认罚从宽制度试点工作情况的中期报告》，试点法院审结的侵犯公民人身权利案件中，达成和解谅解的占 39.6%。检察机关抗诉率、附带民事诉讼原告人上诉率均不到 0.1%，被告人上诉率仅为 3.6%。速裁程序的试点不仅更加重视当事人的有效参与，而且及时解决了社会矛盾，提升了服判率，同时减少了被告人的诉累。

但是，在看到速裁程序试点在实现及时审判方面、防止超期羁押方面、节约司法资源方面发挥了明显有益作用、取得了显著成效的同时，我们也应注意到速裁程序目前在司法实践中仍然存在一些问题和困难，使其不能完全发挥内在优势，还需要完善。结合中国庭审公开网公布的刑事速裁案件庭审实况①以及部分试点地区的实践数据、试点情况，主要梳理出以下若干问题。

首先，刑事速裁程序试点的开展在各个试点地区并不均衡，有些地方的适用率较低。比如，天津市自 2014 年 6 月至 2015 年 6 月 30 日，8 个先期试点法院适用速裁程序共审结案件 311 件，判处被告人 318 人，占同期审结全部刑事案件的 19.57%，与中央预期的 30%—40% 还是有很大的差距，同时，占同期审结的判处 1 年有期徒刑以下刑罚案件总数的 35.42%，即在可能适用速裁程序的案件中，只有 1/3 左右的案件实际是按照速裁程序审理的，其余均未进入速裁程序。② 存在这一问题的原因是多样的，其中重要原因之一就是基层法院、检察院的办案压力巨大。速裁案件审理程序的简化只是对庭审部分进行了简化，证据标准和普通案件并无差异，而且还要求法官当庭宣判。法官在起诉书副本送达之前，需要对案件的证据

---

① 截至 2018 年 1 月 20 日，中国庭审公开网共上传 53 件适用刑事速裁程序审理的案件。其中盗窃案件 26 起，危险驾驶案件 8 起，贩卖毒品犯罪案件 6 起，故意伤害案件 6 起，诈骗案件 3 起，非法制造枪支弹药案件 2 起，交通肇事案件 1 起，开设赌场案件 1 起。http：//tingshen.court. gov.cn/。

② 董照南、张爱晓：《刑事速裁试点中存在的问题及解决对策》，《中国审判》2015 年第 17 期。

材料进行更加全面深入的审查、了解，以保证刑事速裁程序的审判质量，确认量刑建议在法律适用等方面没有错误。法官需要在审前准备阶段以及其他阶段花费大量时间，案件诉讼程序的其他阶段，包括调解、审批等程序需要的工作量并未减少，同时审理期限却又大幅缩短。就要求审判人员在更短的时间内处理程序上并未全面实质性简化的案件，就需要他们投入更多的精力，实际上是加大了工作强度。因此，审判人员适用速裁程序的积极性、主动性也就比较低了。在整个审判程序之前的审查起诉阶段，适用速裁程序对于检察人员的吸引力也并不大，因为，一旦当事人对适用速裁程序和检察院的量刑建议都没有异议，那么检察院就应当出具具体的量刑建议，这无形中对公诉人的量刑能力提出了更高要求，也增加了其工作量，因为检察人员不仅要向犯罪嫌疑人解释适用速裁程序的意义，还需要与之签署具结书。他们的工作量和压力也并未减轻。从真正实现刑事速裁程序提高诉讼效率的价值目的的角度出发，该程序是一个系统性的程序，不仅是审判阶段的程序，还是侦查阶段、审查起诉阶段的一系列程序。仅仅对庭审阶段进行简化，很难做到真正意义上的提速。因此，应当在简化庭审程序的同时，相对简化审前程序。这样才能更有利于全案得以高效审结，提升审理整个案件的诉讼效率，减轻各个机关的工作压力。

其次，审查被告人认罪事实的时间不够充足。适用刑事速裁程序的前提之一就是被告人认罪。同时也有数据显示，在刑事速裁程序试点运行中，由于超过 98% 的被告人都被判处较为轻缓的刑罚，被告人的上诉率仅为 2.1%。[①] 这说明大部分被告人都是认罪且服从判决的。如此容易使得审判人员对犯罪事实及认罪自愿性的审查不够严格，只是将庭审的重点落在量刑问题上。笔者对中国庭审公开网上传的从开始试点速裁程序到 2018 年 1 月 20 日的 53 起刑事速裁案件的庭审实况进行了分析，发现基层法院在适用速裁程序审理案件时，分配到庭审各个环节的时间不甚合理。本书从中选取了几个庭审时间均在 5 分钟左右的案件，并统计了其庭审中各环节所占用的时间，如图 5-1 所示。

在选取案例的刑事速裁程序的庭审实践中，都用公诉人宣读起诉书代替了法庭调查和法庭辩论环节，在庭审总用时为 5—10 分钟的这几起案件

---

① 陈瑞华：《"认罪认罚从宽"改革的理论反思——基于刑事速裁程序运行经验的考察》，《当代法学》2016 年第 4 期。

图 5-1　选取案例在庭审中各个环节所占时间的分配情况

中，各个主要环节分别耗时的情况大致如下：第一，对被告人基本信息的核实以及权利义务的告知，耗时约 2 分钟，占总时长的 40%，主要包括核实被告人的个人信息、询问被告人收到起诉书副本的时间、是否收到刑事速裁通知书、是否同意适用速裁程序审理等，以上这些与被告人的犯罪事实本身并没有太大相关。第二，公诉人宣读起诉书，耗时约 1 分 20 秒，占总时长的 27%。在这个环节，多数公诉人都会概括性地宣读起诉书中指控的犯罪事实、罪名和量刑建议，如果有公诉人要宣读完整、详细的起诉书，甚至详细描述犯罪事实经过，则会耗费更多时间。在这两个环节之后，才是法官对被告人认罪的自愿性与真实性的审查。这个审查过程是极为简单的，整个审查过程基本上由三句话构成："被告人对起诉书指控的犯罪事实、罪名以及量刑建议有无意见？""鉴于公诉机关建议适用刑事速裁程序进行审理，被告人认罪，法庭决定对本案适用刑事速裁程序，被告人是否同意？""被告人对公诉机关庭前向你出示的指控你构成某某罪的证据有无意见？"针对这些问题，被告人仅需回答是或否即可。该环节在所选取的案例中平均用时仅为 30 秒左右，只占庭审时间的 10%。对被告人认罪的自愿性与真实性的审查未免太过于形式，并不能很好地触及事实真相本身，鉴别被告人的认罪认罚是否自愿和真实。也就是说，在适用刑事速裁程序的审判程序中，法官对被告人认罪的自愿性与真实性的审查时间不够充分，审理的重点不够明确。

最后，辩护律师的参与度明显不够高。从理论上和法律上讲，速裁程序中的辩护律师和普通程序中的辩护律师都不可或缺，但在其作用的发挥上应有所不同。刑事速裁程序中对于法庭调查和法庭辩论环节的省略在客观上限制了辩护律师发挥的空间。在这样的情况下，应当如何保障辩护律师充分参与到刑事速裁程序中，进行有效辩护呢？

要知道在刑事速裁程序中，律师的参与率不高，造成该现象的原因是多样的。第一，从被告人的角度而言，由于在刑事速裁案件中，案情都比较简单，罪行也都不重，所以被告人及家属常常会觉得聘请律师花费太高，涉及的罪行又不严重，就会认为律师参与的必要性不够大，于是对于聘请辩护律师并获得其法律帮助的需求并不强烈。

第二，从速裁程序本身而言，由于该程序的审理期限非常短，同时又缺少与速裁程序相配套的，能够让律师更加快速高效阅卷、会见的机制，所以导致律师一旦参与到速裁程序中，还有可能对审理效率的提高有影响。这些问题的存在都致使速裁程序中的辩护律师参与率较低，使多数被告人做出同意适用速裁程序的选择时是没有律师帮助的，这不利于保护被告人的诉讼权利。虽然根据《试点办法》可知，已经针对适用速裁程序的认罪认罚案件规定了值班律师制度，保证被告人认罪认罚的自愿性、真实性，但是值班律师制度在实践中的作用发挥得并不充分。时下，值班律师制度是个新鲜事物，法学界对其的定位仍不是很清晰，司法实务界在试点值班律师制度时的做法有很大差异，这些问题都将直接影响到值班律师制度的发展方向以及最终效果。对于值班律师制度的定位，目前学界众说纷纭。主流观点认为值班律师制度是一种法律帮助制度，但是对于什么是法律帮助又是模糊不清的。《试点办法》第5条有这样的表述："办理认罪认罚案件，应当保障犯罪嫌疑人、被告人获得有效法律帮助，确保其了解认罪认罚的性质和法律后果，自愿认罪认罚。"从规定来看，值班律师实际上是充当了辩护人的角色，可以代被告人行使辩护权，应该拥有阅卷权、调查权、会见权等一般辩护律师享有的权利，否则，通过值班律师保护被告人的辩护权便无从谈起。由于关于值班律师的规定尚未细化，所以仍然存在一些问题。一是获得律师帮助的时间非常有限。一般情况下，犯罪嫌疑人在同意适用速裁程序之前，是不能获得律师的帮助的，一般要在公诉机关对其进行讯问，征求其是否同意适用速裁程序时，才会告知其可以获得值班律师的帮助，这时犯罪嫌疑人并没有太多时间考虑就需要做出选择并在具结书上签字了，也就是说，犯罪嫌疑人在这个阶段获得律师帮助的时间非常有限。二是值班律师一般只能就法律适用及量刑建议合理与否为被追诉人提供咨询，而不能就案件事实情况发表辩护意见。所以，在适用的实践中，值班律师制度形同虚设，值班律师的功能没有得到很好发挥。需要注意的是，在速裁程序中，如果在被追诉人选择适用何种审判程序时，没有得到辩护律师的帮助，被追诉人则不能透彻理解同意适用速裁程序的法律后果是什么，也不能对量刑建议有很好的把握，更会缺乏选择程序的自信和勇气。虽然辩护律师有参与到庭审阶段，但由于速裁程序中法庭调查和法庭辩论环节的省略，使得辩护律师在法庭上的辩护效果极其有限，往往由被告人自己陈述、回答。综上，被告人的辩护律师对于程序的参与度以及参与的有效性都不够充分。

第二节 刑事速裁程序的正式构建

完善认罪认罚从宽制度的试点于 2018 年 11 月结束，其后，"刑事速裁程序"应当何去何从？这是一个需要我们思考的问题。按照试点决定来看，刑事速裁程序将何去何从，会根据最终试点结束之后的试点情况报告来决定，或者恢复刑事速裁程序试点之前的现状，或者将刑事速裁程序通过修改《刑事诉讼法》的方式正式纳入《刑事诉讼法》当中予以确立。在这样的情况下，刑事诉讼法修正案通过全国人大常委会在 2018 年 4 月一读、8 月二读、10 月三读之后，共做出了 26 项决定，对 2012 年《刑事诉讼法》的 18 个条款进行了修改，新增条款 18 条，其中，就包括在总结试点经验的前提下，将认罪认罚从宽制度和刑事速裁程序加入了法典，使得刑事速裁程序具有了立法上的正当性。刑事速裁程序是从简易程序进一步探索演化而来，进一步完善刑事速裁程序，要明确厘清简易程序与速裁程序的关系，为下一步完善刑事速裁程序打下扎实的基础，在此基础上，再对刑事速裁程序本身进行进一步的完善。

一 刑事速裁程序与简易程序的关系

刑事速裁程序与刑事简易程序虽有相似之处，却也甚为不同。单从字面上看，简易程序侧重于"简"，速裁程序侧重于"速"。

尽管简易程序和刑事速裁程序有诸多不同，但在简易程序之外，又设立刑事速裁程序还是非常必要的。陈朴生先生曾言："刑事诉讼法之机能，在维持公共福祉，保障基本人权，不计程序之烦琐，进行之迟缓，亦属于个人无益，于国家社会有损。故诉讼经济于诉讼制度之建立实不可忽视。"[1] 迅速裁判对被告人权益的保护至关重要，因此对于可能判处 3 年有期徒刑以下、社会危害性不大的轻罪案件，应当在确保公正的基础上，进一步提速，以求最大限度地提高审判效率。司法实践中，可能判处 3 年以下有期徒刑的案件数量居多，所以，在立法上只有普通程序和简易程序的情况下，仅仅依靠简易程序审理这些案件，会使过多司法资源投入其中，不能有效对这些案件进行分流，司法资源亟待优化配置的现状呼唤一种更为快捷高效的程序来对案件进行繁简分流，正式构建刑事速裁程序也是大势所趋了。2018 年修改《刑事诉讼法》之后，已将刑事速裁程序正式在立法上确立下来，兼顾了立法正当性与司法现实性。规定针对基层人民法院管辖的案件事实清楚、证据充分、被告人认罪认罚并且同意适用程序的案件，以 3 年为界，把可能判处 3 年有期徒刑以下刑罚的案件交由速裁程序审理，把可能判处超过 3 年有期徒刑以上刑罚的案件交由简易程序审理。对于基层人民法院管辖的事实清楚、证据充分、被告人认罪的案件进行了再一次的繁简分流。有学者认为"在价值取向上，普通程序取位公正、简易程序取位公正与效率兼顾、速裁程序取位效率，三位一体构成了完整的刑事审判价值取向"[2]。刑事速裁程序的正式确立，将可能判处 3 年有期徒刑以下刑罚的案件从简易程序中再次分流出来，为真正解决多年以来对案件"平均对待"的问题，进一步构建丰富立体的多元审判程序体系奠定了基础。

二　刑事速裁程序的公正底线

2018 年《刑事诉讼法》关于认罪认罚从宽制度以及刑事速裁程序的修改，使得刑事速裁程序具有了立法上的正当性。刑事速裁程序作为刑事案件审理中带有变革性的重要程序，其建立和完善，关系着司法公正的进一步实现和司法效率的进一步提升。然而，刑事速裁程序是一个新生事物，对于司法机关而言，应当深刻理解速裁程序的立法意义，正视该程序的出现带来的工作变化，在有效惩治犯罪的同时，保护被告人的切身利

---

① 陈朴生：《刑事经济学》，正中书局 1975 年版，第 327 页。

② 汪建成：《以效率为价值导向的刑事速裁程序论纲》，《政法论坛》2016 年第 1 期。

益，建立一套科学合理、行之有效的工作机制，在保证案件质量和效率的同时，守住公正底线。

（一）刑事速裁程序的启动条件

目前，在我国有关刑事速裁程序的相关法律文件中，规定了被追诉人的程序同意权，也规定了侦查机关和辩护人启动刑事速裁程序的建议权，但却未同时赋予被追诉人对于刑事速裁程序的主动启动权和程序变更权，由此可能产生的问题是"速裁程序的适用主要取决于司法机关基于办案需要的自由裁量，缺乏对犯罪嫌疑人、被告人诉讼权利的保护"[1]。由于刑事速裁程序的庭审可以省略法庭调查和法庭辩论环节，该程序可谓一种大大降低了当事人程序上的公正保障程度的审判程序，因此，出于对被追诉人权利的保护，就更应对刑事速裁程序的启动条件进一步明确和完善。具体而言，可以从以下三个方面考量：

首先，就启动刑事速裁程序的形式要件而言，明确办案机关可以启动刑事速裁程序。目前，关于适用刑事速裁程序的启动方式有三种：一是公安机关建议启动，即公安机关侦查终结移送审查起诉时认为案件符合适用速裁程序的条件的，可以建议检察院按照速裁程序办理；二是辩护人建议启动，即辩护人认为案件符合适用速裁程序条件的，经当事人同意，可以建议检察院按照速裁程序办理；三是检察院建议法院启动刑事速裁程序。就审判阶段速裁程序的启动而言，目前法院想要启动刑事速裁程序，只能是在检察院建议后，法院来决定是否适用速裁程序，法院具有最终决定是否启动速裁程序的裁量权。[2] 从形式上看，由办案机关启动速裁程序并无不妥，法院在审查之后，如果认为可以适用速裁程序的，即可决定适用，如此可以防止刑事速裁程序被滥用，保证司法公正。

其次，在启动的实质要件上，必须赋予当事人完整的程序选择权，即不仅应当取得当事人适用刑事速裁程序的同意，还应当赋予当事人对于程序选择的"一票否决权"。虽然《关于在部分地区开展刑事案件速裁程序试点工作的办法》在赋予当事人对程序的选择权的问题上，于第5条增加了关于"辩护人认为案件符合速裁程序适用条件的，经犯罪嫌疑人同意，

---

① 艾静：《刑事案件速裁程序的实证分析和规则构建》，《云南大学学报》（法学版）2015年第6期。

② 张新：《刑事速裁程序启动与转化问题研究》，《时代法学》2016年第8期。

可以建议人民检察院按速裁案件办理"的规定，使当事人的程序选择权得以进一步充实，但是，就刑事速裁程序的启动而言，被告人并不享有对于适用该程序的否决权。因此，在刑事速裁程序的构建中，第一，应当赋予被追诉人对于速裁程序的完整程序选择权，既包括对于程序的主动选择权，即被追诉人一旦不同意适用速裁程序，则不能启动刑事速裁程序；也包括对于程序的一票否决权，即当事人不同意适用速裁程序时，则不适用。第二，应当赋予被追诉人对于程序选择的"转化权"。目前，被告人在正式审判阶段，并不具有对于速裁程序的程序转化权，在审理过程中，只有当法院发现案件不符合适用速裁程序办理的条件的，才能转为简易程序或者普通程序审理，被告人是没有这种权利的。如此规定，法院在审判阶段决定是否启动速裁程序时的权力过于强势，缺乏有效制约。因此，应当赋予被告人在审判阶段对于刑事速裁程序的转化权，保障其享有完整的程序选择权。

最后，考虑到被追诉人的身份局限，应当规定被追诉人在对程序做出选择时，必须由辩护律师为其提供帮助。根据《关于在部分地区开展刑事案件速裁程序试点工作的办法》可知"侦查机关的办案时间是：应当在立案后10日内侦查终结；人民检察院的办案时间是：一般应当在受理案件后8个工作日做出是否提起公诉的决定，提出适用刑事速裁程序的书面建议，并充分听取犯罪嫌疑人、被害人及其法定代理人的意见；人民法院的办案时间是：一般应当在受理后7个工作内审结"。可以看出，办案机关的办案时间都非常短，使被追诉人由于身份的局限没有时间和精力聘请律师。加之适用刑事速裁程序就意味着被追诉人要放弃当庭质证、辩论、申请调取新证据、重新鉴定、勘验、检查等基本诉讼权利，存在侵害被追诉人的合法权益的可能和风险。因此，必须保证被追诉人在对程序进行选择时，能够获得律师的帮助。笔者建议，在完善刑事速裁程序时，分三个阶段予以规定。第一，在侦查阶段，只要犯罪嫌疑人对于犯罪事实供认不讳，且准备适用速裁程序，但是没有聘请律师的，应当一律为其指派律师，让犯罪嫌疑人充分了解何为认罪、认罚、从宽处罚，使其对刑事速裁程序达到真实、充分、有效的了解、理解，并在此基础上主动认罪认罚，从而选择适用刑事速裁程序。第二，在审查起诉阶段，在被追诉人与检察院达成认罪认罚的量刑协议之时，必须有律师为其提供法律帮助。第三，在审判阶段，确保被告人的辩护律师已明确告知被告人应当在庭审中如何认罪认罚。由于刑事速裁程序是一种以降低当事人程序公正保障程度为代价来实现迅速审判目的的程序，因此，应当确保律师在被追诉人做出程序选择时为其提供帮助，从而有力维护被追诉人的合法诉讼权益。

（二）刑事速裁案件的审理重点

在适用刑事速裁程序审理案件的过程中，被告人认罪认罚是适用该程序的前提，也是适用该程序审理的关键所在。因而，在适用刑事速裁程序审理案件时，审理的重点应当是被告人认罪认罚自愿性、真实性、明知性。要明确这一审理重点，就必须在形式上和实质上同时对被告人认罪认罚的自愿性、真实性、明知性庭审审查机制予以完善。如前文所述，在美国这个英美法系的典型代表国家，有大约95%的刑事案件都是通过辩诉交易完成的，根据《美国联邦刑事诉讼规则》，"法院在受理被告人的有罪答辩时，首先就应当审查该答辩的事实基础"。① 若是不能认定存在该犯罪事实，则不能根据被告人关于该犯罪事实的有罪答辩对其做出并宣告有罪判决。而且，在对被告人的有罪答辩的事实基础进行审查之时，法官不仅需要询问检察官、辩护律师和被告人，还需要对控辩双方关于该有罪答辩达成协议的合意进行确认和审查，对控方提交的案卷、预审笔录、证人证言等详细查阅分析，并在必要时要求检察官或辩护律师对案件事实的内容做进一步详细的说明等。总之，只要法院认为被告不是要对荒诞无稽的事实进行有罪答辩就可以对"事实基础"做出认定，否则即使被告人做出了有罪答辩，法官也不能据此宣判。美国是辩诉交易的历史非常悠久，规则非常成熟的国家，其对于事实基础的审查尚且如此严苛，我国目前正处于刑事速裁程序的初始阶段，更应当对此问题予以充分重视。

由于在庭审之前，被告人已经认罪认罚，并签署了具结书，在庭审过程中法官很容易忽视对被告人认罪认罚的自愿性、真实性、明知性审理，甚至会默认其认罪认罚必然是真实且自愿的。如此一来直接导致了在庭审过程中容易模糊审理重点，而且给予被告人认罪认罚自愿性审查的时间也不够充分，使对该问题的审查成为走过场。为了避免这些问题发生，应当首先明确在刑事速裁程序的庭审中，审理的重点应当是对被告人认罪认罚

---

① 《美国联邦刑事诉讼规则》第11条规定："法院在受理有罪答辩时，应当审查该答辩的事实基础，如果不能认为该事实存在，就不能根据该答辩宣告判决。"美国刑事法学界将在诉辩交易过程中，被告人自认的犯罪事实称为事实基础（factual basis）。

的自愿性、真实性、明知性审查。有必要对目前庭审中的审查环节予以完善，给予这个环节更充分的时间。根据上文的数据可知，在庭审中，法官往往在核实被告人身份、权利义务告知等问题上耗费较多时间，而这些并不是庭审审理的重点所在，因此，应当考虑将这些环节前置，在庭审之前由书记员来完成，对需要适用速裁程序的被告人集中核对身份、告知权利义务等，并让被告人在诉讼权利告知书上签字确认。如此，法官在开庭时可以直接进入对被告人认罪认罚的自愿性、真实性、明知性的审查。具体而言，该审查可以分为以下几个步骤：首先，可以要求被告人在庭审时提交一份与认罪事实密切相关的、内容翔实的认罪书，法官在庭审时就其中的具体内容对被告人进行讯问，比如，可以问被告人"你的认罪是否出于自愿？是否有人对你进行威胁或给你施加了其他压力，迫使你认罪？""是否有人以你认罪为条件与你私下达成什么交易？"等等。被告人可以在听取辩护人的说明之后再行回答法官的问题。然后，法官可以要求被告人对其所犯罪行、所认罪的犯罪事实进行讲述。如果存在虚假口供、刑讯逼供，或是处于情感纠葛、因利益驱使替别人顶罪的情况，被告人对于犯罪事实和经过的讲述就显得尤为必要，因为如果口供有假或是替人顶罪，那么在犯罪事实的细节上就肯定存在偏差和出入。最后，法官可综上做出判断，如果法官可以认定被告人认罪认罚的自愿性、真实性、明知性，则该审查环节即可结束。当然，这种审查虽然不涉及举证质证、法庭辩论环节，仅仅是简单的陈述、问答，但就适用速裁程序的简单案件而言，该种审查模式在甄别被告人认罪认罚的自愿性上已经足够，并且也不会占用太多的庭审时间，对诉讼效率也不会产生太多不利的影响。

（三）刑事速裁案件的审理方式

根据目前的规定，人民法院适用速裁程序审理案件，被告人当庭认罪、同意量刑建议和适用速裁程序的，不再进行法庭调查、法庭辩论。实际上，为了进一步提升适用刑事速裁程序的案件的审判效率，许多试点地区都探索、尝试了很多新方法。比如，检察机关集中起诉速裁案件，法院对于速裁案件合并开庭审理，合并告知权利、宣读起诉书等，或者法院对速裁案件进行远程视频审理或书面审理等。[①] 这些试点地区司法机关开展的新尝试、新做法也引起了各界的热议。一方面，是对此持肯定态度的观

---

① 刘昂：《论我国刑事案件速裁程序的构建》，《法学杂志》2016 年第 9 期。

点。有学者认为"速裁程序解决的是基本不存在定罪和量刑争议的案件，庭审的功能进一步弱化，凡审必开庭的做法将受到质疑"①。有的学者认为"进一步创新和加强审判管理，采用远程视频审理刑事速裁案件，提高审判效率"②。还有的学者认为"参照德国、意大利等大陆法系国家普遍采用的处罚令程序，实行书面审理"③。更有学者建议"以速裁程序改革为契机，在刑事诉讼法中建立独立的处罚令书面审程序，创设新的刑事案件快速处理的程序层级"④。另一方面，是对此持否定态度的观点。有学者认为"速裁程序改革要坚持开庭审理原则，实现庭审功效，保持控、辩、裁的基本程序构造。书面审理、视频开庭会让人们对法官审判的亲历性产生怀疑，刻意地集中移送、集中审理有时反而会影响办案效率，应当坚持开庭审理、一案一审的案件审理方式"⑤。笔者认为，关于适用刑事速裁程序的审理方式，可以从以下几个方面进一步明确和完善。

第一，刑事速裁案件可以进行集中起诉、集中开庭，但还是应当一案一审，不能搞"大烩菜"。2012 年 9 月最高人民检察院公诉厅发布了《关于办理适用简易程序审理的公诉案件座谈会纪要》，强调"对简易程序案件可以集中开庭审理，但应坚持一案一审的原则，不应将不同的案件同庭审理，也不宜对分别审理的不同案件的被告人同庭统一核实身份、告知权利。对于出现这些情形的，人民检察院应依法履行诉讼监督职责"。笔者认为，由于适用刑事速裁程序审理的案件较之简易程序又更加简单，所以从提高诉讼效率的角度出发，对于案由相同的适用速裁程序的同批次轻微刑事案件，庭审前，可以在检察机关集中起诉的基础上进行集中审理，但不能同庭审理，应当分别审理，一案一审，也就是说，可以对速裁案件尽量集中在同一个时间段内进行审理，但不能将各个案件的庭审进行合并审

---

① 潘金贵、李冉毅：《规则与实效：刑事速裁程序运行的初步检视》，《安徽大学学报》（哲学社会科学版）2015 年第 6 期。

② 丁文生：《刑事速裁程序改革探析——基于刑期一年以下轻微刑事案的讨论》，《广西民族大学学报》（哲学社会科学版）2015 年第 5 期。

③ 石魏：《刑事速裁程序存在的问题及完善建议——兼论刑事速裁程序与轻刑快审程序之异同》，《西华大学学报》（哲学社会科学版）2005 年第 6 期。

④ 李本森：《我国刑事案件速裁程序研究——与美、德刑事案件快速审理程序之比较》，《环球法律评论》2015 年第 2 期。

⑤ 汪建成：《以效率为价值导向的刑事速裁程序论纲》，《政法论坛》2016 年第 1 期。

理。如此方可做到既提升了审判效率,又保证了案件事实真相的查明,确保司法公正。

第二,在刑事速裁案件中,原则上应当当面庭审,不宜提倡书面审理、视频审理。少数地方法院与看守所相距甚远,交通非常不便的,经被告人同意可以视频审理。在当前"以审判为中心的诉讼制度改革"的大背景下,刑事速裁案件的庭审实质化应当受到充分重视。在刑事速裁程序中,本来已经省略了速裁案件的法庭调查、法庭辩论环节,如果不能保证开庭审理,将更不利于保证当事人参与诉讼的权利,同时,也不利于法官更好地了解当事人的意见及其认罪认罚和同意适用速裁程序的真实性、自愿性。因此,应当对刑事速裁案件在原则上保证当面开庭审理,以确保庭审实质化的实现,增加裁判的司法公信力。此外,有学者主张"可以借鉴德国的处罚令程序对速裁程序案件进行书面审理"①。但是德国的处罚令程序与我国目前的速裁程序有所不同,处罚令程序中,一般只能判处财产刑,也可以适用应判处一年以下有期徒刑缓期执行的案件,但前提是被告人有辩护人,以保护被告伯基本权利。而在我国,适用速裁程序的案件不仅可能被判处财产刑,也有可能被判处自由刑,所以不能简单套用德国处罚令程序的书面审理方式。而且采用书面审理方式,也不利于检察机关及社会公众对法院审理程序的监督。综上,对刑事速裁案件的审理,原则上应当当面开庭审理,不宜提倡书面审理、视频审理。当然,如果法院与看守所确实处于交通不便的地方,实在不方便开庭审理的,经过被告人同意,可以进行视频审理,但是需要全程录音录像,并制作光盘存档。

(四) 在刑事速裁程序中确保律师的有效帮助

早在 2014 年 8 月的《关于在部分地区开展刑事案件速裁程序试点工作的办法》中,为了适应速裁程序的特殊性,就要求在试点中"建立法律援助值班律师制度,法律援助机构在人民法院、看守所派驻法律援助值班律师。犯罪嫌疑人、被告人申请提供法律援助的,应当为其指派法律援助值班律师"。这是我国第一次提出"建立法律援助值班律师制度",可以说是突破性的。但是由于同时规定需要"犯罪嫌疑人、被告人申请",这样就会耗费不少时间,并不十分符合速裁程序快捷的特点。2016 年开

---

① 潘金贵、李冉毅:《规则与实效:刑事速裁程序运行的初步检视》,《安徽大学学报》(哲学社会科学版) 2015 年第 6 期。

展认罪认罚从宽制度试点以来，这一点有所完善，从"速裁程序试点中的当事人提出申请才能获得值班律师的法律服务"发展为"认罪认罚从宽制度试点中不需本人申请，办案机关应当安排法律援助值班律师为当事人提供法律服务"的新规定。这也是我国首次正式提出建立法律援助值班律师制度，尽管只是针对刑事速裁程序和认罪认罚从宽制度试点提出的，但却意义重大深远，也为推动刑事律师辩护全覆盖提供了机遇和空间。2017年4月，司法部提出了"推动实现刑事辩护的全覆盖"。① 同年10月，最高人民法院、司法部联合印发《关于开展刑事案件律师辩护全覆盖试点工作的办法》，决定在北京等8个省市开展为期1年的试点。此办法一出，可谓是推陈出新，令人振奋，也是亮点颇多：第一，进一步扩大了法律援助的范围。《关于开展刑事案件律师辩护全覆盖试点工作的办法》第2条把适用简易程序、速裁程序审理的案件也一起纳入了法院应当通知法律援助的范围。② 第二，进一步丰富了法律援助经费保障措施，提升了律师办理法律援助案件的积极性。③《关于开展刑事案件律师辩护全覆盖试点工作的办法》在第8条提出"司法行政机关协调财政部门根据律师承办刑事案件成本、基本劳务费用、服务质量、案件难易程度等因素，合理确定、适当提高办案补贴标准并及时足额支付"。第三，明确了违反审判阶段律师全覆盖的法律后果。2012年《刑事诉讼法》第227条规定，"二审法院发现一审法院的审理违反法律规定的诉讼程序的，应当裁定撤销原判，发回原审法院重新审判"。《关于开展刑事案件律师辩护全覆盖试点工作的办法》在第11条又把"一审法院未履行通知辩护职责，导致被告人在审判期间未获得律师辩护"规定为一审法院违反法律规定的诉讼程序

---

① 2017年4月26日，司法部副部长熊选国在答记者问时指出，"司法行政机关要采取措施，扩大刑事辩护法律援助范围，推动实现刑事辩护全覆盖"。结合语境分析，司法部提出的"刑事辩护"指的是律师辩护，而不包括自我辩护和委托非律师辩护，本书主要探讨刑事案件的律师辩护。

② 《关于开展刑事案件律师辩护全覆盖试点工作的办法》第2条第4款规定："适用简易程序、速裁程序审理的案件，被告人没有辩护人的，人民法院应当通知法律援助机构派驻的值班律师为其提供法律帮助。"

③ 许兰亭、杨拓：《推进刑事律师辩护全覆盖》，《人民法治》2017年第11期。

的事由。① 如此规定便可以在一定程度上防止一审法院为嫌麻烦或者其他原因而规避刑事案件审判阶段律师全覆盖的做法，非常具有现实可操作性。

在我国，值班律师制度还是一个新生事物，要真正实现辩护律师全覆盖也需要一个过程。笔者认为，结合目前值班律师制度的新发展以及辩护律师全覆盖的新突破，在速裁程序中进一步确保律师的有效辩护时，可以从以下几个方面入手。

首先，应当明确值班律师的法律地位，规定值班律师在速裁程序中有权出庭为被告人辩护，经被告人同意的，可以不出庭。在司法实践中，速裁程序中有辩护人出庭辩护的情况并不多见，截至 2018 年 1 月 23 日，笔者以"辩护人"为关键词，对"中国裁判文书网"上公布的适用"速裁程序"的 102434 个案件进行了检索，只获得了 10805 个案件，这说明，在适用速裁程序的案件中有辩护人在庭审中为被告人辩护的仅仅只占了10%左右。这主要是因为没有把值班律师纳入法律援助及辩护的范围，而且速裁程序审理的案件多是被告人已经认罪的轻罪案件，认为律师出庭并无必要。在速裁程序试点中，《关于在部分地区开展刑事案件速裁程序试点工作的办法》明确规定"人民法院适用速裁程序审理案件，应当当庭询问被告人对被指控的犯罪事实、量刑建议及适用速裁程序的意见，听取公诉人、辩护人、被害人及其诉讼代理人的意见"。这里的"辩护人"不应当把值班律师排除出去。值班律师在进入诉讼之后，其身份就是辩护人，所以，不论案件中的律师是社会律师还是值班律师，都应当作为辩护人出庭为被告人辩护。

其次，应当进一步完善法律援助工作站的建设，在公安机关、检察院建立站点。目前在司法实践中，仅在看守所、人民法院设立了法律援助工作站点，并不能使被追诉人真正获得律师及时的帮助，有的值班律师工作站虽然设在法院，但实践中值班律师也仅仅只能在开庭前才能见到被告

---

① 《关于开展刑事案件律师辩护全覆盖试点工作的办法》第 11 条规定："第二审人民法院发现第一审人民法院未履行通知辩护职责，导致被告人在审判期间未获得律师辩护的，应当认定符合刑事诉讼法第二百二十七条第三项规定的情形，裁定撤销原判，发回原审人民法院重新审判。"

人。① 由于速裁程序涉及侦查阶段、审查起诉阶段、审判阶段的一系列程序，因此，在公安机关、检察院也设立法律援助工作站，更有利于速裁程序中被追诉人全方位获得律师的帮助。具体而言，在公安机关建立法律援助工作站点的，可以参照检察院对派出所的刑事侦查活动进行监督的工作模式，以保证法律援助值班律师在公安机关第一次询问或羁押犯罪嫌疑人时就及时介入。对于在检察院建立法律援助工作站点的，可以按照非羁押诉讼案件的数量情况，由法律援助机构与检察院协调，确定设立工作站，并派驻值班律师，或者不建立工作站，仅畅通检察院与法律援助中心的联系机制，确保能够按需为犯罪嫌疑人、被告人提供法律帮助。从而进一步保障速裁程序中的被追诉人从侦查阶段开始就可以行使其辩护权。

（五）刑事速裁案件的量刑从宽应当统一规范

由于被追诉人选择认罪、同意适用速裁程序，是以放弃部分公正审判权为代价的，因此有必要对其在量刑上予以优惠、激励，如此才能使得更多被追诉人自愿认罪认罚、选择适用速裁程序，从而促进速裁程序对于审判程序繁简分流的功效。通过量刑优惠激励更多被告人自愿选择适用简单程序也是域外一些国家的做法。比如《意大利刑事诉讼法典》第 459 条第 2 款就有规定："如果被告人选择适用处罚令程序，公诉人可以要求适用相对于法定刑减轻直至一半的刑罚。"② 在刑事速裁程序中，被告人应当获得对自己有利的量刑建议。量刑激励也是"控辩协作"的应有之义，明确体现宽宥的激励是对被告人权利最现实的保障。

笔者认为，适用刑事速裁程序的刑事案件，从量刑上可以从以下方面予以完善：第一，应当从立法上明确统一量刑从宽的规范。一般认为"从宽处罚"包括从轻、减轻或者免除处罚。③ 在完善速裁程序的量刑规范时，应当规定适用刑事速裁程序的案件在量刑上可以从宽处罚，具体可以从以下几个层次予以从宽处罚：仅有被告人认罪的，可以依法从宽处罚，从宽的比例可以为 10%—30%；被告人认罪之后，又进行赔偿或有其他真诚悔罪表现的，可以较大幅度地依法从宽处罚，从宽的比例可以为 20%—

① 顾永忠、肖沛权：《"完善认罪认罚从宽制度"的亲历观察与思考、建议》，《法治研究》2017 年第 1 期。

② 《意大利刑事诉讼法典》，黄风译，中国政法大学出版社 1994 年版，第 165 页。

③ 张淼：《从宽处罚的理论解析》，《法学杂志》2009 年第 5 期。

40%；当事人之间达成和解的，可以按照 2018 年《刑事诉讼法》第 290 条的规定从宽处罚。此外，律师在帮助被追诉人时就可以依照法院的量刑指导意见明确相应的量刑激励，做到对被追诉人进行规范的量刑指引，使得被追诉人对自己应受到的刑罚有一个理性的认识，促成量刑协商，达成协议。第二，法院在开始适用刑事速裁程序进行审判之前，需要先行审查检察机关的量刑建议，一旦经过审查，认为检察机关的量刑建议不当的，应当将速裁程序转为简易程序或是普通程序进行审理。

（六）刑事速裁程序中应当保障被告人的反悔与上诉权

首先，被告人是否能够反悔达成的量刑协商，目前是没有明确规定的。司法实践中，有人认为"被告人在判决宣告前对于协商结果是有反悔并撤回的权利的，在被告人反悔的情形下，撤回认罪表示的，被告人在量刑协商中的认罪答辩无效，且不影响判决"。也有人认为"速裁程序案件相对简单，事实清楚，如果允许被告人反悔则浪费司法资源，因此协商结果不能允许被告人反悔"①。笔者认为，达成量刑协议的被告人应当有权利反悔。因为，反悔权是保障速裁程序中被告人自愿性的重要措施之一，赋予被告人对于已达成认罪协议的反悔权，允许其推翻认罪认罚协议，可以让被告人放心认罪，没有顾虑。具体而言，第一，在审查起诉阶段，如果被追诉人在检察机关提起公诉之前对量刑建议反悔了，检察机关应当及时确认其反悔的原因，如果原因合理，可以重新与其达成协议，如果不合理，检察机关应当尊重被追诉人的意愿，不再对其适用或者不建议法院适用刑事速裁程序。第二，在审判阶段，如果被告人对于量刑协议反悔的，其之前所做的认罪答辩归于无效，同时，为保障被追诉人的权益，应当规定不得因为被追诉人反悔而对其产生不利的判决后果，以求真正保证被追诉人认罪认罚的自愿性。

其次，关于被告人在速裁程序中能否上诉的问题，目前也是莫衷一是。有人认为"速裁程序的出发点就是高效快捷，被告人的准备时间有限，从保护被告人的诉讼权利角度而言，应当允许被告人上诉"。但也有人认为"对于轻微刑事案件，事实简单、清楚，尤其在全面法律援助和量刑协商制度的保障下，被告人上诉有违诚信，且浪费诉讼资源，所以应当

---

① 郑敏、陈玉官、方俊民：《刑事速裁程序量刑协商制度若干问题研究——基于福建省福清市人民法院试点观察》，《法律适用》2016 年第 4 期。

一审终审"①。笔者认为，应当赋予被追诉人在速裁程序中的上诉权。因为：第一，从刑事诉讼法理上看，"有权利必有救济"，上诉权不仅是国际刑事司法准则的最低和普遍要求，而且也是对于审判中可能出现的错误提供了一个纠正和弥补的机会，因此在刑事速裁程序的构建中，应当为当事人设立程序性救济的权利，保障实体公正和程序公正相统一。第二，从试点情况来看，根据 2017 年《关于在部分地区开展刑事案件认罪认罚从宽制度试点工作情况的中期报告》提供的数据可知，被告人上诉率仅为3.6%。然而目前速裁案件上诉率低的现象应当是保留上诉的理由而不是取消上诉的理由，因为虽然仅有 3.6%，但也说明在实践中确实有被告人对判决不服，所以保留对于速裁判决一审的有效监督十分必要，哪怕是所谓的技术性上诉也应当允许。第三，域外也有不少国家对认罪案件程序的上诉权有所规定。比如，德国的处罚令程序，根据《德国刑事诉讼法典》第 302 条，"提出法律救济期限届满前，亦可有效地撤回以及放弃法律救济。如果判决前做出协议，不得放弃。检察院提出有利于被指控人的法律救济，未经被指控人同意不可撤回"。由此可知，德国在做出处罚令之后，给被告人提供了一个寻求法律救济的期限，为其在对处罚令不服需要寻求法律救济时提供了机会，也保留了时间。再比如，根据《美国法典》第 18 编第 3401 条的规定，"美国的上诉程序一般不对案件的事实进行审查，但是如果第一审程序是由治安法官适用轻微犯罪审判程序，则第二审程序可以对事实认定和法律适用问题都重新审查。"这些关于上诉救济权的规定，大都体现出尊重被告人程序性权利的特点。所以，在构建速裁程序的过程中，应当赋予被追诉人在速裁程序中的上诉权，二审法院可以主要对被告人认罪的自愿性、控辩双方协议的合法性、一审裁决的公正性等问题进行审理。②

---

① 郑敏、陈玉官、方俊民：《刑事速裁程序量刑协商制度若干问题研究——基于福建省福清市人民法院试点观察》，《法律适用》2016 年第 4 期。

② 魏东、李红：《认罪认罚从宽制度的检讨与完善》，《法治研究》2017 年第 1 期。

结　　论

在追求刑事司法公正的道路上，必然会出现刑事诉讼拖延、诉讼资源有限、诉讼资源得不到优化配置等问题。而这些问题不仅有损司法公正，也会造成当事人的诉累，不利于其诉讼权利的保护。因此，应当竭尽所能对有限的司法资源进行最优化的配置，实现案件的繁简分流。这也已经成为世界各国在构建和修正刑事诉讼体制中无法回避的课题。

从古今中外关于"分流""诉讼分流""审判程序分流"等概念的理解和界定出发，本书厘清了"刑事诉讼分流""刑事审判程序分流"的概念范畴。这也是本书研究的逻辑起点。从目的论的角度出发，广义的程序分流旨在减少犯罪嫌疑人与诉讼程序的接触，保护犯罪嫌疑人，适用能够替代刑事诉讼程序的非刑罚化措施，可以减少当事人的诉累，尽快结束诉讼程序。狭义的程序分流旨在提升诉讼效率，也就是尽可能地避免进行审判程序。从程序论的角度出发，狭义的程序分流是使得部分案件不会进入审判程序的一种诉讼程序的过滤机制。而广义的程序分流，除了包括上述的审判前的程序分流，还包括在审判阶段对复杂程度不同的案件适用繁简程度不同的审判程序的一种分流，即对于一些应当进行法庭审判，但被告人认罪且情节简单、事实清楚、证据充分的案件适用比原本的刑事普通审判程序更为简单的审判程序的一种分流。本书主要研究的审判程序分流就是后者。将刑事审判程序分流从刑事诉讼程序分流中抽离出来既是理论需要，又有现实意义。

从世界范围来看，对刑事案件进行合理的繁简分流，已经逐渐开始成为各国考察刑事司法体制运行的重要指标。国外很多国家都已经确立了有关审判程序分流的相关法律或是司法经验，如何进行分流，各个国家正在不断积极探索，这是值得我们借鉴和思考的，中国将来必然也会朝着这一趋势发展。越来越多的事实也证明，在案件多发、犯罪类型多样化的今天，对于审判程序进行繁简分流，对于审判资源进行合理配置，才是缓解审判压力，提高诉讼效率的王道，才是现代刑事司法理念的体现。从新中国成立以后的立法、司法经验中，可以看到很多关于审判程序分流的尝试，我们在刑事审判程序分流的路上是一直在进步的。近年来，从 2012 年对于简易程序的扩大、到 2014 年刑事速裁程序的试点，再到 2016 年提出完善认罪认罚从宽制度，都是我国对于刑事审判程序分流的有益尝试。然而，任何制度的建立和完善都需要一个漫长的过程，从具体的司法实践尝试一直到在立法上正式确立、使其制度化，都不是一蹴而就的。审判程序分流机制的构建也是如此。目前，我国审判程序的分流主要依赖简易程序及速裁程序，其中在 2018 年刚刚入法的刑事速裁程序作为进一步推进刑事案件繁简分流的程序，尚有很大完善空间。

　　解决问题，首先需要找到根源，才能予以完善和解决。目前在我国"以审判为中心"的大背景下，要真正实现审判程序的繁简分流，就需要从两个方面入手：首先，从"以审判为中心"的角度看，我国的刑事普通审判程序并未"达标"，从实现繁简分流的目标出发，应当对刑事普通审判程序予以强化、实现其正当性，真正做到"繁案精办"。其次，从"完善认罪认罚从宽制度"的角度出发，应针对我国现有的简易程序仍然存在的问题，对其予以改善，建立多元简化审判程序。尤其是相对于普通程序之外的其他程序，目前我国已有简易程序，并且刚刚建立速裁程序，应从速裁程序的启动方式，审理方式，量刑情况，被告人辩护权、上诉权、反悔权的保障等若干方面入手，进一步完善刑事速裁程序，拓宽案件处理的方式，以求真正实现对认罪认罚案件的繁简分流，简案简办，进而实现刑事审判程序的繁简分流，优化司法资源的配置。

参 考 文 献

一　中文资料

（一）著作

卞建林主编：《刑事诉讼原则：外国宪法刑事诉讼法有关规定》，中国检察出版社 2017 年版。

陈光中、严端主编：《中华人民共和国刑事诉讼法修改建议稿与论证》，中国方正出版社 1999 年版。

陈光中主编：《21 世纪域外刑事诉讼立法最新发展》，中国政法大学出版社 2004 年版。

陈光中主编：《外国刑事诉讼比较研究》，法律出版社 1988 年版。

陈光中主编：《刑事诉讼法》，北京大学出版社、高等教育出版社 2013 年版。

陈光中主编：《中德不起诉制度比较研究》，中国检察出版社 2002 年版。

陈桂明：《诉讼公正与程序保障》，中国法制出版社 1996 年版。

陈朴生：《刑事经济学》，正中书局 1975 年版。

陈朴生主编：《刑事诉讼法论文选辑》，五南图书出版公司 1984 年版。

陈瑞华：《比较刑事诉讼法》，中国人民大学出版社 2010 年版。

陈瑞华：《刑事辩护的理念》，北京大学出版社 2017 年版。

陈瑞华：《刑事审判原理论》，北京大学出版社 1997 年版。

陈卫东主编：《刑事诉讼法实施问题调研报告》，中国方正出版社

2001 年版。

陈兴良主编：《刑事法评论》，第 12 卷，中国政法大学出版社 2003 年版。

程荣斌主编：《外国刑事诉讼法教程》，中国人民大学出版社 2002 年版。

程味秋主编：《外国刑事诉讼法概论》，中国政法大学出版社 1994 年版。

（东汉）王充：《论衡》卷 29，上海人民出版社 1974 年版。

杜宇：《理解"刑事和解"》，法律出版社 2010 年版。

樊崇义：《刑事诉讼法修改专题研究报告》，中国人民公安大学出版社 2004 年版。

樊崇义主编：《诉讼法学研究》，第 1 卷，中国检察出版社 2002 年版。

樊崇义主编：《刑事诉讼实施问题与对策研究》，中国人民公安大学出版社 2001 年版。

高一飞：《刑事简易程序研究》，中国方正出版社 2002 年版。

江礼华、杨诚主编：《外国刑事诉讼制度探微》，法律出版社 2000 年版。

姜涛：《刑事程序分流研究》，人民法院出版社 2007 年版。

郎胜主编：《中华人民共和国刑事诉讼法释义》，法律出版社 2012 年版。

林钰雄：《刑事诉讼法》（上册），元照出版有限公司 2010 年版。

林钰雄：《刑事诉讼法》（下册），中国人民大学出版社 2005 年版。

龙宗智：《证据法的理念、制度与方法》，法律出版社 2008 年版。

陆志谦、胡家福主编：《当代中国未成年人违法犯罪问题研究》，中国人民公安大学出版社 2005 年版。

吕清：《审判外刑事案件处理方式研究》，中国检察出版社 2007 年版。

吕忠梅总主编：《美国法官与书记官手册》，程飞等译，法律出版社 2005 年版。

彭勃：《日本刑事诉讼法通论》，中国政法大学出版社 2002 年版。

邱联恭：《程序选择权论》，三民书局 2000 年版。

邵建东主编：《德国司法制度》，厦门大学出版社 2010 年版。

施袁喜编译：《美国文化简史》，中央编译出版社 2006 年版。

宋冰编：《程序、正义与现代化——外国法学家在华演讲录》，中国政法大学出版社 1998 年版。

宋冰编：《读本：美国与德国的司法制度及司法程序》，中国政法大学出版社 1998 年版。

宋雷主编：《英汉法律用语大辞典》，法律出版社 2004 年版。

宋世杰：《外国刑事诉讼法比较研究》，中国法制出版社 2006 年版。

宋英辉等编：《外国刑事诉讼法》，法律出版社 2006 年版。

宋英辉：《刑事诉讼原理》，法律出版社 2003 年版。

汤维建：《美国民事司法制度与民事诉讼程序》，中国法制出版社 2001 年版。

汪建成、黄伟明编：《欧盟成员国刑事诉讼法概论》，中国人民大学出版社 2000 年版。

王晓东：《西方哲学主体间性理论批判》，中国社会科学出版社 2004 年版。

王以真主编：《外国刑事诉讼法学》，北京大学出版社 2004 年版。

魏平雄主编：《犯罪学教程》，中国政法大学出版社 1998 年版。

武延平、刘根菊等编：《刑事诉讼法教学参考资料汇编》，北京大学出版社 2005 年版。

谢佑平：《刑事程序法哲学》，中国检察出版社 2010 年版。

徐家新主编：《人民法院队伍建设调研文集》，人民法院出版社 2016 年版。

徐静村主编：《刑事诉讼法学》（上册），法律出版社 2004 年版。

徐美君：《未成年人刑事诉讼特别程序研究：基于实证和比较的分析》，法律出版社 2007 年版。

徐亚文：《程序正义论》，山东人民出版社 2004 年版。

薛波主编：《元照英美法词典》，北京大学出版社 2017 年版。

姚俊华主编：《法律英语常用词词典》，北京大学出版社 2012 年版。

《意大利刑事诉讼法典》，黄风译，中国政法大学出版社 1994 年版。

张鸿巍：《美国检察制度研究》，人民出版社 2009 年版。

张培中主编：《汉藏法律大词典》，法律出版社 2011 年版。

张友渔、潘念之主编：《中国大百科全书·法学卷》，中国大百科全书出版社 1984 年版。

张跃进、陆晓等编：《公安刑事和解》，苏州大学出版社 2015 年版。

甄贞、汪建成主编：《中国刑事诉讼第一审程序改革研究》，法律出版社 2007 年版。

中国法律年鉴编辑部编辑：《中国法律年鉴（2012）》，中国法律年鉴社 2012 年版。

中国法律年鉴编辑部编辑：《中国法律年鉴（2013）》，中国法律年鉴社 2013 年版。

中国法律年鉴编辑部编辑：《中国法律年鉴（2015）》，中国法律年鉴社 2015 年版。

中国法律年鉴编辑部编辑：《中国法律年鉴（2016）》，中国法律年鉴社 2016 年版。

周长军：《刑事裁量权论》，中国人民公安大学出版社 2006 年版。

朱景文：《法社会学》，中国人民大学出版社 2005 年版。

朱立恒：《刑事审级制度研究》，法律出版社 2008 年版。

左卫民：《简易刑事程序研究》，法律出版社 2005 年版。

［德］K. 茨威格特、H. 克茨：《比较法总论》，潘汉典等译，贵州人民出版社 1992 年版。

［德］康德：《法的形而上学原理》，沈叔平译，商务印书馆 1991 年版。

［德］克劳思·罗科信：《刑事诉讼法》，吴丽琪译，法律出版社 2003 年版。

［德］托马斯·魏根特：《德国刑事诉讼程序》，岳礼玲、温小洁译，中国政法大学出版社 2004 年版。

［德］约阿希姆·赫尔曼：《德国刑事诉讼法》，李昌珂译，中国政法大学出版社 1995 年版。

［俄］K. Ф. 古岑科：《俄罗斯刑事诉讼教程》，黄道秀、王志华、崔熳等译，中国人民公安大学出版社 2007 年版。

［俄］И. Л. 彼得鲁辛：《俄罗斯刑事诉讼变革的理论根源（第二部）》，莫斯科规范出版社 2005 年版。

《俄罗斯联邦刑事诉讼法典》，苏方遒、徐鹤喃、白俊华译，中国政法大学出版社 1999 年版。

［俄］斯密诺夫·A. B.：《俄罗斯联邦刑事诉讼法典解释》，大道出版社 2009 年版。

［俄］谢勒久可夫·C. B.：《速决审判》，法律书籍出版社 2006 年版。

［法］卡斯东·斯特法尼等：《法国刑事诉讼法精义》，罗结珍译，中国政法大学出版社 1999 年版。

［法］勒内·达维德：《当代主要法律体系》，漆竹生译，上海译文出版社 1984 年版。

［法］米海依尔·戴尔玛斯·马蒂：《刑事政策的主要体系》，卢建平译，法律出版社 2000 年版。

［美］艾伦·德肖微茨：《最好的辩护》，唐交东译，法律出版社 1994 年出版。

［美］艾伦·豪切斯泰勒·丝黛丽、南希·弗兰克：《美国刑事法院诉讼程序》，陈卫东、徐美君译，中国人民大学出版社 2002 年版。

［美］博登海默：《法理学：法律哲学与法律方法》，邓正来译，中国政法大学出版社 1999 年版。

［美］大卫·E. 杜菲：《美国矫正政策与实践》，吴宗宪译，中国人民公安大学出版社 1992 年版。

［美］卡特考斯基：《青少年犯罪行为分析与矫正》，叶希善等译，中国轻工业出版社 2009 年版。

［美］罗斯科·庞德：《普通法的精神》，唐前宏、廖湘文、高雪原译，法律出版社 2001 年版。

［美］马丁·P. 戈尔丁：《法律哲学》，齐海滨译，生活·读书·新知三联书店 1987 年版。

［美］史蒂夫·H. 格菲斯：《巴朗法律词典》，蒋新苗译，中国法制出版社 2012 年第 6 版。

［美］伟恩·R. 拉费弗等：《刑事诉讼法》（下册），卞建林、沙丽金等译，中国政法大学出版社 2001 年版。

［美］约翰·罗尔斯：《正义论》，何怀宏、何包钢、廖申白译，中国社会科学出版社 1988 年版。

［美］约书亚·德雷勒斯、艾伦·C. 迈克尔斯：《美国刑事诉讼法精解》，魏晓娜译，北京大学出版社 2009 年版。

［日］柏木千秋：《刑事诉讼法》，有斐阁 1970 年版。

［日］福岛至：《略式程序的研究》，成文堂 1992 年版。

［日］高田卓尔：《刑事诉讼法》，青林书院 1984 年版。

［日］谷口安平：《程序的正义与诉讼》，王亚新、刘荣军译，中国政法大学出版社 1996 年版。

［日］铃木茂嗣：《刑事诉讼法》，青林书院 1990 年版。

［日］棚濑孝雄：《纠纷的解决与审判制度》，王亚新译，中国政法大学出版社 1994 年版。

［日］松尾浩也：《日本刑事诉讼法》（下册），张凌译，中国人民大学出版社 2005 年版。

［日］田宫裕：《刑事诉讼法》，有斐阁 1996 年版。

［日］田口守一：《刑事诉讼法》，刘迪等译，法律出版社 2000 年版。

［日］田口守一：《刑事诉讼法》，张凌、于秀峰译，中国政法大学出版社 2010 年版。

［日］西原春夫主编：《日本刑事法的形成与特色》，李海东译，法律出版社与日本成文堂 1997 年联合出版。

［日］小岛武司：《诉讼制度改革的法理与实证》，陈刚、郭美松译，法律出版社 2001 年版。

［意］圭多·德·拉吉罗：《欧洲自由主义史》，［英］R. G. 科林伍德英译，杨军译，吉林人民出版社 2001 年版。

［英］丹宁勋爵：《法律的正当程序》，李克强等译，法律出版社 1999 年版。

［英］麦高伟·杰弗里·威尔逊：《英国刑事司法程序》，姚永吉等译，法律出版社 2003 年版。

［英］约翰·斯普莱克：《英国刑事诉讼程序》，徐美君、杨立涛译，中国人民大学出版社 2006 年版。

（二）期刊/ 报纸/网络资源

艾静：《刑事案件速裁程序的实证分析和规则构建》，《云南大学学报》（法学版）2015 年第 6 期。

白阳、罗沙：《最高立法机关拟授权 18 市开展刑事案件认罪认罚从宽制度试点》，http：//finance. sina. com. cn/roll/2016 - 08 - 31/doc - ifxvixsh7013895. shtml。

北京市朝阳区人民检察院课题组：《轻微刑事案件快速办理机制》，

《国家检察官学院学报》2009 年第 10 期。

北京市海淀区人民法院课题组:《刑事简易程序独任审判庭模式运行研究》,《法律适用》2002 年第 12 期。

卞建林、陈子楠:《庭前会议制度在司法实践中的问题及对策》,《法律适用》2015 年第 10 期。

陈定民、邢慧敏:《处刑命令程序的价值及其在我国的实现》,《中国刑事法杂志》2005 年第 4 期。

陈光中、郭志媛:《非法证据排除规则实施若干问题研究》,《法学杂志》2014 年第 9 期。

陈光中:《认罪认罚从宽制度实施问题研究》,《法律适用》2016 年第 11 期。

陈光中、郑旭:《追求刑事诉讼价值的平衡——英俄近年刑事司法改革述评》,《中国刑事法杂志》2003 年第 1 期。

陈瑞华:《非法证据排除程序的理论展开》,《比较法研究》2018 年第 1 期。

陈瑞华:《美国辩诉交易程序与意大利刑事特别程序之比较》,《政法论坛》1995 年第 3 期。

陈瑞华:《"认罪认罚从宽"改革的理论反思——基于刑事速裁程序运行经验的考察》,《当代法学》2016 年第 4 期。

陈瑞华:《司法审查的乌托邦——非法证据排除规则难以实施的一种成因解释》,《中国法律评论》2014 年第 6 期。

陈瑞华:《通过法律实现程序正义——萨默斯"程序价值"理论评析》,《北大法律评论》1998 年第 1 卷第 1 辑。

陈卫东:《从建立被告人有罪答辩制度到引入辩诉交易——论美国辩诉交易制度的借鉴意义》,《政法论坛》2002 年第 3 期。

陈卫东:《认罪认罚从宽制度研究》,《中国法学》2016 年第 2 期。

陈卫东:《谈谈刑事自诉案件中的调解》,《法学杂志》1985 年第 4 期。

陈旭:《公正与效率视野下的审判管理》,《法律适用》2002 年第 1 期。

程晓璐:《中国少年检察官的角色变迁与定位》,《预防青少年犯罪研究》2013 年第 4 期。

仇飞：《轻微刑事案件试点的专家解读》，http：//www.criminallawb-nucn/criminal/Info/showpage.asp?pkID=43583。

崔敏：《为什么要废除免予起诉》，《中国律师》1996年第7期。

戴长林：《非法证据排除制度的新发展及重点问题研究》，《法律适用》2018年第1期。

戴长林、刘静坤：《让以审判为中心的刑事诉讼制度改革落地见效》，《人民法院报》2017年6月28日。

邓楚开、杨献国：《构建中国式认罪协商制度的实践探索——浙江省绍兴市基层检察机关认罪轻案程序改革实证分析》，《中国刑事法杂志》2009年第2期。

邓树华：《浅谈轻微刑事案件及调解》，《山东法学》1987年第1期。

丁文生：《刑事速裁程序改革探析——基于刑期一年以下轻微刑事案的讨论》，《广西民族大学学报》（哲学社会科学版）2015年第5期。

丁相顺：《日本"裁判员"制度建立的背景、过程及其特征》，《法学家》2007年第3期。

董林涛、李广涛：《我国附条件不起诉制度若干问题反思》，《上海政法学院学报》2013年第11期。

董照南、张爱晓：《刑事速裁试点中存在的问题及解决对策》，《中国审判》2015年第17期。

樊崇义、李思远：《认罪认罚从宽程序中的三个问题》，《人民检察》2016年第8期。

樊崇义：《刑事速裁程序：从"经验"到"理性"的转型》，《法律适用》2016年第4期。

范建友：《调解不是审理离婚案件的必经程序》，《法学》1987年第8期。

房国宾：《德、日两国民众参与刑事审判制度比较研究》，《世纪桥》2007年第1期。

房国宾：《检察机关在简易程序救济中的作用探微》，《法制与社会》2007年第4期。

高憬宏：《简捷、高效的简易程序》，《人民司法》1996年第5期。

高晓莹、李雅楠：《少年犯罪刑事政策的国外审视与中国选择》，《内蒙古大学学报》（哲学社会科学版）2011年第2期。

高一飞：《论简易程序中被告人的选择权》，《西南政法大学学报》2000 年第 5 期。

高一飞：《论刑事简易程序中的被告人异议权》，《云南大学学报》（法学版）2003 年第 2 期。

高一飞：《刑事简易程序审判中检察制度的完善》，《河北法学》2007 年第 4 期。

顾光焵：《刑事案件速裁实践成效》，《浙江日报》2016 年 10 月 27 日。

顾海宁、王静松：《附条件不起诉司法实务中适用境遇研究——未成年人附条件不起诉启动机制辨析》，《吉林广播电视大学学报》2014 年第 2 期。

顾永忠：《律师辩护全覆盖试点：具有历史意义的创新之举》，《中国律师》2017 年第 11 期。

顾永忠、肖沛权：《"完善认罪认罚从宽制度"的亲历观察与思考、建议》，《法治研究》2017 年第 1 期。

郭彦、魏军：《规范化与精细化：刑事庭审改革的制度解析——以 C 市法院"三项规程"试点实践为基础》，《法律适用》2018 年第 1 期。

郭毅、王晓燕：《国内辩诉交易第一案审结》，《法制日报》2002 年 4 月 19 日。

［德］汉斯·约阿希姆·斯纳德：《德意志联邦共和国少年法院的动向》，卢英译，《国外法学》1982 年第 4 期。

黄淳：《"普通程序简化审"质疑》，《天府新论》2003 年第 4 期。

黄蓬威：《中国陪审制度适用的价值追求》，《理论学习》2014 年第 7 期。

季卫东：《法律程序的意义》，《中国社会科学》1993 年第 1 期。

冀祥德：《辩诉交易：移植与本土化——一种考量中国国情的叙事》，《当代法学》2004 年第 1 期。

冀祥德：《辩诉交易中国化理论辨析》，《中国律师》2003 年第 6 期。

冀祥德：《域外辩诉交易的发展及其启示》，《当代法学》2007 年第 3 期。

贾春旺：《最高人民检察院工作报告——2008 年 3 月 10 日在第十一届全国人民代表大会第一次会议上》，http：//www.spp.gov.cn/spp/gzbg/

201208/t20120820_ 2495. shtml。

蒋皓：《中央政法委出台意见要求：严格遵守法律程序制度 坚守防止冤假错案底线》，《法制日报》2013 年 8 月 12 日。

柯葛壮：《论起诉裁量原则与免予起诉》，《政治与法律》1992 年第2 期。

李本森：《我国刑事案件速裁程序研究——与美、德刑事案件快速审理程序之比较》，《环球法律评论》2015 年第 2 期。

李桂玲：《自由心证——自由与约束之间》，《法制与社会》2009 年第4 期。

李国辉、莫志强：《对选择适用简易程序被告的"从宽性"研究》，《长春理工大学学报》（社会科学版）2014 年第 8 期。

李健：《浅谈我国刑事诉讼简易程序之不足——从处刑命令程序谈起》，《理论界》2009 年第 5 期。

李玲等：《刑事案件普通程序简化审理检索》，《人民检察》2000 年第10 期。

李明耀、朱家春、卢叶青：《苏州吴中：认罪轻案办理程序试点报告》，《检察日报》2009 年 9 月 11 日。

李喜春：《英国起诉自由裁量权之借鉴》，《国家检察官学院学报》2004 年第 6 期。

李晓明、辛军：《诉讼效率：公正与效率的最佳平衡点》，《中国刑事法杂志》2004 年第 1 期。

林立、严伟青：《德国少年刑事诉讼程序、实体处置特点研究与借鉴》，《法制与社会》2010 年第 19 期。

林睦翔：《直接言词原则的诉讼价值》，《法学杂志》2005 年第 11 期。

林喜芬、成凯：《程序如何衍生：辩诉协商的制度逻辑与程序改良》，《厦门大学法律评论》2008 年第 1 期。

刘昂：《论我国刑事案件速裁程序的构建》，《法学杂志》2016 年第9 期。

刘本燕、谢小剑：《迅速起诉程序论》，《政治与法律》2005 年第1 期。

刘斌：《刑事诉讼简易程序的实施构想——繁简分流》，《行政与法》1996 年第 4 期。

刘方权：《恢复性司法：一个概念性框架》，《山东警察学院学报》2005 年第 1 期。

刘根菊：《俄罗斯联邦检察权的改革及借鉴》，《华东政法学院学报》2004 年第 4 期。

刘根菊、黄新民：《从普通程序简化审看我国刑事速决程序的建构》，《法学评论》2005 年第 6 期。

刘根菊：《确立中国式辩诉交易程序之我见》，《政法论坛》2002 年第 6 期。

刘根菊：《中国式辩诉交易程序之确立》，《黑龙江省政法管理干部学院学报》2003 年第 1 期。

刘广三、李艳霞：《认罪认罚从宽制度适用范围的厘清》，《人民法治》2017 年第 1 期。

刘静坤：《最高法院部署开展"三项规程"试点工作》，《人民法院报》2017 年 6 月 11 日。

刘胜飞：《论未成年人刑事审判制度的独立性》，《河池学院学报》2009 年第 2 期。

马柳颖：《未成年人刑事司法程序制度的构建与完善——以对未成年人特殊保护为视角》，《南华大学学报》（社会科学版）2008 年第 1 期。

孟昭文：《依法快速办理轻微刑事案件的实践操作》，《人民检察》2008 年第 18 期。

闵春雷：《以审判为中心：内涵解读及实现路径》，《法律科学》2015 年第 3 期。

慕平：《北京市人民检察院工作报告——2013 年 1 月 26 日在北京市第十四届人民代表大会第一次会议上》，http：//www.bjjc.gov.cn/bjoweb/gzbg/44523.jhtml。

南永绪、袁红：《庭前会议制度的实践应用及思考——以〈刑事诉讼法〉第 182 条第 2 款及相关司法解释为视角》，《西部法学评论》2015 年第 2 期。

潘金贵、李冉毅：《规则与实效：刑事速裁程序运行的初步检视》，《安徽大学学报》（哲学社会科学版）2015 年第 6 期。

茹艳红：《英国未成年人刑事司法制度介评》，《铁道警官高等专科学校学报》2013 年第 1 期。

沈德咏:《论以审判为中心的诉讼制度改革》,《中国法学》2015 年第 3 期。

石魏:《刑事速裁程序存在的问题及完善建议——兼论刑事速裁程序与轻刑快审程序之异同》,《西华大学学报》(哲学社会科学版)2005 年第 6 期。

石小娟、赵慧慧:《论我国未成年犯罪人人权保护的不足与完善》,《法制与社会》2010 年第 12 期。

舒瑶芝:《诉讼调解之适用理性》,《法律适用》2011 年第 11 期。

舒瑶芝:《刑事简易程序价值定位分析》,《学海》2001 年第 6 期。

宋川:《刑事案件普通程序简易审质疑》,《国家检察官学院学报》2003 年第 3 期。

宋国强:《刑事简易程序适用率降低原因及对策》,http://hnsqzy.hn-court.gov.cn/public/detail.php?id=11168。

宋洨沙:《法国未成年人刑事司法制度评介》,《中国刑事法杂志》2011 年第 11 期。

宋英辉、刘兰秋:《日本 1999—2005 年刑事诉讼改革介评》,《比较法研究》2007 年第 4 期。

宋英辉:《全面认识辩诉交易》,《人民检察》2002 年第 7 期。

宋英辉:《日本刑事诉讼制度最新改革评析》,《河北法学》2007 年第 1 期。

宋英辉:《我国刑事简易程序的重大改革》,《法治研究》2012 年第 7 期。

宋英辉、许身健:《恢复性司法程序之思考》,《现代法学》2004 年第 3 期。

孙长永:《珍视正当程序,拒绝辩诉交易》,《政法论坛》2002 年第 6 期。

田力男:《论公诉审查程序中法官角色的改革》,《中国刑事法杂志》2013 年第 5 期。

万春、高翼飞:《刑事案件非法证据排除规则的发展——〈关于办理刑事案件严格排除非法证据若干问题的规定〉新亮点》,《中国刑事法杂志》2017 年第 8 期。

汪海燕、付奇艺:《认罪认罚从宽制度的理论研究》,《人民检察》

2016 年第 15 期。

汪建成：《以效率为价值导向的刑事速裁程序论纲》，《政法论坛》2016 年第 1 期。

王超：《普通程序简易审质疑》，《法商研究》2002 年第 3 期。

王国枢：《中外刑事诉讼简易程序及比较》，《中外法学》1999 年第 3 期。

王和利、张家安、赵兴文：《特别军事法庭在沈阳审判日本战犯始末》，《协商论坛》1999 年第 12 期。

王江淮：《未成年人审前羁押制度比较与借鉴》，《预防青少年犯罪研究》2014 年第 6 期。

王敏远：《"辩诉交易"及其借鉴分析》，《政法论坛》2002 年第 6 期。

王敏远：《以审判为中心的诉讼制度改革初步研究》，《法律适用》2015 年第 6 期。

王清新、李蓉：《论刑事诉讼中的合意问题——以公诉案件为视野的分析》，《法学家》2003 年第 3 期。

魏东、李红：《认罪认罚从宽制度的检讨与完善》，《法治研究》2017 年第 1 期。

魏晓娜、马晓静：《美国辩诉交易根由之探析》，《研究生法学》1998 年第 2 期。

魏晓娜：《完善认罪认罚从宽制度：中国语境下的关键词展开》，《法学研究》2016 年第 4 期。

瓮怡洁：《普通程序简便审理应慎行》，《律师世界》2002 年第 3 期。

吴国贵：《刑事和解制度化之法理维度探讨》，《福建法学》2006 年第 4 期。

吴晓锋、马培训、马国琴：《认罪轻案程序已在全国八个基层检察院开始试点》，http://www.gov.cn/gzdt/2008-08/25/content_1078494.htm。

吴宗宪：《恢复性司法述评》，《江苏公安高等专科学校学报》2002 年第 3 期。

夏成福：《刑事诉讼法的重大修改及其意义》，《现代法学》1996 年第 5 期。

向燕：《俄罗斯辩诉交易制度及对我国普通程序简易审的启示》，《法治论坛》2008 年第 4 期。

　　向泽选：《检察规律引领下的检察职权优化配置》，《政法论坛》2011
年第 2 期。

　　谢小剑：《公诉审查略式程序研究——省略我国审查起诉程序的思
考》，《法学论坛》2005 年第 2 期。

　　谢佑平、万毅：《中国引入辩诉交易制度的三重障碍》，《政治与法
律》2003 年第 4 期。

　　熊秋红：《解读公正审判权——从刑事司法角度的考察》，《法学研
究》2001 年第 11 期。

　　熊秋红：《认罪认罚从宽的理论审视与制度完善》，《法学》2016 年第
10 期。

　　熊秋红：《刑事庭审实质化与审判方式改革》，《比较法研究》2016
年第 5 期。

　　徐斌：《效率通向公正：刑事速裁程序实证研究》，《中国审判》2015
年第 17 期。

　　徐鹤喃：《从始点到起点——刑事诉讼法学 50 年回顾与前瞻》，《国
家检察官学院学报》2000 年第 1 期。

　　徐美君：《重罪简易程序研究——以〈若干意见（试行）〉为考察对
象》，《法商研究》2006 年第 2 期。

　　徐志梅等：《公诉案件简化审及存在的问题》，《中国司法》2003 年
第 2 期。

　　许建丽：《对"被告人认罪案件"简化审的反思》，《法学》2005 年
第 6 期。

　　许克军：《我国刑事庭前会议程序的反思与重构——以日本审理前整
理程序为对象的比较分析》，《江西警察学院学报》2015 年第 11 期。

　　许兰亭、杨拓：《推进刑事律师辩护全覆盖》，《人民法治》2017 年第
11 期。

　　杨建广：《日本起诉犹豫制度对完善我国不起诉制度的启示》，《中山
大学学报》（社会科学版）1997 年第 1 期。

　　杨军：《刑事案件简易程序适用现状分析》，http：//ytplfy.sdcourt.gov.
cn/ytplfy/396067/396000/1390210/index.html。

　　杨宇冠：《非法证据排除与庭前会议实践调研》，《国家检察官学院学

报》2014 年第 3 期。

杨宇冠、刘晓彤:《刑事诉讼简易程序改革研究》,《比较法研究》2011 年第 11 期。

杨宇冠:《我国刑事诉讼简易程序改革思考》,《杭州师范大学学报》(社会科学版) 2011 年第 2 期。

姚建龙:《论〈预防未成年人犯罪法〉的修订》,《法学评论》2014 年第 4 期。

姚显森:《疑罪从无处理的程序法规制》,《现代法学》2014 年第 9 期。

叶国平、陆海萍、尤丽娜等:《涉罪未成年人社会观护体系的实践研究》,《青少年犯罪问题》2014 年第 2 期。

叶肖华:《处罚令程序的比较与借鉴》,《苏州大学学报》(哲学社会科学版) 2010 年第 2 期。

易延友:《辩诉交易应当缓行》,《法学》2003 年第 12 期。

应后俊:《我对"免予起诉"的看法》,《法学》1957 年第 6 期。

元轶、王森亮:《俄罗斯刑事诉讼程序分流研究》,《北京政法职业学院学报》2013 年第 2 期。

元轶、王森亮:《日本刑事程序分流研究》,《西安外事学院学报》2013 年第 8 期。

元轶、王森亮:《日本刑事程序分流制度研究》,《晋中学院学报》2013 年第 4 期。

袁汝中:《论未成年人司法的专门化》,《法制与社会》2013 年第 18 期。

袁文雄等:《论刑事案件普通程序简化审》,《国家检察官学院学报》2003 年第 3 期。

曾坚:《公平与效率的选择——简评美国司法中的辩诉交易》,《贵州大学学报》(社会科学版) 1999 年第 4 期。

张晨、杨珍、林竹静:《检察环节认罪认罚从宽制度的构建与完善》,《上海政法学院学报》2017 年第 3 期。

张鸿巍:《未成年人刑事处罚分流制度研究》,《中国刑事法杂志》2011 年第 6 期。

张吉喜:《被告人认罪案件处理程序的比较法考察》,《中国监狱学刊》2009 年第 1 期。

张吉喜：《论以审判为中心的诉讼制度》，《法律科学》2015 年第
3 期。

张建伟：《认罪认罚从宽处理：内涵解读与技术分析》，《法律适用》
2016 年第 11 期。

张建伟：《以审判为中心的认识误区与实践难点》，《国家检察官学院
学报》2016 年第 2 期。

张淼：《从宽处罚的理论解析》，《法学杂志》2009 年第 5 期。

张相军：《公诉工作如何适应以审判为中心的诉讼制度改革》，《人民
法院报》2016 年 12 月 18 日。

张向东：《试点认罪认罚从宽的三重意义》，《光明日报》2016 年 9 月
5 日。

张新：《刑事速裁程序启动与转化问题研究》，《时代法学》2016 年第
8 期。

张云玲：《辩诉交易制度及其在我国的借鉴意义》，《合肥学院学报》
（社会科学版）2010 年第 1 期。

张泽涛：《刑事案件分案审理程序研究——以关联性为主线》，《中国
法学》2010 年第 5 期。

赵秉志、彭新林：《我国当前惩治高官腐败犯罪的法理思考》，《东方
法学》2012 年第 1 期。

赵钟、陶志蓉：《完善未成年人审判制度的思考》，《河南司法警官职
业学院学报》2008 年第 3 期。

郑丁足：《美国辩诉交易制度的无奈》，《政治与法律》2002 年第
5 期。

郑敏、陈玉官、方俊民：《刑事速裁程序量刑协商制度若干问题研
究——基于福建省福清市人民法院试点观察》，《法律适用》2016 年第
4 期。

周国均、李静然：《试析普通程序简化审及其完善》，《法律适用》
2004 年第 12 期。

周强：《就〈关于授权在部分地区开展刑事案件认罪认罚从宽制度试
点工作的决定（草案）〉作的说明》，http：//www.npc.gov.cn/npc/
xinwen/2016-10/12/content_ 1998977.htm 2。

周强：《最高人民法院关于人民法院全面深化司法改革情况的报告》，《人民法院报》2017 年 11 月 9 日。

庄建南、沈雪中、杨国章等：《认罪案件程序改革的实践与探索》，《法治研究》2009 年第 12 期。

最高人民法院：《2009 年全国法院审理刑事案件被告人生效判决情况统计表》，http：//www.nj-lawyer.net/news-524.html。

《最高人民法院关于全面深化人民法院改革的意见——人民法院第四个五年改革纲要（2014—2018）》。

最高人民法院总编：《2005 年全国法院司法统计公报》，《最高人民法院公报》2006 年第 3 期。

最高人民法院总编：《2013 年全国法院审理刑事案件被告人判决生效情况统计表》，《最高人民法院公报》2014 年第 4 期。

最高人民法院、最高人民检察院：《最高人民法院、最高人民检察院关于刑事案件速裁程序试点情况的中期报告》，http：//www.npc.gov.cn/npc/xinwen/2015-11/03/content_ 1949929.htm。

左卫民：《未完成的变革：刑事庭前会议实证研究》，《中外法学》2015 年第 2 期。

二　英文资料

专著/期刊/法律条文/判例

Adgey（1973）13 C. C. C. 177（S. C. C.）.

Anderew Ashworth, Mick Redemayne, *Criminal Process*, Oxford University Press, 1999.

Arcuri（2001）2 S. C. R. 828.

Arviv（1985）19 C. C. C.（3d）395（Ont. C. A）.

Bain（1992）69 C. C. C.（3d）481（S. C. C.）.

Brady v. United States, 379 U. S. 742（1970）.

Braich（2002）1 S. C. R. 903.

BrendanLinehan Shannon, "The Federal Magistrates Acts: A New Article III Analysis for A New Breed of Judicial Officer", *William and Mary Law Review*, Vol. 1, No. 33, May 1991.

Brosseau（1969）3 C. C. C. 129（S. C. C）.

BVerfG NJW , 1987.

Campbell（1999）1 S. C. R. 65.

Carosella（1997）112 C. C. C.（3d）289（S. C. C.）.

Cheryl Marie Webster, AnthonyDoob, "The Superior/Provincial Court Distinction: Historical Anachronism or Empirical Reality", *Crim. L. Q*, Vol. 48, Issue 1, September 2004.

Dorne, Clifford K, *Restorative Justioce in the United States. Upper Saddle River*, NJ: Pearson Education, 2008.

Ertel（1987）35 C. C. C.（3d）398（Ont. C. A.）.

Ferro, Jeffrey, *Juvenile Crime*, New York: Facts on File Press, 2003.

Find（2001）1 S. C. R. 863.

Gary Slapper & David Kelly, *The English Legal System（2010—2011）*, *11th edition*, Routledge Publishing, 2011.

Hynes（2001）3 S. C. R. 623.

Krieger v. Law Society of Alberta（2002）2 S. C. R. 372.

Latimer（1997）1 S. C. R. 217.

Mays, Larry, ThomasWinfree, *Juvenile Justice*（2nd edition）, Long Grove, IL: Waveland Press, 2006.

Michael D. Bayles, *Procedural Jusitice—Allocation to Individuals*, Kluwer Academic Publishers, 1990.

Milica Potrebic Piccinato, *Plea Bargaining: The International Cooperation Group*, Department of Justice of Canada, 2004.

Martin. L. Friedland, "Criminal Justice in Canada Revisited", *Crim. L. Q*, Vol. 48, Issue 4, May 2004.

Martin. L. Friedland, Kent Roach, "Borderline Justice: Choosing Juries in the Two Niagaras", *Israel L. Rev*, Vol. 31, Issues 1-3 1997.

National District Attorneys Association, *National Prosecution Standards*（2 nd edition）, Alexandria, VA: National District Attorneys Association, 1991.

National Institute of Justice, *Towards the Multi - door Courthouse—Dispute Resolution Intake and Referral*. NIJ Reports, No. 214, July 1986.

O'Connor（1996）103 C. C. C.（3d）1（S. C. C.）.

Pan（2001）2 S. C. R. 344.

Peter J. P. Tak, *Tasks and Powers of the Prosecution Services in the EU Member States*, Wolf Legal Publishing House, 2004.

Power (1994) 2 S. C. R. 601.

Raymond Arthur, *Young Offenders and The Law: How The Law Responds to Youth Offending*, Routledge Publishing, 2010.

Regan (2002) 1 S. C. R. 297.

Santobello v. New York, 404 U. S. 257 (1971).

Shelden, Randall, *Thinking Out of the Box: The Need to Do Something Different. In Randall Shelden and Daniel Macallair. Juvenile Justice in America: Problems and Prospects* (edited), Long Grove, IL: Waveland Press, 2008.

Sheppard (2002) 1 S. C. R. 869.

Steuerrecht, Sozialversicherung, "Entwurf eines Gesetzes zur Entlastung der Rechtspflege", *Beruendung zum Gesetzentwurf des Bundesrates*, Vol. 27, No. 9, June 1991.

Vgl. Heina, Wolfgang, *Der Strafbefehl in der Rechtswirkli-chkeit*, in Festschrift fuer Heinz Mueller-Dietz, Muenchen, 2001.

William G. Boener, Steven P. Lab, *Victimology*, Cincinnati, Ohio: Anderson Publishing, 1995.

Williams (1998) 1 S. C. R. 1128.

后　记

　　本书是我在博士学位论文的基础上修改、完善而成的。回顾当初在北京求学的情景，仍旧历历在目，禁不住让人感慨万千。八年前初到北京之时，我有幸得到中国社科院法学所冀祥德老师的点拨，选择了刑事诉讼法学作为专业方向，继续进行研究学习。彼时的我对学术一窍不通，在冀老师的帮助和指导下，我逐渐开始阅读刑事诉讼法学的相关文献，开始对刑事诉讼法学的学术研究产生了浓厚的兴趣。2013 年年末，我遇到了我的博士生导师顾永忠老师，并得以有幸忝列顾永忠老师的门墙，老师广博深邃的学养、敏锐严谨的思维、认真勤勉的治学作风、精益求精的工作态度、谦逊低调的为人处世都使我受益良多。顾老师对我影响最大的，不是某一个观点或理论，而是对我学术能力的培养和训练，在学术路径和方法上的宏观指导。求学路上每一位老师对我的帮助和指点，都成为我巨大的财富。

　　历史学家言写作，譬如大匠造巨室，必"入山林之中，纵观熟视，某木可材也，某木可柱也，某木可栋也、榱也，某石可础也、阶也，乃集诸工人斧斤互施，绳墨并用"。要想完成论文写作，琢磨思考、殚精竭虑的苦功必不可少，与时俱进的创新思维更是不可或缺。在论文的选题上，我最终选定刑事审判程序分流问题作为自己的博士论文选题，内心是有些忐忑的，虽然一直以来都是以研究刑事诉讼法学为方向的，但具体研究对象却与这一题目的关联性不高。然而由于这一问题所具有的重大理论与现实意义，在导师的支持和勉励下，我最终还是选择以此为论文题目。撰写博士论文的过程，就是一个自我肯定和自我否定的过程。在论文的写作过程中，我曾无数次提出观点，又无数次在发现新的观点和思路之后，推翻自己之前的观点。这个过程，痛苦却也幸福，幸福的是在这个过程中，我对"刑事审判程序分流"问题的认知有了不少提升，许多原本浅显的想法，也在写作过程中得到了升华，获取了许多之前从未关注过的知识，有很大的收获。文章千古事，得失寸心知。我知道直到文章成稿之时，仍然有许多涉及刑事审判程序分流的问题没有得到解决，研究得也还不够深入，我只期望这篇论文能为解决这一问题，贡献出点滴智慧，略尽绵薄之力就好。

在写作过程中，有许多可爱的人对我施以援手，无私帮助，让本书几经修缮，终底于成。回顾漫长的写作过程，我的感谢、感恩之情溢于言表。在本书付梓之际，我要由衷地感谢我的父母对我的养育之恩，愿他们也能够与我分享论文出版的喜悦。这几年的求学历程，让我在开阔视野、增长知识的同时，也经历了人生的挑战，磨砺了品格，锻炼了意志。是父母对我的爱，对我的支持和鼓励让我能够坦然面对生活中的任何困难，永不放弃希望。感谢我的授业恩师顾永忠老师、冀祥德老师，老师的恩情，学生没齿难忘。感谢一路陪伴我的同学们、朋友们，你们的鼓励和帮助也是支持我的不竭动力。最后，我要感谢那个一直以来不忘初心，始终在路上的自己。

庄子说，天地有大美而不言，四时有明法而不议，万物有成理而不说。我作为一介凡夫俗子，很难企及这样的高度。但是，我知道天地有大美可眼观之，四时有明法可亲历之，唯有这万物的成理，需要潜心研究。学生时代转瞬即逝，生活又翻开了新的一页。在此，我谨以荀子《劝学篇》中的一句话自勉："不积跬步，无以至千里；不积小流，无以成江海。骐骥一跃，不能十步；驽马十驾，功在不舍。锲而舍之，朽木不折；锲而不舍，金石可镂。"

胡 婧

2019 年 4 月于重庆嘉陵江畔